한국의 거인설화

한국의 거인설화

권 태 효

도서출판 역락

서언

누구나 옛이야기를 들으며 자랐던 어린 시절의 기억이 있을 것이다. 듣고 또 들어도 재미가 있어서 자꾸 해달라고 할머니에게 졸라서 듣던 그런 옛날이야기가 대학에 들어오니 뜻밖에도 설화라는 문학작품으로 인정되고 있었고 학문적 연구 대상이 되고 있음을 알았다. "어릴 때 듣던 옛날이야기가 문학이라니!" 이런 사실이 너무나 놀랍고 신기했다. 내가 이 방면에 공부를 시작한 것은 이런 소박한 생각에서 비롯되었다.

다행히 내가 다니던 대학에는 이런 설화를 탐스러운 열매로 만들어 공급해주던 아름드리 큰 나무가 있었다. 크고 작은 가지가 하늘 높이 뻗어 있고 열매와 잎이 가지마다 무성하게 달려있는 울창한 나무였다. 이 나무 곁에서 그 나무의 고마움도 모른 채 열매를 따먹고 기대서 쉬곤 했다. 나무는 아무리 열매를 많이 따가도 그리고 오랫동안 나무에 가까이 가지 않아도 조금의 불평도 하지 않고 묵묵히 지켜보며 원하는 만큼 아니 그 이상의 자양분을 쉼 없이 지금껏 공급해주고 있다. 이들 나무가 바로 대학 1학년 때 인연을 맺은 뒤 지금까지 지도해주고 계시는 장주근 선생님과 김헌선 선배님이다. 이제 그 나무에 감사해야 때가 되었는데 아직 어떻게 해야할 지를 잘 몰라서 답답하다.

이 글은 필자의 박사논문을 책으로 엮은 것이다. 대학에 들어와서 신화에 관심을 가지면서 가장 먼저 공부를 했던 것은 역시 문헌에 기록되어 전해지는 건국신화였다. 그러다가 점차 시간이 지나면서 무속신화의 세계에 눈을 돌리게 되었는데, 거기에는 이 세상의 창조를 비롯해서 인간의 삶과 죽음, 곡물의 풍요 등 이 세상의 모든 현상과 이치를 설명하는 거대한 신화의 세계가 자리를 잡고 있었다. 이런 무속신화를 통해 우리 신화의 참 모습을 볼 수 있었고, 그 세계가 아주 광활하고 아주 다양한 모습으로 펼쳐지고 있다는 사실을 알았다. 우리나라에는 왜 신화가 풍부하게 전해지지 못할까 생각하며 막연히 안타까워 했었는데 알고 보니 엄청난 신화의 세계가 입으로 전해지면서 표면적으로 부각되지 않았을 뿐이었던 것이다.

이런 광대한 우리의 신화 세계를 헤매면서 특히 궁금했던 점은 우리나라에는 왜 다른 나라처럼 이 세상을 창조하는 거인신에 대한 이야기가 없는가 하는 점이었다. 또한 외국신화에서는 창세거인신의 이야기에서부터 신화가 시작되는데, 그렇다면 우리 신화에서 가장 첫머리에 두어야 하는 신화는 무엇인가 오랫동안 생각했다. 그런데 우리의 무속신화 자료에도 찾아보니 외국의 경우와 마찬가지로 거인이 이 세상을 창조하는 모습을 담은 신화가 있었다. 또한 일반사람들의 입을 통해 구전되는 설화자료에도 오랫동안 구전된 탓에 많은 부분 그 본래의 모습을 잃어버리기는 했지만 거인설화의 편린들이 다양하게 남아서 전승되고 있음도 알 수 있었다. 그래서 우선 거인설화의 자료를 모으고 살피기 시작했다. 이런 작업을 통해 지금까지 우리 신화에 이 세상을 창조하는 거인신에 있었는가 하는 의문을 없애고 또한 거인신화에 대한 입지를 확고히 정립시킴으로써 우리 신화 전체를 두고 구도를 잡아나갈 때 가장 처음에 해당하는 것이 거인신화라는 그 자리매김을 하고 싶었다. 그러나 생각처럼 작업이 만족스럽게 이루어지지 못했고 그 성과가 컸다고 생각되지도 않았다. 서둘러 논문을 써야 하는 입장에서 건성으로 처리하고 넘어간 부분도 많았다. 그런 까닭에 책을 내려고 이 글을 전체적으로 읽어보고 검토해 보았더니 부족한 점이 한둘이 아니었다. 전체를 다시 쓰고 싶은 욕심이 들었다. 그러나 이상하게도 한 번 글을 쓰고 나니 쉽게 다시 쓰여지지가 않았다. 할 수 없이 불만족스러운 부분을 몇 부분만 수정한 채 부족한 상태로 그냥 이렇게 책으로 내기로 하였다. 처음 글을 쓸 때 잘 써야 한다는 것을 새삼 깨달았다. 미흡한 글이나마 살펴주기 바라고, 이 책을 계기로 다시는 이처럼 부끄러운 글을 쓰지 않도록 노력할 것을 약속한다.

끝으로 이 글을 심사해주시고 좋은 글이 되도록 질정해주셨던 장주근, 조희웅, 김제현, 김명인 선생님과 김헌선 선배님께 깊이 감사드린다. 아울러 새로이 학문할 수 있는 여건을 마련해주신 국립민속박물관 이종철 관장님께도 감사의 말씀을 올리고 싶다. 끝으로 공들여 워드작업을 해준 여봉수 조교와 이 책의 출판을 흔쾌히 맡아주신 이대현 사장님, 좋은 책이 나오도록 힘써주신 편집부에도 감사의 뜻을 전한다.

2002년 봄이 움트는 경복궁에서
저자

차

차례

제1장

서 론

1. 문제의 성격과 연구사 검토

우리가 살고 있는 이 세상의 태초 모습이 혼돈(chaos)의 상태였을 것이라는 인식은 세계신화에서 공통적으로 보이는 사고관념이라 할 수 있다. 태초에는 하늘과 땅이 분리되지 않았고 암흑과 혼돈만이 존재하는 세상이었다는 것이다. 신화에서는 대체로 이런 원초적인 혼돈 상태가 먼저 서술되고 신이 출현하여 혼돈을 정리하면서 우주를 창조하는 모습을 보이는 것이 일반적이다. 그런데 이렇게 하늘과 땅을 분리시키고 혼돈을 정리하면서 천지만물을 형성시키는 창조신의 모습이 거인신으로 나타나는 양상이 두드러진다.

이 세상을 창조하는 모습을 보이는 거인신화는 세계적으로 널리 분포되어 있다. 그리스신화의 巨神族을 비롯해서 중국의 반고, 인도의 프루샤, 북유럽의 이미르, 이집트의 슈 등 혼돈의 상태에서 천지를 분리시켜 우주를 창조하고 지형 및 자연물을 형성하는 존재로서 거인이 설정되고 있는 것이다.

이렇듯 거인설화는 우주창생 및 지형형성과 같은 창조신화적 성격을 지닌 자료라 할 수 있다. 우리에게도 이런 거인신화적 성격의 자료가 있으며, 그 자료에서 거인은 창조거인신적 존재로서의 면모도 보여지고 있다. 하지만 많은 자료들이 구전신화로 전승되면서 그 신화적 본질을 잃고 변모되어 외모의 특정 부분을 강조하거나 그 행위를 희화화시켜 전설·민담화된 양상을 보이는 것이 우리 거인설화의 특징이기도 하다. 이 점은 거인설화가 전승되는 양상과도 무관하지 않다고 본다.

우리의 거인설화는 창조신화적 성격이 뚜렷한 외국의 거인신화 자료와 비교해 볼 때 전승양상에 있어 다소간의 차이가 있다. 외국의 거인설화 경우는 이른 시기 문헌에 기록되면서 창조신화적 본질이 덜 탈색된 비교적 원형에 가까운 모습을 어느 정도 유지한 채 전승되어온 반면 우리의 것은 구전으로만 오랫동안 전승되어 왔기에 많은 변모를 겪으면서 그 신화적 성격을 많이 상실했다고 할 수 있다. 그리스신화는 이미 기원전에 기록되어 전해지는 것이며, 중국의 반고신화가 처음 기록된 『三五歷記』가 3세기 경의 기록물이고, 일본의 경우는 다이다라보오시(太大法師) 등 거인의 행적이 산견되는 『風土記』가 8세기에 기록된 것이다. 또한 이미르의 창세거인신화적 면모가 뚜렷한 북유럽의 『에다』는 구전되어 오던 것을 12, 3세기 경에 기록한 것이기에 비록 제의적 기반을 상실한 채 전승되었다고 하더라도 일찍부터 문헌에 기록화되면서 신화적 성격을 유지하고 있다고 하겠다. 하지만 우리의 경우는 거인설화에 대해 기록된 자료가 없으며, 구전에만 의존하여 전승되었기에 그 신화적 성격도 많이 변질되었고 거인의 존재와 면모가 현실화되면서 다른 형태의 설화로 변이되거나 희화화되는 경향이 두드러진다.

우리의 거인설화 자료는 무속신화와 구전산문전승에서 찾아볼 수 있다. 무속신화에서는 굿의 초두에 이 세상이 천지개벽되면서 열리게 되는 과정을 노래하는 「창세가」나 「천지왕본풀이」 등의 무가에서 창세신의 거인적 외모나 행적이 잘 보여진다. 이런 무속신화는 제의적 기반을 바탕으로 하기에 전승의 마멸을 비교적 적게 겪어 거인설화의 창조신화적 성격이 남아있고 신성성도 어느 정도 유지하고 있음을 알 수 있다. 하지만 이처럼 무속적 제의를 기반으로 전승되는 자료마저도 특히 내륙지방에서는 그 제차를 상실하면서 「삼태자풀이」나 「제석본풀이」 등 생명이나 풍요의 생산신적 성격을 지닌 무가에 얹혀 전승되는 양상을 볼 수 있다. 따라서 창조신격으로서의 거인신에 대한 전승이 크게 위축되어 있음을 파악할 수 있는 것이다.

이런 양상은 거인설화의 대부분을 차지하는 일반 사람들에 의해 구비전승되어 온 구전산문전승의 경우는 더욱 심각하다. 제의적 기반마저도 없이 오랫동안 구전되어 온 탓에 거인설화가 지닌 창조신화적 성격이 극히 약화되어 나타나고, 따라서 신성성도 대부분 사라지고 그 진실성마저도 의심되는 자료들이 많다. 곧 거인설화가 희화화되거나 현실화되는 방향으로의 변모가 뚜렷이 드러난다는 것이다. 그렇기에 우리의 거인설화는 그 자료의 양상이 다단하여, 창조신화의 성격을 잘 보여주는 자료에서부터 희화화된 거인설화, 거인설화의 잔적만 남아있는 자료 등 다양한 모습을 보여준다. 이런 거인설화의 다양한 존재양상에서 주로 흥미 위주로 전개된 자료에 관심을 두어, 오히려 우리에게는 거인신화가 그다지 풍부하지 못하고 특히 우주론적 거인신화는 全無하며 거인신은 웃음거리의 대상이 될 뿐이라고 인식되기도 했던 것이다.1)

우리의 거인설화는 이처럼 전승양상에 따른 다양한 자료 존재양상을 보이기에 변모되는 과정을 염두에 둔 통시적 관점의 설화에 대한 접근이 필요한데 지금까지는 그렇지 못했다.

이와 더불어 지금까지의 우리 신화 연구는 건국신화를 중심으로 한 문헌신화에 치중해서 상대적으로 구전신화의 가치가 상대적으로 폄하된 경향이 적지 않았다. 문헌 위주의 연구가 진정한 문학연구라는 인식이 오랫동안 자리잡고 있었기 때문이다. 하지만 구전 신화들이 지닌 자료적 가치는 단순하지 않다. 특히 이 글에서 다루는 거인설화는 우주의 형성과 지

---

1) 장덕순, "우주론·세계상", 『한국사상대계』 I, 성대 대동문화연구소, 1973. 205면. 우리 민족에게는 이 세상을 창조하는 거인설화가 없다는 주장은 이미 최남선(『조선의 신화와 전설』, 홍성사, 1986. 10~11면.)에 의해서 주장된 바 있다.

형의 창조라는 인간의 본원적인 의문을 해결하고자 하는 창조신화이다. 따라서 이렇게 구전되는 거인설화의 자료를 정리해서 그것이 지닌 창조신화적 성격을 분명히 함으로써 이 세상이 처음 생성되는 것을 이야기하는 그 주제에 걸맞게 거인설화를 우리나라 첫 단계의 신화로서 자리매김을 할 필요가 있다. 그런데 이런 시각은 이미 조동일에 의해 제기된 바 있었다. 조동일은 신화를 건국신화가 나타나기 전의 신화와 건국신화로 나누면서, 거인설화를 건국신화 이전의 신화 형태로 보아 문학사적 의미를 부각시키고 있는 것이다. 그 부분을 인용하면 다음과 같다.

> 그런데 신화는 다시 두 단계의 것으로 나누어 살펴야 마땅하다. 하나는 건국신화가 나타나기 전의 신화이고, 또 하나는 건국신화이다. 이 둘 가운데 건국신화는 청동기시대에 해당하는 문학사의 둘째 시대에 이르러서 나타나는 것이므로 나중에 다시 다루어야 하겠고 여기서는 아직 건국을 내용으로 하지 않는 천지창조나 생명의 유래에 관한 신화를 살피는 것이 과제이다. 그런데 그런 신화를 이른 시기에 기록한 자료는 없다. 구전에서 그 예를 찾아보더라도 그리 뚜렷하지 않다.
>
> 선무대할망이나 안가닥할미같은 거인 여신이 있어서 산천을 만들었다던가, … 좀 더 재미있는 예는 단군보다 훨씬 이전에 거인이 있었는데, 그 그늘 때문에 곡식이 되지 않아 만주로 쫓겨났다 하며, 배가 고파 흙을 먹고 바닷물을 마시다가 쏟아놓은 배설물이 백두산을 비롯한 산이 되고 압록강을 비롯한 강이 되었다는 것이다.2)

조동일은 이처럼 거인설화를 천지창조신화의 형태로 파악하면서 국가가 형성되는 청동기시대 이전의 원시문학으로 파악하고 있다. 물론 이 시기의 신화 형태로 인류기원신화나 마을의 堂神話, 聖母神話 등을 아울러 들고 있으나, 천지창조라는 신화적 주제가 여타의 성격들보다 분명 앞서는 신화적 면모임은 분명하다.3) 이 점은 앞서 언급했던 외국의 신화 사

---

2) 조동일, 제3판 『한국문학통사』 1, 지식산업사, 1994. 65면.
3) 임재해도 건국신화는 훨씬 후대의 역사시대의 신화일 뿐이고, 가장 앞서는 신화는 우주의 형성과 자연의 섭리가 있게 된 과정을 밝히는 신화라고 밝히고 있다. (임재해, "고대

례에 비춰보더라도 확인된다. 즉 신화의 서열상 거인에 의한 우주창조신화가 가장 앞서는 신화 형태로 인식되고 있는 것이다. 때문에 문헌에 기록됨에 있어서도 거인의 우주형성과 지형창조의 이야기는 항상 신화의 첫머리를 장식한다. 이렇게 볼 때 우리의 거인설화는 현전하는 자료가 많은 변모를 겪어 신화적 성격이 탈색되면서 그 온전한 면모가 제대로 보여지지 않을 뿐이지 우리 문학의 始發에 해당되는 중요한 신화 형태임을 알겠다.

거인설화가 이렇게 중요한 의미가 있는 대상임에도 거인설화에 대한 연구는 지금까지 거의 이루어지지 못했다. 우리의 신화를 기술하는데 한 부분으로 또는 단편적인 논문으로만 몇몇 선학들에 의해 검토된 실정이다. 하지만 이들 선행연구들이 본고의 중요한 밑바탕이 되기에, 이들 선행연구에 대해 먼저 개략적으로 살펴보도록 하겠다.

거인설화에 대한 최초의 연구는 장주근에 의해 이루어졌다. 장주근은 『한국의 신화』에서 이 세상의 형성에 대해서는 우주창조형과 천지개벽형 신화로 설명된다고 하면서 외국의 사례를 들고는 우리의 천지개벽신화로 제주도 설문대할망설화 및 육지의 거인설화를 들어 개략적인 언급을 하고 있다. 그리고는 설문대할망과 같은 거인설화가 애초에 문헌에 기록되었다면 지금처럼 웃음거리로 타락하지 않고 신성시되었을 것이라고 했다. 이것은 거인설화의 창조신화적 성격을 언급한 것이며, 우리의 자료 전승양상 때문에 그 신화적 성격이 온전히 유지되지 못한다는 점을 지적한 것이기도 하다.4) 이러한 거인설화가 원래 창조신화였다는 논지는 그 뒤의 글에서도 일관되게 유지된다.5)

그러나 임동권은 설문대할망설화를 중심으로 '巨女談'을 살피면서 거인

신화에 나타난 한국인의 진화론적 자연관", 『울진사람들의 삶과 문화』, 민속원, 1998. 246면.)

4) 장주근, 『한국의 신화』, 성문각, 1961.

5) 장주근, "한국구비문학사(上)", 『한국문화사대계』V, 고려대민족문화연구소, 1967.
　　장주근, "제주도 천지창조설화의 문화영역성", 『제주도』 38호, 1969.
　　장주근 외, 『한국민속학개설』, 학연사, 1985.
　　장주근, 『풀어쓴 한국의 신화』, 집문당, 1998.

설화를 창조신화로 보기보다는 흥미 위주의 민담적 성격과 구체적인 사물을 증거로 하는 전설적 성격이 결합된 설화로 파악하고 있다. 그럼에도 『삼국유사』의 "文虎王 法敏"조의 여성거인의 죽음 부분, 『조선여속고』의 성모천왕의 결연담 부분, 오누이힘내기설화 등을 거인설화적 각도에서 언급하고 있어 거인설화의 자료를 후대 자료까지 확장시킬 수 있는 가능성을 제시했다는 점에서 의의가 있다.6)

다음으로 장덕순은 "宇宙論・世界像"을 다루면서 한 부분으로 거인설화를 다루고 있는데, 거인설화는 원래 천지창조의 우주론에 해당하는 것이지만, 우리의 거인설화 자료는 풍부하지 못할 뿐 아니라 우주론적 거인신화는 없고 외설담 또는 희화화된 민담의 성격만 있다고 한다.7) 이런 언급은 우리의 거인설화에 대한 자료의 집적이나 연구가 거의 없는 상태에서 나온 논급이어서 아쉽지만, 거인설화의 본디 자리가 우주창조신화였다는 인식만은 분명히 제시하고 있는 것이다.

한편 조동일은 구체적이고 체계적인 연구로는 진행시키지 못했지만 상당히 주목할만한 언급을 하고 있다. 먼저 "신화의 유산과 그 변모 과정"이라는 글에서는 현재 전해지는 신화의 다양한 존재양상을 검토하면서 거인설화를 신화의 한 형태로 분류시켰으며, 거인설화를 신화적 기능을 잃고 전설・민담화되면서 소멸의 단계로 접어든 신화 형태로 파악했다.8) 그리고 더 나아가 『한국문학통사』에서는 거인설화를 우리의 천지창조신화로 보고는 우리 문학의 첫 단계에 해당한다고 하면서 건국신화 이전의 초기 신화 형태를 지닌 자료로 보아 그것의 문학사적 위치를 부여하고 있는 것이다.9)

거인설화에 대한 본격적인 연구는 김영경에 의해 이루어진다. 김영경은 거인설화 자료를 외모중심형과 행위중심형이라는 두 유형으로 대별하여 검토하고는, 거인설화에서 보이는 힘내기와 大食, 排泄 등의 세 모티

---

6) 임동권, "선문대할망 설화고", 『제주도』 17호, 1964.
7) 장덕순, "우주론・세계상", 『한국사상대계』 1, 성대 대동문화연구원, 1973.
8) 조동일, "신화의 유산과 그 변모 과정", 『우리 문학과의 만남』, 홍성사, 1978.
9) 조동일, 같은 책.

프가 후대의 여러 설화에 계승된다고 하여 거인형 설화로 묶어서 함께 다루고 있다. 하지만 거인설화의 신화적 성격이 어떤지는 검토되지 못했고, 거인설화와 직접적인 관련성이 보이는 자료를 살펴기보다는 모티프의 계승이라는 측면에서만 자료를 확장시키고 있어 아쉬움이 없지 않다. 그럼에도 거인설화에 대한 구체적으로 진행된 첫번째 연구이고 거인설화가 비록 모티프로 한정되기는 하지만 여타의 설화로 계승되고 있다는 점을 밝힌 것은 의의가 있는 작업으로 판단된다.10)

다음으로 천혜숙은 여성신화라는 관점에서 원초적인 大母神으로 마고할미와 같은 여성거인들의 창조행위에 주목하고 있다. 큰 바위나 산을 옮겨서 자연물을 형성하는 것은 창조신적 성격이 있는 것으로, 산을 형성시키는 존재라는 점에서 문헌 자료에 주로 보이는 聖母神과도 밀접하게 상통하는 존재로 파악하고 있다. 하지만 성모는 문헌에 기록되면서 신성한 존재로 인정되지만 여성거인은 그 의미가 축소 약화되면서 비상한 힘을 지닌 여장수에 불과한 것으로 변모되었다고 했다. 아울러 이런 관점에서 구체적이지는 않지만 오누이힘내기설화와 산이동설화의 누이 및 산을 멈추게 하는 여인도 여성거인의 변모 또는 전도된 모습으로 파악하고 있음을 알 수 있다.11) 그의 이런 언급은 여성거인설화를 문헌에 기록된 성모와 관련지으면서, 여성거인이 본래는 지형을 창조하는 창조신적 존재이고 대모신적 존재였으나 문헌에 기록되지 않고 민간에서 구전되면서 그 본래의 성격을 잃고 변모된 것임을 지적한 것이라고 할 수 있어 거인설화의 변이양상과 관련해 시사하는 바가 적지 않다.

강진옥은 거인설화를 기존의 시각과는 달리 통시적 관점에서 검토하고 있어 흥미롭다. 그는 여성신에 대한 관념의 변이라는 관점에서 먼저 마고할미설화의 양상을 살펴, 마고할미가 우주창조작업의 주역이었던 창조여신의 흔적을 지닌 존재이며 지역민의 삶의 풍요를 관장하는 생산신적 여

---

10) 김영경, "거인형 설화의 연구", 이화여대 석사논문, 1990.
11) 천혜숙, "여성신화연구(1) – 대모신 상징과 그 변용", 『민속연구』 1집, 안동대 민속학
    연구소, 1991.

산신으로 관념되던 존재라 했다. 하지만 그 신격적 면모가 특정한 역사적 상황 속에서 굴절 변모되는 과정을 찾아볼 수 있다고 하면서, 구체적인 사례로서 강원도 북평 지역의 서구암 마고할미를 살피고 있다. 즉 창조신 격이었던 마고할미가 유교적 이념 아래 굴절 변모되면서 악행을 하다가 퇴치되는 부정적 신격의 방향으로 형상화되어 나타난다고 했다.12) 이것 은 마고할미의 기능과 성격이 현재는 다양하게 변모되어 나타나고 있지 만 그 본래의 성격은 창조신적 존재였던 것으로 파악했다는 점과 아울러 부수적으로 생산신으로도 숭배되고 있음을 지적했다는 점, 그리고 창조 신격이 시대와 상황에 따라 변모되어 나타나는데 악신의 면모를 지닌 부 정적 신격의 모습으로 형상화되기도 한다고 하여 거인신격에 대한 역사 적 변모과정의 한 단면을 살폈다는 데서 의의가 크다.

마지막으로 김헌선은 무가인 창세신화에서 창세신의 거인신적 면모를 살피고 있다. 그는 먼저 우리 창세신화의 중요 신화소로 천지개벽, 창세 신의 거신적 성격, 물과 불의 근본, 인간창조, 인세차지경쟁, 일월조정, 천부지모의 결합과 시조의 출생 등 일곱 가지를 들고 이들 신화소를 중심 으로 창세신화를 분석하고 있다. 이들 신화소 중 천지개벽과 창세신의 거 신적 성격, 일월조정 등에서 거인적 면모나 행위가 구체적으로 드러난다 고 하겠다. 특히 본토 지역의 창세신화를 살피면서는 '창세신의 거신적 성격'이라는 章을 설정해 창세신화의 거신적 면모는 본디 우주적 현상의 기원을 설명하는 거인신이 있었던 데서 비롯된 것이라 하면서, 그렇지만 신성성이 다소 위축된 모습도 찾아진다고 했다. 그리고는 거인적 면모를 보이는 기본적 화소로 大衣, 大食, 排泄, 巨根 등을 들고는 문헌 및 구전 설화에서도 그런 면모가 보이는 자료들이 있음을 제시하고 있다.13) 그의 이런 작업은 무엇보다 무속적 제의를 기반으로 전승되는 거인설화의 신 화적 성격을 살폈고, 이런 제의를 토대로 전승되는 경우 거인신격이 우주 창조신격으로의 면모를 분명히 보여주고 있음을 밝혔다는데 그 의의가

---

12) 강진옥, "마고할미설화에 나타난 여성신 관념", 『한국민속학』 25, 민속학회, 1993.
13) 김헌선, 『한국의 창세신화』, 길벗, 1994.

있다고 본다.

이상 지금까지 진행된 거인설화에 대한 연구들을 검토하였다. 기존 연구에서는 대체적으로 거인설화가 이 세상이 시작되는 창조신화적 성격을 지닌 자료로 이해되고 있지만 그럼에도 신화적 성격이 많이 탈색되어 있는 자료로 파악하고 있음을 알 수 있었다. 그러면 이런 기존 연구에서 검토되지 못했던 점이나 연구가 미흡했던 점들을 토대로 그 연구목적 및 방향을 설정하도록 하겠다.

2. 연구목적 및 연구방향

거인설화는 세계 곳곳에 널리 분포되어 있는 보편적인 신화 형태라 할 수 있다. 중국신화의 반고, 그리스신화의 아틀라스를 비롯한 巨神族, 북구의 이미르, 인도의 프루샤 등 우리에게 흔히 알려진 거인들 외에도 중국의 소수민족이라든가 오세아니아(뉴질랜드), 아프리카, 아메리카 대륙 등 거인에 대한 신화는 전세계에서 보편적으로 확인된다.14) 그런데 이들 거인신화는 대체로 이 세상이 창조되고 정리되는 우주창생신화라는 공통점을 지니고 있다. 비록 그리스신화에서 巨神族들이 惡神의 모습으로 형상화되면서 제우스에게 징치되는 대상이기는 하지만 그렇다고 그들이 지닌 창조신적 본질까지는 사라지지 않았다.

그렇다면 우리에게는 이런 거인설화가 있는가? 있다면 어떤 자료가 있으며, 그 양상은 어떠한가? 그리고 그 성격은 창조신화적 성격인가? 이런 의문을 밝히고자 하는 것이 본고의 첫 번째 연구목적이 된다.

다음으로 거인설화는 앞서 연구사 검토에서도 볼 수 있었듯이 지금까지 중요한 문학사적 가치가 있는 자료로 언급되어 왔다. 장주근은 『한국

---

14) 이는 세계의 여러 창조신화 자료를 검토하더라도 알 수 있으며, 또한 바우만이 그린 세계 거인의 분포도에서도 이 점은 확인된다. (大林太良, 兒玉仁夫·권태효 역, 『신화학입문』, 새문사, 1994. 75면.) 그리고 일본의 이자나기 이자나미의 국토창생신화도 거인에 의한 창조신화라고 할 수 있다. 이 점은 뒤에서 다시 언급된다.

의 신화』에서 거인설화를 이 세상이 창조되는 천지개벽신화로 보아 거인설화가 우리나라 최초의 신화 형태임을 지적하고 있다. 그리고는 제주도의 설문대할망 자료를 중심으로 본토의 몇몇 자료까지 검토하면서 거인설화가 비록 신성성이 탈락되고 웃음거리로 전락했지만 거인신격이 천지개벽신화의 주체가 되고 있는 것은 분명하다고 밝히고 있다.15) 한편 이러한 입장은 조동일에게서도 확인된다. 조동일은 한국신화의 존재양상을 정리하면서 '설화로만 구전되는 거인에 관한 신화'라는 항목을 설정하고 있고,16) 『한국문학통사』에서는 건국신화 이전의 우리나라 최초 신화 형태로 거인설화를 다루고 있어 문학사에서 거인설화가 차지하는 위치가 중요하다는 것을 시사하고 있다.17)

이러한 주장들은 거인설화에 대한 구체적인 연구로는 이어지지 못했지만 거인설화가 우리 문학사에서 첫 부분을 장식하는 소중한 자료라는 의의를 부각시키고 있는 것이다. 그럼에도 거인설화에 대한 지금까지의 연구성과는 그다지 만족스럽지 못하다. 몇몇 단편 논문만이 있을 뿐 그 연구가 극히 미진하게 진행되어 왔다. 이처럼 소중한 문학사적 가치를 지닌 자료임에도 불구하고 제대로 연구가 이루어지지 못했다는 점이 이 연구를 시작하는 두 번째 연구목적이 된다.

세 번째로 거인설화를 설화의 장르변이라는 측면에서 주목할 필요가 있다. 지금까지 신화가 신성성을 상실하면서 전설·민담화되었다는 것은 일반적인 통념으로 받아들여지고 있다. 이 점에 대해서는 의문의 여지가 없고, 따라서 이것을 입증하고자 하는 일련의 시도가 있었다.

기존의 거인설화 연구자들이 거인설화가 본래의 신화적 성격을 상실하고 전설·민담화되었다고 보는 것은 타당한 주장이다. 그런데 거인설화를 두고 보다 흥미로운 점은 이처럼 거인설화 자체가 신성성을 잃고 전

---

15) 장주근, 『한국의 신화』, 성문각, 1961. 이러한 논의는 장주근, "한국구비문학사(上)",
    『한국문화사대계』Ⅴ, 고대 민족문화연구소, 1967. 장주근, "제주도 천지창조설화의
    문화영역성", 『제주도』17, 1969에서도 그대로 이어진다.
16) 조동일, "신화의 유산과 그 변모 과정", 『우리 문학과의 만남』, 홍성사, 1978.
17) 조동일, 제3판 『한국문학통사』1, 지식산업사, 1994. 65면.

설·민담화되기도 하지만 그것이 소멸되면서 새로운 전설이나 민담을 파
생시킨다는 점이다.

　기존 연구에서도 민담 또는 전설을 신화적 관점에서 접근하여 그 설화
가 신화적 성격을 지녔음을 밝히고자 하는 시도는 있어왔다. 서대석[18]·
강진옥[19]·김대숙[20]·천혜숙[21] 등의 연구가 그 대표적인 것으로, 먼
저 서대석은 구렁덩덩신선비설화가 수신을 섬기던 신화가 신성성이 약화
되면서 민담화되었다고 한다. 하지만 구렁덩덩신선비설화 이전의 원신화
형태가 어떠했는지는 막연하기만 한다. 또한 강진옥은 「金尺」을 신화적
유형으로 보아 민담화되면서 의미층위가 다양화되고 있다고 한다. 「금척」
이라는 설화가 신라시조와 연결된다는 점에서 왕권설화적 성격을 띠기는 하
지만 설화 내용이나 주제가 건국과 관련된 신화적 성격을 지니는 것은 아
니기에 원래 신화였던 것이 전설·민담화된 것인지는 의문이지만[22] 신
화의 장르 변이라는 측면에서 연구를 진행시킨 것만은 분명하다. 그리고
김대숙의 "여인발복설화의 연구"도 설화의 전승사적 장르변이에 초점을
둔 글로, 여인발복설화가 신화적 배경에서 출발하였으나 신성성을 잃고
전설·민담화된 것으로 보고 있다. 그는 특히 이런 전설·민담화된 설화
의 원형태는 "경제적인 주도권을 놓고 아버지와 다투고 집을 나온 富神의
기능을 가진 여인이 자신보다 문화단계가 낮은 남자를 생금장을 녹이는
야장으로 변모시키면서 획기적인 번영을 이룩한 사실의 반영이며 철기문
화와 밀접한 관련을 가지는 문화신화"[23]라고 하여, 본래의 신화 형태까
지 추정하여 밝히고 있다. 이런 연구로 여인발복설화가 철기문화적 배경

---

18) 서대석, "구렁덩덩신선비의 신화적 성격", 『고전문학연구』 3집, 고전문학연구회,
　　1986.
19) 강진옥, "구전설화 유형군의 존재양상과 의미층위", 이대 박사논문, 1986.
20) 김대숙, "여인발복설화의 연구", 『한국설화문학연구』, 집문당, 1994.
21) 천혜숙, "전설의 신화적 성격에 관한 연구", 계명대 박사논문, 1987.
22) 『동경잡기』에 나타난 자료의 경우 「금척」에 대한 설화가 전승되면서 그 내용상 신성
　　왕권의 의미를 부여하는 형태로 신라 지역 사람들에 의해 시조인 박혁거세에 결부되
　　어 전승되었을 가능성도 있다.
23) 김대숙, 같은 글, 126면.

을 지닌다는 점은 어느 정도 분명해졌지만, 원신화 형태가 어떤 성격의 신화였는지는 여전히 막연하기만 하다. 철기문화를 처음 전해주는 문화영웅의 신화인지 또는 철의 제련을 관장하는 신격을 섬기게 되는 것을 이야기하는 신화인지, 또는 다른 성격의 신화인지 분명하지 않다. 여인발복설화를 통해 밝힐 수 있었던 신화적 성격을 포괄적으로 문화신화라고 크게 언급해 놓았을 뿐이다.

한편 천혜숙의 연구는 상당히 주목된다. 그는 "전설의 신화적 성격에 관한 연구"에서 신화적 성격이 강한 장자못전설, 오누이힘내기전설, 아기장수전설 등을 살피면서 이들 전설에 나타난 인식체계가 서사무가나 문헌신화와 맞닿아 있음을 지적하면서, 아울러 신화와 이들 전설의 차이점 및 신화가 전설화되어가는 과정을 다음과 같이 설명하고 있다.

> 전설은 일련의 신화들에 대해 상대적이고 부정적인 위상에 놓여 있음을 알 수 있다. 이들은 양항가치가 공존하는 신화적 차원에 연원을 둔 것이라 생각된다. 원초적으로는 이들이 모두 신화체계에 포함되어 있을 개연성도 있다. 신화가 전승되는 현장적 여건이 변모하게 되면서 신화적 주체와 직접적인 관련성이 없는 전승들이 신화로부터 떨어져 나와 전설화되었을 것으로 추정된다. 그렇지 않으면 고착된 신화에 대한 반명제로서 상대적이고 부정적으로 형성되었을 가능성도 생각해 볼 수 있다.24)

이러한 언급은 크게 두 가지 주장을 담고 있다. 먼저 신화와 전설의 의식이 맞닿아 있음에도 전설은 신화와는 상대적이고 부정적으로 나타난다고 했다. 이것은 신화와 전설의 차이점을 명확히 하는 것이다.

다음으로는 이러한 차이는 전승현장의 여건에 따라 변이가 이루어졌을 가능성과 신화에 대한 상대적이고 부정적인 인식체계가 전설을 만들었을 가능성이 있다고 했다. 이런 두 가지 가능성의 제시는 타당하면서도 한편으로 부당하다. 신화에서 변이되어 전설이 생겨난 것일 수도 있고 아닐 수도 있다는 것이다. 모든 가능성을 다 제시하고 있기 때문이다.

---

24) 천혜숙, 같은 글, 160~161면.

이 점은 첫째 전설의 신화적 성격이라 했으면서 차이점에 크게 비중을 두었기 때문이고, 둘째 구체적으로 어떤 신화가 어떤 전설로 변이되었는가를 규명하지 못한데 원인이 있다고 본다.

이상의 연구들은 신화가 전승되면서 신성성을 잃고 전설·민담화 되었음을 공통적으로 밝히고자 하는 시도였지만, 구체적으로 어떤 모습과 성격의 원신화 형태가 있었는지, 그리고 그것이 어떻게 변이되어 전설·민담을 형성하게 되었는지를 밝히는 데까지는 나아가지 못했다고 본다.

거인설화는 본래 창조신화였다. 창조신화가 신성성을 읽으면서 그 자체가 전설·민담화되었다. 그런데 거인설화는 그 자체의 변이를 겪는 것만이 아니라 전승되면서 새로운 전설을 파생시키면서 변이되어 가는 양상을 뚜렷이 보여준다. 산이동설화나 오누이힘내기설화, 장수흔적설화 등의 구전자료가 거인설화에서 전설화되어 간 형태이며, 문헌설화 중에서도 '선류몽'담이나 기타 거인성을 보이는 왕권설화들은 거인설화를 수용하여 형성되는 양상을 찾아볼 수 있다. 즉 창조신화였던 거인설화가 소멸되면서 그 변이형으로서 새로운 전설을 형성시키고 있다는 점이다. 이것을 밝히는 것이 이 글의 세 번째 연구목적이 된다.

마지막으로 한국의 거인설화는 구전으로만 전해지기에 그 전승양상을 고려하면서 자료에 대한 검토가 있어야 한다는 점이다. 곧 우리의 거인설화의 자료는 구전되면서 많은 변모와 마멸을 겪어왔기에 이런 자료에 접근하는데 있어서는 공시적이면서도 아울러 통시적으로 자료를 살피는 관점이 필요하리라고 본다는 것이다.

거인설화의 자료에 대해서는 이미 김영경이 행위중심형과 외모중심형으로 분류하여 구체적으로 검토한 바 있다.[25] 이런 논의는 거인설화의 내용에서 행위와 외모가 차지하는 비중이 크기에 그 타당성은 인정되지만 다음 몇 가지 문제점이 있다고 본다.

첫째, 거인설화의 자료를 행위중심형과 외모중심형으로 단순화시켜 구분할 수 있는가 하는 점이다. 거인설화는 행위만이 중심이 된다든가 외모

---

25) 김영경, 같은 글.

만이 중심이 되어 나타나는 것이 아니라 대부분의 자료는 행위와 외모가 복합적으로 나타난다고 할 수 있다. 따라서 거인설화 자료가 지닌 성격이 분명히 드러나는 구분이라 보기는 어렵다. 또한 거인설화의 자료는 설화 전체가 온전히 전해진다고 보기 어렵고 파편적인 양상을 보이는 자료들이 특히 많은데, 그렇다면 외모는 원래 거인의 행위를 보이기 위한 과정으로서 나타나는 묘사 부분이었으나 거인설화가 소멸되는 또는 약화되는 과정에서 거인 외모의 인상적인 부분만이 기억되어 단편적으로 전해졌을 가능성도 없지 않다. 물론 원형이 가장 완전한 것인지는 의문의 여지가 있지만 거인설화의 자료를 볼 때 전체가 아닌 특정 부분이 전해졌다는 흔적을 찾기는 어렵지 않다.26) 또한 조동일은 이런 거인설화가 애초에는 서사무가처럼 길게 노래로 불렸을 가능성도 있다고 추정한 바 있는데,27) 거인설화가 서사문학 형태였음을 상정한다면 단순히 외모를 묘사하는 것으로 완결되는 이야기였다고 보기는 어렵다.

둘째, 거인설화의 자료는 그 자료의 성격에 따라 몇몇 층위로 구분될 수 있으나 이에 대한 검토가 고려되지 못했다는 점이다. 거인설화는 창조신화적 성격이 강하게 남아있는 자료도 있지만 희화화되어 거인설화의 본질이 사라진 자료들도 적지 않다. 이런 판이한 성격의 자료들이 행위와 외모라는 구분에 의해 획일적으로 묶여서 동일한 범주로 취급되는 것은 마땅하지 못하다.

셋째, 거인설화의 자료 범위가 지나치게 한정될 수밖에 없다는 점도 지적할 수 있다. 거인설화는 오랜 기간 동안 전승되어온 탓에 거인설화의 면모를 뚜렷이 지니면서도 거인설화가 아닌 형태로 나타나는 자료들이 적지 않다. 가장 대표적인 예가 산이동설화이다. 산이동설화는 원래 거인에 의한 지형형성 과정으로서 나타나던 산이동이 거인신격에 대한 비현실성과 의문 때문에 거인적 면모가 사라지면서 거인설화가 아닌 형태로

---

26) 장주근이 채록해서 살피고 있는 선문대할망의 자료를 보더라도 토막져서 단편적으로 잔존하고 있음을 알 수 있다.(장주근, 『한국의 신화』, 성문각, 1961, 5~8면.)
27) 조동일, "신화의 유산과 그 변모 과정", 『우리 문학과의 만남』, 홍성사, 1978, 84면.

변모되었다고 할 수 있다.28) 이런 자료는 거인설화의 범위에서 다뤄져야
할 문제임에도 거인의 행위나 외모로만 자료를 구분한다면 제외될 수밖
에 없으며, 따라서 거인설화의 역사적 전개과정을 살피는데 있어 핵심이
되는 자료들이 도외시될 수밖에 없다.

　본고는 이러한 관점에서 거인설화의 자료를 그 성격에 따라 다음 네
가지 층위로 구분하여 살피고자 한다.

　　가) 천지창조의 신화적 성격을 비교적 온전히 보여주는 자료
　　나) 거근이나 배설 등 거인의 특징적인 면을 중심으로 희화화된 자료
　　다) 거인설화가 쇠퇴하면서 나타나는 변이형 구전자료
　　라) 문헌에 기록되면서 거인성이 꿈이나 현실화된 모습을 보이는 형태로
　　　　변모된 자료

이렇게 층위를 구분해 살핌으로써 기대되는 효과는 다음과 같다.

　첫째, 거인설화가 지닌 창조신화적 성격을 밝히는데 도움이 된다는 점
이다. 지금까지는 특히 나)를 가)의 자료와 구분하지 않고 함께 다루었는
데, 그러다 보니 자연히 가)의 가치가 폄하되고 신화적 성격에 대해 의문
을 갖게 되었다. 그러나 이것을 분리함으로써 거인설화의 신화적 성격이
분명해질 수 있으리라고 본다.

　둘째, 거인설화를 통시적 관점에서 살필 수 있다는 점이다. 거인설화
는 원래 형태가 창조신화적 성격이었으나 전승과정상 거인신격에 대한
제의가 사라지고 신성성이 탈락되면서 새로운 형태의 설화로 변모를 꾀
하는데, 이런 거인설화의 역사적 전개과정을 찾아볼 수 있다는 것이다.

　셋째, 거인설화와 직접적인 관련이 있는 변이형 자료까지로 그 범위를
확장시킬 수 있다는 점이다. 다)와 라)처럼 거인설화와 거인설화가 아닌
자료가 혼재하는 거인설화의 변이형이 구전자료에나 문헌자료에 적지 않
은데, 이들 자료를 거인설화 자료군이라는 관점에서 일관되게 검토할 수

---

28) 권태효, "산이동설화적 관점에서 본 거인설화의 성격과 변이", 『구비문학연구』 4집, 한국
　　구비문학회, 1997.

있는 길이 마련된 셈이다.

한편 이렇게 구분한다고 해도 자료들이 그 성격에 따라 확연히 나눠지는 것은 아니다. 예컨대 「장길손」과 같은 자료는 거인에 의해 산천이 새로이 만들어지는 창조신화이지만 한편으로는 배설 부분을 강조하는 형태로 희화화되는 양상을 보이고 있다. 그런데 이런 자료들의 파악은 희화화된 모습이 거인설화의 본래적 속성이기보다는 구비전승상의 '변화'라는 관점에서 보는 것이 마땅하다. 본래의 창조신화적 성격이 가)에서 나), 다), 라)로 변모되는 과정으로 이해한다면 오히려 이처럼 복합적인 자료 양상을 보이는 것은 당연한 현상이다.

거인설화는 창조신화적 성격을 지니기에 인류 초기에 형성되었을 것이고 그만큼 오랫동안 전승되어 왔다고 할 수 있다. 또한 창조신화적 본질을 그대로 간직한 채 전승되는 것이 아니라 신성성과 그 제의를 상실하는 과정이 있었을 것이기에 전승되면서 많은 변이와 마멸을 겪을 수밖에 없었던 것으로 보인다. 이런 과정에서 본래의 창조신화라는 본질을 잃은 채 전설·민담화되어 버렸다고 할 수 있다. 따라서 거인설화의 자료를 유형화시켜 그 다양한 층위를 통시적 관점에서 이해할 수 있도록 해야 한다. 그러기 위해서 거인설화에 올바르게 접근할 수 있는 자료의 정리작업이 필요하며, 이것이 본고의 마지막 연구목적이면서 또한 이 글에서 거인설화 자료에 접근하는 기본적인 입장이 된다.

이상의 연구목적을 달성하기 위해 위에서 제시한 거인설화의 네 가지 자료 존재 양상을 전제로 본고는 다음과 같이 짜여진다.

첫째, 거인설화가 지닌 창조신화적 성격을 구체적으로 밝힌다. 지금까지 거인설화는 창조신화적 본질을 지녔다고 언급되고 또 인정되어 왔지만, 어떤 신화적 면모를 보이는지 그리고 그것이 어떤 신화적 성격을 지니는지는 전혀 밝혀지지 못했다. 따라서 거인설화 자료 중 창조신화적 성격이 강하게 남아있는 자료들을 살펴 거인설화의 창조신화적 성격을 밝히도록 한다. 여기에는 거인신격의 면모와 기능, 그리고 제의에 대한 추론도 함께 검토된다.

둘째, 거인설화는 오랫동안 전승되면서 많은 변모와 마멸을 겪어왔다고 할 수 있는데, 그 한 방향이 거인설화가 신성성을 잃으면서 희화화되는 형태라고 할 수 있다. 이런 양상을 보이는 자료를 巨根型과 排泄型으로 나누어 살피도록 한다.

셋째, 거인설화는 소멸되면서 많은 변이형을 생성시키는데, 이런 거인설화의 후대적 변이형이 구체적으로 검토된다. 구전자료로는 창조적 성격을 유지한 채 전설화된 산이동설화와 장수흔적설화가 있으며, 여성거인이 다른 신격에 패퇴하는 과정이 비극적 전설로 형상화된 오누이힘내기설화가 있다고 본다. 또한 문헌에 거인설화가 수용되기도 하는데 왕이 될 인물의 신성현시를 보여주는 '선류몽'담과 왕의 신성성을 거인성으로 보이고자 했던 기타 문헌화된 거인설화들이 여기서 검토된다. 이 작업은 특히 신화가 전설로 이행되어가는 과정을 밝히는 것이라는 점에서 그 의의가 크다고 생각된다.

넷째, 거인설화가 역사적으로 어떻게 변모되어 가는지 그 과정을 살펴보기로 한다. 먼저 거인설화에 대한 인식체계가 어떻게 변모되어 나타나는지가 다루어질 것이고, 다음으로 거인설화가 소멸되어가는 양상을 뚜렷하게 보여주는 산이동설화의 자료를 들어 그 자료들의 대비를 통해 거인설화로부터 거인설화가 아닌 형태로 전이되어 가는 양상을 살피기로 한다.

다섯째, 거인설화는 세계에 보편적으로 존재하는 설화 형태이기에, 세계 거인설화의 양상을 검토하고. 이것을 우리의 거인설화와 견주어 생각할 필요가 있다. 이런 비교를 통해 우리의 거인설화가 지니는 특징 및 의의가 어느 정도 분명해질 것으로 본다.

제2장

거인설화의 신화적 본질

거인설화가 원래 신화 형태였음은 이미 서론에서도 밝혔듯이 선학들에 의해 누차에 걸쳐 언급되어 왔다. 특히 장주근은 거인설화가 천지개벽신화의 한 형태였을 것임을 추정하여 『한국의 신화』를 서술하는 첫머리에 이런 거인설화를 두고 있다.[1]

이렇듯 거인설화가 원초적인 신화였음을 인정하는 데는 아무런 이견이 없다. 그럼에도 거인설화가 어떤 신화적 성격을 지녔는지는 거의 밝혀지지 못했다. 거인설화의 자료에서 신화적 성격이 어떤 양상으로 나타나는지, 그 본질이 무엇인지는 전혀 검토되지 못했다고 할 수 있다. 아울러 거인설화가 신화였다면 거인신격에 대한 검토도 필요할텐데 이런 작업도 찾아보기 어렵다. 때문에 이 章은 거인설화가 지닌 이러한 신화적 성격을 구명하고자 마련하였다.

거인설화에 나타난 거인은 창조신적 성격을 지니면서 천지분리나 일월조정, 자연현상이 생기는데 간여한다. 또한 이 세상의 땅덩어리를 만들고 산천을 형성하며, 작게는 사람들이 사는 인근의 작은 산과 같은 지형을

---

1) 장주근, 『한국의 신화』, 성문각, 1961.

만드는 존재이기도 하다. 하지만 인간의 인지가 발달되고 현실적 사고를 하게 되면서 거인신격의 이런 창조신적 본질에는 무관심해지고 인간에게 직접적으로 영향을 미치는 신격을 추구하고 섬기면서 신의 성격은 다소 변질되었다고 본다. 즉 창조신의 부수적인 기능이었을 生産神적 기능이 강조되고, 왕권설화에서 거인설화의 거인성을 수용함으로써 始祖神적 기능까지 갖게 된 것이다. 그렇지만 이처럼 긍정적으로 거인설화가 계승되고 수용되는 것만은 아니었다고 본다. 신성성이 사라진 마당에 거인설화가 계속 존재하기 위해서는 그 성격을 변모시켜야 했는데, 이렇게 해서 나타난 양상이 거근과 배설을 중심으로 거인을 희화화시킴으로써 흥미를 추구하는 방식을 택한 자료였던 것으로 보인다. 이러한 희화화된 자료는 거인성을 어느 정도 유지하기는 하지만 그 신화적 성격을 잃어버렸다는 점에서 창조신화적 성격이 잘 드러나는 설화와는 구별하여 따로 章을 마련하여 다루기로 하고, 여기서는 먼저 거인설화의 창조신화적 측면만을 살피도록 하겠다.

1. 거인설화의 창조신화적 양상과 본질

거인설화에서 거인의 행위 중 가장 본질적인 것은 창조행위이다. 태초의 혼돈 상태에서 오늘날과 같은 이 세상을 형성할 수 있는 것은 거대한 거인에 의하지 않는다면 불가능하다고 여겼던 것으로 보인다.

거인설화에 나타난 거인의 창조행위는 크게 두 가지 형태로 구분된다. 즉 가장 먼저하는 1단계 작업으로는 천지분리라든가 천체형성 및 정리와 같은 우주를 창조하는 행위이다. 여기에는 거인에 의해 혼돈이 정리되면서 하늘과 땅이 분리되고, 해와 달, 별과 같은 천체가 생겨나는 과정이 이야기된다. 그리고 거인이나 거대한 동물에 의해 지진이나 일식과 월식, 밀물과 썰물, 해일 등의 자연현상이 생겨나게 되었다고 설명되기도 하는데, 이런 자연현상의 형성도 우주가 창조되는 1단계 작업에 포함시킬 수 있다.

거인은 우주창조의 다음 작업으로 이 세상의 땅덩어리를 만들거나 산천을 형성시키며 특정 지형이 생기도록 하는 창조행위를 하는데, 이것을 거인의 2단계 창조행위라 할 수 있을 것이다.

이러한 두 단계의 창조행위는 외국신화의 사례를 본다면 동일한 신격에 의해 명확한 구분없이 계속 진행되는 모습으로 나타나는 것이 흔하다. 중국의 반고신화의 경우는 혼돈 속에서 반고가 태어나서는 하루에 한 장(丈)씩 키가 자라 하늘을 밀어올렸고, 그의 死體로부터는 해와 달, 별과 같은 천체뿐만이 아니라 산악이나 하천, 풀과 나무, 암석 등이 생겨났다고 한다. 또한 바람과 구름, 천둥 등도 반고에게서 생겨났다고 하여 우주창조나 자연현상, 지형형성이 모두 반고라는 최초의 거인신격에 의해 일관되게 진행되었다고 한다.2) 이것은 인도의 푸루샤나 북유럽 신화집『에다』의 이미르 같은 거인신화에서도 유사하게 나타나는 현상이다. 일본의 경우도 이자나기 이자나미가 혼돈을 天浮橋에 서서 창으로 정리하면서 창끝에서 떨어지는 물방울로 섬을 형성시킨다든가 둘의 교합에 의해 일본의 중심이 되는 여러 섬을 창생시키는 모습을 보여주고 있어 우주의 형성과 지형창조가 동일한 거인신격에 의해 지속적인 창조행위의 진행에 따라 이루어짐을 보여주고 있다. 하지만 우리의 경우는 천지를 분리시키거나 일월성진을 정리하는 거인신격은 그 작업 후 자취를 감추고 새로운 거인신격 예컨대 천상의 장군이나 설문대할망, 장길손, 마고할미 등이 등장해서 산천을 형성하거나 특정한 지형을 만드는 것으로 나타난다. 그리고 특히 그 전승양상에 있어서도 우주창조의 신격은 서사무가라는 운문의 형식으로 굿의 첫머리에서 창세신으로 섬겨져서 다소의 신성성을 유지하는 모습도 찾을 수 있지만, 지형을 형성하는 거인은 신성성을 찾아보기 어렵고 전설이나 민담화되면서 구전산문의 형식으로 희화화되는 양상을 보이는 것이 특징이다.

그러면 우주형성형과 지형창조형의 두 거인설화 형태를 정리하면서 구체적으로 그 양상과 본질을 살펴도록 하겠다.

---

2) 袁珂(전인초 外 역),『중국신화전설Ⅰ』, 민음사, 1992.

1.1. 우주형성형 거인설화

거인신격에 의해 우주가 형성되는 모습은 주로 무가를 통해 전승되는 양상이 두드러진다. 굿의 첫머리에서 불렸을 창세신화의 형태에서 창조 거인신의 모습이 나타나고 있는 것이다. 이들 무가에서 거인신격은 거인적 능력을 발휘해서 천지를 분리시키고, 복수의 해와 달을 정리하는 행위를 주로 한다. 곧 우주창생의 주체자로서 창세 거인신인 것이다.

한편 이런 무가 이외에 구전설화에서도 하늘과 땅의 분리나 이 세상의 원초적인 자연현상이 거인이나 거대한 동물에 의해 이루어졌다고 하는 관념을 많지는 않지만 다양하게 찾아볼 수 있다. 이처럼 천지분리, 일월조정, 지진, 해일, 밀물과 썰물, 일식과 월식 등의 자연현상이 있게 된 유래가 모두 거인설화의 측면에서 설명되고 있다는 점은 무엇보다도 주목할 필요가 있다. 이는 곧 거인에 의한 이 세상의 창조라는 의식이 분명히 존재했음을 입증하기 때문이다. 그러면 이런 면모를 보여주는 자료들을 먼저 제시하면서 이를 토대로 이런 성격을 검토하도록 하겠다.

> 가) 손진태, "창세가", 『조선신가유편』, 향토문화사, 1930.
> 나) 임석재·장주근, "삼태자풀이", 『관서지방무가』, 문화재관리국, 1966.
> 다) 진성기, "초감제", 『제주도무가본풀이사전』, 민속원, 1991.
> 라) 손진태, "地震の理由", 『朝鮮の民話』, 岩崎美術社(동경), 1959.
> 마) 이문현, "맷돌이 우뢰소리를 내는 까닭", 『한국민화』, 일산서적출판사, 1992.
> 바) 손진태, "出潮·退潮·津浪の理由", 『朝鮮の民話』, 岩崎美術社 (동경),
>   1959.
> 사) 임석재, "일식·월식이 생기는 이유", 임석재전집 7, 『한국구전설화』,
>   평민사, 1990.

가)는 김쌍돌이가 구연한 무가 자료로 창세거인신인 미륵의 천지분리와 일월조정이 잘 나타나는 자료이다. 가)는 거인신격의 창조신적 성격만이 드러나는 것이 아니라, 천지분리와 일월조정을 하는 거인신격의 외모묘사가 잘 드러난다는 점에서 중요하다.

> 미럭님이 옷이 업서 짓겟는대, 가음이 업서,
>
> 이山 져山 넘어가는, 버덜어 가는
> 칙을 파내여, 백혀내여, 삼아내여, 익여내여,
> 한올 알에 배틀 노코,
> 구름 속에 영애 걸고,
> 들고쌍쌍, 노코쌍쌍 짜내여서,
> 칙長衫을 마련하니,
> 全匹이 지개요, 半匹이 소맬너라.
> 다섯자이 섭힐너라, 세자이 짓일너라.
> (중략)
> 彌勒님 歲月에는
> 섬두리 말두리 잡숫고[3]

미륵의 거대한 체구를 大衣와 大食이라는 화소를 통해 묘사하고 있음을 알 수 있다.[4] 이런 외모를 지닌 거대한 거인이라야 천지분리나 일월 조정이 가능하다고 생각했기 때문이겠다. 미륵이 거인신격으로서 먼저 하는 행위는 천지를 분리하는 것이다.

> 한을과 따이 생길 젹에
> 彌勒님이 誕生한즉,
> 한을과 따이 서로 부터
> 쩌러지지 안이하소아,
> 한을은 북개 쏙지차럼 도도라지고

---

3) 손진태, 「창세가」, 『조선신가유편』, 향토문화사, 1930. 2~8면.
4) 미륵의 거신적 성격은 다른 異本에서도 쉽게 찾아볼 수 있는데, 이에 대한 검토는 이미 김헌선에 의해 이루어진 바 있다. (김헌선, "본토지역의 창세신화", 『한국의 창세신화』, 길벗, 1994. 49~53면)

　　싸는 四귀에 구리기동을 세우고[5]

　이 부분에 대한 해석은 이미 김헌선이 거인에 의해 천지가 분리되는 모습이라고 구체적으로 밝힌 바 있다. 그 논지는 이 부분의 서술어를 통한 주체의 기능을 볼 때 거인적 성격을 지닌 미륵이 하늘과 땅을 분리시키고 동서남북 네 모퉁이에 구리기둥을 세운다는 것이다.[6] 즉 태초에 하늘과 땅이 붙어있던 것을 미륵이라는 거인이 나타나 비로소 분리시켰고 네 모퉁이에 구리기둥을 세움으로써 오늘과 같은 완전한 분리상태가 유지될 수 있었다는 것이다.

　이러한 천지분리 후에 미륵은 일월을 조정한다. 즉 해 두 개, 달 두 개인 것을 달 하나 떼어 북두칠성 남두칠성을 마련하고, 해 하나 떼어 큰별 잔별들을 마련한다. 구체적으로 어떻게 해와 달을 떼어냈는지 그리고 그것으로 어떻게 별을 만들었는지는 밝히고 있지 않지만 거인신격인 미륵이 해와 달을 손으로 떼어내서 부셔서 별로 만든 것임을 추정하기는 어렵지 않다.

　이런 가)는 굿이라는 제의를 토대로 전승되어 왔기에 미륵이라는 거인신의 우주창조적 존재자로서의 면모가 비교적 잘 유지되고 있는 것이라 볼 수 있다. 그런데 우리의 창세신화 가운데 특히 제주도의 자료를 보면 대체로 혼돈의 상태에서 이 세상이 처음 생성되는 과정을 밝히는데 있어서 음양의 교섭에 의한 것이라고 설명하는 자료들이 적지 않은데, 이런 음양론에 입각한 우주생성론이 우리 창조신화의 고유한 모습이라고 보기 어렵다.[7] 음양론에 입각한 생성과정으로 천지개벽을 설명하는 신화 형

---

5) 손진태, 같은 책, 1면.
6) 김헌선, 같은 글, 43면.
7) 임재해는 제주도신화 자료를 중심으로 우리의 천지개벽은 음양의 교섭에 의해 스스로 제자리를 잡아가는 것이 천지개벽신화의 원형이며 가장 기본적인 서사 형식이라고 파악하고 있는데(임재해, "한국신화의 서사구조와 세계관", 『설화문학연구(상)』, 단대출판부, 1998. 72~93면), 창조신적 성격의 거인이 내륙 지방에서 나타날 뿐 아니라 제주도신화에서도 찾아볼 수 있기에 거인창조신의 행위가 약화되면서 천지개벽을 설명하는 형태로 나타난 현상이지 본래부터 이런 음양론적 생성론에 의해 천지개벽되는 모습은 아닌

태는 중국 음양오행사상의 영향을 받은 것으로 보이며, 다)를 비롯한 제주도 몇몇 신화에서 보이는 도수문장과 같은 거인이 하늘을 밀어올려 하늘과 땅을 분리시키고 청의동자 앞 뒤 이마의 눈으로부터 해와 달이 창조되는 형태가 본래의 것이었던 것으로 판단된다. 본디 거인 창조신에 의한 우주창조에서 점차 거인신의 창조 부분이 약화되면서 중국의 우주론적 체계와 같은 모습으로 음양오행과 십간십이지 체계를 가져와 이 세상이 음양의 교섭에 의해 스스로 자리를 잡아가는 모습을 취하게 되었던 것으로 보인다.

나)는 정운학이 구연한 자료로 창세신화 형태로 독립된 것이 아니라 생명을 관장하는 신의 내력을 이야기하는 「삼태자풀이」의 서두 부분에 삽입된 것이다. 이 자료 또한 미륵의 거인성이 거대한 몸집과 大食, 大衣를 보이는 형태로 구체적으로 언급되고 있으며, 특히 미륵의 몸으로부터 우주천체현상이 생겨나는 우주적 거인의 모습을 잘 드러내는 자료로서 중요하다.

미륵의 신체가 각기 분리되어 해와 달을 비롯한 여러 별들이 형성된다는 것으로 중국의 반고신화와 흡사한 모습을 보이지만 우주적 거인의 죽음과 무관하게 우주천체가 형성된다는 점에서 차이점이 있다. 또한 반고신화는 산천이나 자연현상이 생기게 된 이야기인 반면 나)의 자료는 천체현상에만 국한되고 있어 뚜렷이 구별됨을 알 수 있다.[8] 이런 우주천체의 형성은 다)의 제주도 자료에서도 그 면모를 찾아볼 수 있는 것이다.

한편 나)의 자료에서는 여타의 창세신화와 달리 숨겨진 일월을 찾는 형태로 일월조정이 나타나 흥미롭다. 이 자료에서는 도롱소매에서 해와 달을 잡아 내어놓는다고 했는데, 채도사의 도롱소매인지 그 주체는 불분명하지만 해와 달을 도롱소매에 가둔다는 점에서 그런 행위를 하는 주체의 거인적 면모는 분명히 드러난다. 이는 사)의 자료에서 일식과 월식이 생긴 까닭을 설명하는 것과 닮아 있다. 즉 거대한 불개가 입으로 해와 달

것이다.
8) 김헌선, 같은 글, 46면.

을 물어 일식이나 월식이 생긴다는 것과 해와 달을 도롱소매에 숨겼다가 꺼내서 세상이 밝아졌다는 것은 동일한 상상의 소산이라 할 수 있다.

다)는 고창학이 구연한 「초감제」로 김헌선에 의해 제주도 창세신화 중 거인이 하늘을 밀어 올리는 유형의 천지개벽으로 주목을 받은 바 있다.9) 거인에 의해 천지가 분리되고 해와 달이 생겨나는 자료의 핵심적인 부분을 제시하면 다음과 같다.

> 도수문장이 훈 손으로
> 하늘을 치받고
> 또 훈 손으로 지하를 짓 눌러
> 　　　(중략)
> 동방으로 청의동ᄌ
> 반고씨가 솟아나니
> 앞니망엔 공ᄌ 둘이 부폼네다
> 뒷니망에도 공ᄌ 둘이 부폼네다
> 옥황의 도수문장 굽어보니
> 박옥성이 ᄌ이우다.
> 앞니망에 공ᄌ 둘은
> 제동에 부쳤더니
> 훈 하늘에
> 일광 둘이 터옵네다.
> 뒷니망에 공ᄌ 둘은
> 섭제땅에 부쳤더니
> 훈 하늘에
> 월광 둘이 터옵네다.10)

앞 부분은 거인인 도수문장이 하늘과 땅을 두 팔로 분리시키는 모습이

---

9) 김헌선, "제주도지역의 창세신화", 같은 책, 120면.
10) 진성기, 『제주도무가본풀이사전』, 민속원, 1991. 655~656면.

잘 드러나고 있다. 그리고 뒷 부분은 청의동자 반고씨의 앞뒤 이마로부터 해와 달이 둘씩 생긴다는 것으로, 이것은 일월을 만드는 새로운 거인이 설정된 것이라 할 수 있겠다. 그런데 이런 반고씨의 앞뒤 이마에서 해와 달이 둘씩 생겨나는 자료는 제주도의 창세신화에서 흔히 보여지는 양상이다. 박봉춘이 구연한 「초감제」11)나 강일생의 「베포도업침」12), 강태욱의 「초감제」13) 등 다양한 자료에서 찾아볼 수 있다. 이것은 중국의 반고신화를 염두에 두고서 일월생성을 설명하는 것인지는 분명하지 않지만 청의동자의 이마로부터 해와 달을 만들어내는 박봉춘의 자료를 본다든지 그 외에 위의 자료에서 청의동자 반고라고 한 데서도 알 수 있듯이 일월을 만들어낸 청의동자가 본래 모습이었으나 중국의 반고신화가 전해지면서 그 내용상 서로 상통하기 때문에 반고를 끌어온 것이 아닌가 추정된다. 여하튼 거인에 의해 일월이 생성되고 있음은 분명히 확인할 수 있다.

아울러 제주도에서도 복수인 일월이 등장하고 이를 조정하는 데서 거인의 면모가 보이는 것은 동일하다. 다만 본토에서는 거인이 해와 달을 떼어내는 형태로 정리되지만, 제주도에서는 대별왕과 소별왕 또는 활선생 거저님 등이 천근의 무쇠살과 활로 정리를 한다. 본토보다 거인성이 두드러지는 것은 아니지만 천근의 무쇠살과 활로 일월을 정리하는 행위는 거인이라야 가능한 것이다.14)

이렇게 볼 때, 제주도의 창세신화에서도 일부 자료이지만 거인에 의한 천지분리도 보이고, 일월생성 및 일월조정 등에 있어서 거인의 행위가 두드러짐을 알 수 있다.

라)는 구전설화로 지진이 생겨난 까닭이 거인의 행위에 있다고 한다.

---

11) 赤松智城·秋葉隆, 『朝鮮巫俗の硏究』 (上), 조선총독부, 1937.

12) 임석재, "제주도에서 새로 얻은 몇 가지", 『제주도』 17호, 1974.

13) 진성기, 같은 책.

14) 본토 자료 중 이종만이 구연한 경기도 오산의 「시루말」에서는 제주도와 마찬가지로 천근활과 백근살로 복수의 일월을 조정하는 모습을 보이고 있어, 본토의 모든 창세거인신화가 제주도의 일월조정 양상과 차이를 보이는 것은 아니다.(赤松智城·秋葉隆: 같은 책)

손진태, 『朝鮮の民話』, 岩崎美術社(동경), 1959. 17~18면.

옛날 기울어진 하늘을 天神이 구리기둥을 세워 받쳤으나 그 무게 때문에 자꾸 내려앉으므로 거대하고 힘이 센 장군에게 땅을 어깨로 떠받치고 있게 했다는 것이다. 그런데 그것이 무거워 어깨를 바꿀 때면 땅이 흔들려 지진이 생긴다고 하고, 그 장군이 지금도 어깨로 땅을 떠받치고 있다고 생각한다는 것이다. 이런 라)의 자료는 그리스신화의 아틀라스(Atlas)를 연상시킨다. 티탄(Titan)族 12신의 하나인 그는 제우스에 의해 그 형벌로 무거운 하늘을 두 어깨로 들쳐 메고 있게 된다. 라)에서는 천신의 명령에 따라 땅을 메고 있는 반면 아틀라스는 형벌로서 하늘을 메고 있다는 점, 그리고 아틀라스는 거인 그 자체가 산맥이 되는 반면 라)는 이런 거인장군의 움직임에 따라 지진이라는 자연현상이 생긴다고 설명하는 차이가 있는 것이다. 어쨌든 천지분리가 거인에 의해 행해지고, 분리된 하늘과 땅이 다시 결합하지 못하도록 하늘을 받치는 구리기둥이 세워지거나 그렇지 않다면 거인이 떠받치고 있어야 한다는 관념은 분명히 찾아볼 수 있다.

마)는 제보자가 밝혀져 있지 않고 채록상황도 전혀 언급이 되지 않은 자료여서 자료로서의 가치에는 의문이 있다. 그리고 그 내용 또한 거인이 하늘을 떠받치고 있다가 어깨가 아파 바꿔 멜 때면 지진이 생긴다고 해서, 자료 라)와 흡사하다. 때문에 라)의 자료를 토대로 각색했을 가능성도 없지 않다. 그럼에도 큰 차이점은 천지가 붙어 있었는데 거인이 땅 속으로부터 솟아나 하늘을 어깨로 떠메고는 하늘을 높이 들어올려서 하늘과 땅이 비로소 분리되고, 이렇게 분리된 것을 거인이 계속 떠메고 있다는 것이다. 이것은 거인에 의해 천지분리까지 이루어진다고 하는 점에서 라)와 달라서 주목되며, 가)의 미륵이 천지를 분리시킨 후 네 모퉁이에 구리기둥을 박는 작업까지 한 것과도 상통되는 모습이다.

바)는 밀물과 썰물, 해일 등이 거대한 가오리에 의해 일어나는 자연현상이라는 것이다. 큰 가오리가 굴 속에 있을 때는 굴 안에 있던 물이 빠져나가 밀물이 되고, 굴 밖으로 나가면 물이 굴로 들어가 썰물이 된다는 것이다. 또한 해일은 그 가오리가 헤엄을 칠 때 바닷물이 넘쳐흘러 생기게 된다고 한다. 이러한 거대한 동물에 의해 자연현상이 생겨나게 되었다는 것은 거인설화의 사고와 다르지 않다. 이 세상이 거인에 의해 천지가 분리되고 일월이 조정되는 것과 마찬가지로 밀물과 썰물, 해일 등이 거대한 동물에게서 비롯된다는 인식은 근본적으로 동일한 의식의 소산인 것이다. 바)의 큰 가오리는 우주적 거인이 설정되었듯이 거대한 동물의 형상을 지닌 우주적 동물일 수 있다. 중국의 女媧神話에서도 여와가 하늘에 난 구멍을 메우고 부러진 天柱 대신 바다 한가운데에 사는 거북의 다리를 잘라 하늘을 받쳤다고 하는 데서도 알 수 있듯이 거인의 존재와 아울러 거대한 동물의 존재는 태초의 우주창조나 자연현상을 설명하는데 있어 기본적인 사고였던 것으로 보인다.

사) 또한 바)와 마찬가지로 거대한 불개에 의해 일식과 월식이라는 자연현상이 생겨나게 되었다고 한다. 까막나라에서 불개를 시켜 해와 달을 물어오게 하였으나 해는 너무 뜨겁고 달은 너무 차가워서 그것을 물었다가 놓게 되는데, 이 때 일식과 월식이 생긴다는 것이다. 이런 사)는 까막나라의 왕이 파견자가 되어 불개를 보낸다는 점에서 원초적인 사고의 모습이라 보기는 어렵지만 창세신화에서 일월을 조정하는 사고가 일정하게 반영되어 있음을 주목할 필요가 있다. 즉 창세신화에서 해와 달이 두 개씩이어서 낮에는 타죽고 밤에는 얼어죽는다고 했는데, 해가 뜨겁다는 것은 경험적 인식에 따라 당연하지만 달이 얼음덩어리처럼 차다는 것은 인간의 공통된 인식일 수만은 없다. 때문에 창세신화에서 해와 달에 대한 인식이 사)의 자료에서도 그대로 유지되고 있음을 알 수 있다.

한편 이런 우주적 동물은 이처럼 자연현상을 생기게 하는데도 간여를 하지만 지형을 형성하는 역할을 담당하는 것으로 나타나는 자료도 쉽사리 찾아볼 수 있다. 창조신화에 있어 거대한 동물은 거인과 함께 또는 부수적으로 중요한 역할을 하고 있음을 알 수 있다.

이상 7편의 자료를 통해 우주형성형 거인설화의 양상을 살펴볼 수 있었다. 천지가 분리되고 천체가 정리되며, 자연현상이 생기게 된 근원에는 거인이 있다고 하는 사고를 확인할 수 있었다. 그런데 이런 우주형성형 창조행위의 주체가 되었던 거인은 이것으로 그의 창조작업의 임무를 완성한다. 이 세상의 땅덩어리가 어떻게 생겨나게 되었는지 또는 산천이나 새로운 지형이 형성되는 것과 같은 2단계 창조행위에는 더 이상 간여하지 않는다. 2단계 창조행위는 설문대할망이라든가 장길산, 마고할미와 같은 새로운 거인신격이 출현하여 그 임무를 수행한다. 이들 거인은 우주형성형 거인과는 달리 더욱 인간화된 거인의 모습이고 인간과 동일한 사고를 하는 거인이다. 따라서 이런 거인의 창조행위는 신화로서 신성성이 크게 약화되고 희화화되는 경향까지 보인다.

그러나 여기서 살펴본 이런 우주형성형 거인설화 특히 무속신화로 전해지는 자료는 거인신격에 대한 신성성이 다소나마 남아있다. 무속의례에서 무가의 형태로 전승되기에 제의적 규범성이 어느 정도 있었을 것이고, 따라서 비교적 적은 변화를 겪었기 때문일 수 있다. 그래서인지 이런 우주형성형 거인설화에서는 희화화되어 나타나는 양상도 거의 찾아보기 어렵다.

1.2. 지형창조형 거인설화

거인설화의 1단계 창조작업인 천지분리나 천체현상의 조정, 자연현상의 유래 다음으로 나타나는 거인의 2단계 창조행위는 이 세상의 땅덩어리를 생성시키고 산천을 형성하며, 어느 특정 지역의 지형을 형성시키는 작업이다. 세계의 여타 신화에서는 1단계 작업과 2단계 작업이 대체로 동일한 거인신격에 의해 행해지는 반면 우리의 거인설화는 이런 작업이 분리되는 양상을 보인다는 것은 이미 언급한 바이다.

이렇게 거인설화에서 산천을 형성시킨다거나 특정 지형을 형성시키는 모습을 보여주는 자료는 일반인들에 의해 구전산문의 형식으로 전해지는 것으로, 그 수가 백여편에 이를 정도로 많다. 따라서 그 자료 모두를 들어 설명하는 것은 현실적으로 불가능하며, 이들 면모를 특징적으로 보여주는 자료를 선별하여 유형화시켜 검토하는 것이 바람직하다고 본다.

우선 이 세상의 산천이 어떻게 형성되었는가를 살피는 자료부터 검토하기로 한다.

　가) 손진태, "山·川·海·平原의 由來", 『朝鮮의 民話』, 岩崎美術社(동경),
　　　1959. 15면.[15]
　나) 『대계』2-1, "노고할미바우이야기", 정신문화연구원, 568면.
　다) 『금강산의 역사와 문화』 자료④, 사회과학원 역사연구소(평양, 영인
　　　본),1984. 181면.

　가)는 이 세상의 산과 강, 바다, 평원 등 오늘날과 같은 이 세상의 땅
덩어리가 천상에서 하강한 거인장수에 의해 형성되었다고 하는 이야기이
다. 이 세상이 원래는 평평했었는데 옥황상제의 딸이 반지를 잃어버려 그
반지를 찾도록 장수를 내려보내고 그 장수가 반지를 찾기 위해 땅을 파헤
친 것이 산과 강과 바다 등을 이루었다는 것이다. 이런 가)는 천상계에서
하강한 장군에 의해 지형이 형성된다는 점에서 앞에서 살폈던 「지진의
유래」와 거인의 설정 양상이 동일하다. 또한 지형을 형성시키는 거인신격
으로는 조물주 당자의 모습이거나 조물주를 돕는 여성거인 또는 장수로
나타나는 경우가 흔한데 이런 모습이 이 자료에서도 그대로 나타난다. 하
지만 무엇보다 특징적인 것은 이런 창조행위가 거인신격의 의도에 따라
단계적으로 만들어지는 작업이 아니라는 데 있다. 이 세상의 지형형성은
창조신화에서 대체로 창조주의 의도하에 창조주가 직접 또는 동물을 시
켜 형성시키는 모습이 일반적이다. 하지만 우리의 경우는 거인신격이 의
도하는 신성작업의 일환으로 지형창조가 이루어지는 것이 아닌 거인의
우연한 행위에 의해 만들어지게 되었다는 특징이 있다. 따라서 지형창조
형에서는 이미 거인의 창조행위가 지닌 의미와 신성성이 어느 정도 탈색
되어 있다는 것을 알 수 있다. 이러한 양상은 우리의 지형창조형 거인설
화에서 전반적으로 보이는 양상이라고도 할 수 있다. 뒤에서 살펴볼 거인
이 산을 메고 가다가 멜빵이 끊어졌다거나 또는 다른 사정에 의해 메고
가던 산을 그 자리에 두게 된다는 형태의 설화도 새로이 지형을 형성시키

---

15) 이 자료의 각편은 『대계』8-6 (경남 거창)에 "세상 모양이 생긴 이야기"로 실려있고,
　　한상수(같은 책)와 임동권(『한국의 민담』, 서문당), 이문현(같은 책)의 자료집 등에
　　도 수록되어 있다.

는 거인신격에 대한 의미가 그다지 가치있게 설명되고 있는 모습이라고 보기는 어렵다.

한편 거인의 창조행위가 지닌 의미가 탈색되는 현상은 다음 자료 같은 경우는 한층 더 심각하게 진행되어 거인이 산을 옮기거나 지형을 만드는 행위 자체가 아예 부정적 행위로 간주된다.

그러닝께 옛날에 말헐 것 같으면 우리는 알지도 못하구 할 시절인디 말유. 아흔 아홉 봉두리(봉우리)가 달려(달리) 맨들어(만들어)진고 하니, 아흔 아홉 봉두리를 첫째는 그 한 여장수가 말할 것 같으면 이 큰 낭이 있는디, 죽─ 한 번 씩 앞치매다 담어다 뵀다는 거유.

이런 애긴디 절대적우루 거이에 아흔 아홉 봉두리를 한 치매씩 담어서 맨들은거지. 말허자면, 그래서 아흔 아홉 봉두리를 맨드는디─, 워서부텀(어디서부터) 맨드는구하니, 에─ 방아실 앞이란 디서부터 맨들어가지구서는 저 진양 뒤까지 문필봉이라는 디 하구 우이(위) 할미봉이라는 디가 있어유. 그래 거기까지 네려(내려) 가더락(가도록) 맨들어 놓구서 그 큰 낭둥에서 하다가 마지막 한 치매를 담어 들구 가지구서는 인제 말허자면 장수가 날 자리였유. 그 자리를 가지구서는 옛날 그 치(키) 맨드는 분이 버들을 찌러 갔다가 거기에 뭔가시리 옛날이 그 두디기(두더지)나 뭐가 들썩 들썩 허는 뭔가 기미가 있기 때미 버들 찌다 말구 칼루다 구만 딱찍어 봤다는 애기지, 그래서 그 칼이 뽑은 담이는 거기서 피가 흘러가지구서는 나와서 물이 그뜩 괬다는, 그 옛날 으르신네 말씀허시기를 지금까지 그 들은 애기가 우리가 대충적우루 부더래두 틀림 읎이 물이 잔뜩 괴(고여)있구 거기에 현재 버들이 가뜩 가양이(갓에) 채(처) 있기 때민에 우리는 그런 줄루 알구 있어유. 지금……16)

이 설화에서 보면 치마에 흙을 담아 아흔아홉개의 산봉우리를 만드는 여성거인의 창조행위가 잘 드러나 있다. 그런데 지형창조형 거인설화에서 창조여신의 이런 행위는 긍정적으로 이야기되는 경우가 드물다. 위의 설화에서는 여성거인의 창조행위가 잘못되어 부정적인 결과를 가져온다는 부분이 모호하게 설명되고 있지만, 같은 성격의 다른 자료를 염두에 둔다

---

16) 『대계』4-2 (충남 대덕), "아흔아홉봉전설", 정문연, 813~814면.

면 백 봉우리를 다 완성하지 못하고 창조행위를 끝내서 어떤 부정적인 결과를 가져오게 되었다고 하는 것이 일반적이다. 「대성산」과 같은 자료에서 보면 대성산 꼭대기에 못이 백 개가 있어야 하는데 마구할미가 못 하나를 덮어두어 아흔아홉 개로 보여 평양이 되지 못했다고 하여,17) 지형을 형성하는 거인의 행위 자체는 인정하면서도 그 작업이 제대로 이루어지지 못한데 대한 원망과 부정적 인식이 강하게 담겨져 있다. 이것은 일부 거인설화에서 거인신격을 악신으로 형상화시키는 양상과도 무관하지 않은 것으로 이에 대해서는 '거인신격의 기능' 부분에서 구체적으로 살피도록 한다.

나)의 「노고할미바우이야기」는 이 세상의 산천이 모두 여성거인신격인 노고할미에 의해 만들어졌다는 점에서 가)와 상통되는 자료이다. 노고할미는 손이 크고 힘이 좋아서 평평한 데 가서 줄을 쭉쭉 그으면 산이 되고, 골이 된다고 한다. 이것은 여성거인의 창조신적 성격을 비교적 온전히 보여주는 양상으로 가)의 평평한 땅을 파헤쳐 산과 강, 바다 등이 유래되었다는 인식과도 맞닿아 있다. 하지만 나)는 이 세상의 지형을 창조하는 신격으로서의 의미보다는 특정 증거물과 결부시켜 특정 지형을 형성하는 형태로 구체적이고 현실적인 삶에 가까운 모습으로 전환되는 양상이 뚜렷하다. 즉 노고할미가 산다고 믿는 바위가 있다든가 노고할미 손자국과 담뱃대가 있다고 하여 노고할미의 창조행위보다는 그 증거물이 생겨난 까닭이 더 중요시되고 있다. 그럼에도 "그 곳에 노고가 비오면 거게 그만한 노고가 있었을런지 몰라"라고 언급하는 데에서도 알 수 있듯이 노고할미의 거인적 행위와 존재가 진실되다고 믿는 자료라는 점에서 이런 이야기 자체가 비현실적이라는 인식과는 다르다는 것을 알 수 있다.

다)는 북한에서 나온 자료로 세상만물이 제석보살에 의해 만들어졌다고 한다. 옛날 제석보살이 세상만물을 만들다가 심혈을 기울인 금강산이 시간이 지나면 사라질 것같아 산봉우리에 구멍을 뚫어 하늘로 끌어올리려 했는데, 그 구멍이 있는 데를 혈망봉이라고 한다는 것이다. 다)는 금

---

17) "대성산", 임석재전집 3(평북Ⅲ, 평남, 황해편), 『한국구전설화』, 평민사, 1988. 166면.

강산의 혈망봉이라는 특정지형이 생겨난 유래를 설명하는 이야기이지만 창조주에 의해 이 세상이 만들어지는 과정 중에 그런 지형이 생겨났다고 하는데 그 의미가 있다. 곧 특정지형의 형성이라는 것이 단순히 거대한 거인에 의해 후대에 우연히 이루어지는 것이 아니라 태초에 창조주의 창조행위의 일부라는 의식이 분명하게 내재되어 있음을 알 수 있는 것이다.

이상의 자료들은 지형창조에 대한 거인의 행위가 비록 신성성이 탈락된 모습을 취하고는 있지만, 거인의 창조행위가 태초의 창조작업의 일환으로 마련된다는 것을 보여준다고 하겠다.

다음으로는 이 세상의 모든 산천이나 지형을 형성하는 것이 아닌 특정지형만을 형성하는 거인신격의 모습이 드러난 자료들이 있다. 현재 전승되는 지형창조의 거인설화는 대부분 이들 설화처럼 특정 증거물을 바탕으로 전설화된 형태를 띠고 있다.

> 라) 박종섭, "시바우유래", 『거창의 전설』, 문창사, 1991. 259면.
> 마) 임석재전집 12, "옥계천의 진주석", 『한국구전설화』, 평민사, 1993. 24면.
> 바) 『대계』8-8, "마을 인근산의 유래", 정문연, 565면.

라)는 천태산 마구할멈이 새로 치마를 해입고는 가다가 넓은 냇물을 건너기 위해 치마폭에 돌을 싸서 옮겨와 그 돌로 다리를 놓아 냇물을 건넜다고 하며, 또 냇물을 건널 때 끼고 있던 가락지가 떨어져 그 주변을 마구 주물러서 마을 뒷산이 움푹짐푹하게 되었다고 하는 이야기이다. 이런 라)는 여성거인이 새로운 지형을 만드는 전형적인 모습으로, 치마에 산이나 바위를 싸서 이동하다가 놓아둔 것이 특정 지형을 형성하게 된다는 것이다. 그런데 라)에서 특이한 점은 가락지를 찾기 위해 주변을 마구 주물러서 뒷산의 모양이 움푹하게 되었다는 설명은 자료 가)와 동일한 모습임을 알 수 있다. 즉 이 세상의 땅덩어리를 창조하던 모습이 특정 지형과 결부되면서 축소되는 양상을 볼 수 있다는 것이다. 아울러 거인이 반지와 같은 물건을 찾기 위해 땅을 파헤친 것이 산천 또는 지형을 형성하게 된다는 모티프가 폭넓게 인식되고 있었음을 알게 한다.

　마) 또한 마고할미라는 여성거인에 의해 새로운 지형이 만들어졌다는 것으로, 마고할미가 옥황상제의 副神的 性格을 띠는 것이 특징적이라 하겠다. 옥황상제가 조선땅에 仙境을 만들도록 마고할미에게 시키고, 마고할미가 玉溪에다 그것을 만들고는 옥황상제에게 보였더니 금강산의 만불암을 그 곳에 가져다 두도록 하여 치마폭에 싸서 오는 도중 닭이 울어 던져버렸다고 한다. 이 자료에서는 여성거인신격이 창조주의 명을 받고 지형을 형성하는데, 이는 가)의 반지를 찾도록 거인장수를 시켜 지형을 만든 것과 대응되는 양상으로 가)의 자료가 비록 반지를 찾기 위해 내려왔다고 되어 있지만 원래는 창조주의 명에 의해 이 세상의 산천을 형성하기 위해 내려와서 행한 행위였음을 추정케 한다.

　大林太良은 이런 형태를 창조형 신화라 명명하고, 그 형식에는 두 가지가 있다고 했다. 즉 창조신 단독으로 창조하는 형식과 至高神이 한 사람 혹은 그 이상의 副神의 협력을 받아 세계를 창조하는 형식으로 구분하면서, 후자의 副神은 신격화된 최초의 인류이거나 때로는 창조주의 반항자가 되기도 한다고 했다.18) 여기서 大林太良이 구분한 세계의 창조형 신화 형태는 우리의 것처럼 단순히 특정의 작은 지형을 형성하는 것이 아니라 이 세상의 땅덩어리가 생겨나는 양상이기에 차이는 있다. 하지만 이런 세계신화에 비춰볼 때 많은 변모와 쇠락을 거듭하면서 이처럼 특정지형을 형성하는 형태로 전설화되었지만 이와 같은 지형창조설화의 본디 모습은 태초의 창조행위로서 나타난 거인설화였음을 알게 한다.

　바)는 마고할미 내외가 새로운 산을 형성하는 거인으로 나오는 자료이다. 마고할미는 산을 치마에 싸서 가다가 한쪽 옷끈이 풀어져서 내던져버린 산이 땅미산이 되었고, 영감은 산을 짊어지고 가다가 산이 부러져서 버린 것이 건지산이 되었다고 한다. 마을 인근산의 유래를 거인의 행위로 파악하고 있는 이런 지형창조설화는 창조신화적 성격을 지녔음에도 불구하고 거인신격이나 거인의 창조행위에 대한 신성성은 거의 찾아보기 어

---

18) 大林太良(권태효 外 譯), 『신화학입문』, 새문사, 1995. 71면.

렵다. 이것은 태초의 이 세상 형성이라는 인간의 원초적 관심이 자신들의 삶의 터전으로 관심이 옮겨오면서 구체적이고 특정한 지형을 거인이 형성하는 형태로 변모된 것으로 보인다.

그럼에도 특정 지형을 만들기 위해 거인이 기존 지형물이나 자연물을 이동시켜 현재의 위치로 고정시키는 행위는 우주의 질서를 재배열하여 창조행위를 마무리짓는 작업에 해당된다는 것은 분명하다.19)

한편 이상과 같이 거인의 행위에 의해 산천이나 특정지형이 형성되는 것과는 달리 거인의 배설물에 의해 산천 및 지형이 형성되는 설화들도 적지 않다.

> 사) 손진태, "朝鮮山川の由來", 『朝鮮の民話』, 岩崎美術社, 1959. 16면.
> 아) 임석재전집 4, "천지 · 압록강 · 두만강", 『한국구전설화』, 평민사, 1989.
>   17면.

이들 설화는 공통적으로 거인의 배설물에 의해 지형이 형성된다고 하는 자료이다. 수수범벅을 먹고 똥을 싼 것이 산이 되었다는 설문대할망설화나20) 마고할미가 가랑이를 벌리고 변을 본 것이 오리섬이 되었다는 「형도의 탑과 오리섬」21) 등 배설물에 의해 산이나 섬이 형성되었다는 자료는 흔히 찾아볼 수 있는 양상이다. 이러한 배설물에 의한 지형형성의 저변에는 거인의 거대함에 대한 인식이 바탕에 깔려있다. 거인이기에 엄청난 대식을 했고, 그에 따라 많은 양의 배설을 한다는 의식이 담겨져 있다. 곧 거인성의 온전한 분출에서 발상이 되었으나 의식의 변이에 따라 배설의 측면에만 초점이 맞춰지면서 희화화된 거인설화 형태라 할 수 있다.

사)는 조선의 대부분의 산과 강이 한 거인에 의해 형성되었다는 것으로, '장길손' 또는 '장길산'22)이라는 이름의 거인으로도 몇몇의 각편들이

---

19) 강진옥, "마고할미설화에 나타난 여성신 관념", 『한국민속학』25, 민속학회, 1993. 15면.
20) 장주근, 같은 책, 7면.
21) "형도의 탑과 오리섬", 『화성군사』, 화성군, 1990. 15면.

채록되어 있다. 이 거인은 덩치가 커서 나뭇잎으로 겨우 음부만 가렸는데, 왕이 일년간 삼남지방에서 들어온 貢布를 모아 옷을 해주었더니 그 옷에 가려 햇빛이 들지 않아 곡식이 익지 않았다. 그래서 거인은 사람들에게 쫓겨나서 만주로 가게 되고 그 곳에서 배가 고파 흙을 집어먹은 것이 설사를 하여 백두산을 비롯한 산들이 되었고, 소변을 본 것이 압록강을 비롯한 강들이 되었다고 한다. 여기서는 거인의 크기가 강조되고 그에 따라 옷을 염원하는 거인의 모습이 잘 드러난다. 「창세가」의 미륵이라든가 설문대할망 등 거인들은 큰 외모에 따라 항상 옷의 결핍이 문제가 되는데, 이 점이 이 설화에서도 大衣話素로 나타난다.

그런데 이런 사)에서 주목해야 할 점은 거인의 성격이다. 거인의 큰 몸에 가려 곡식이 익지 않아 쫓겨났다는 것은 거인을 창조행위를 하는 신격의 면모로 보는 것이 아니며, 따라서 여기에는 거인신격에 대한 부정적 인식이 개재되어 있음을 알게 한다. 거인신격은 창조신적 성격을 상실한 채 다소 부정되는 신격으로서의 면모도 찾아볼 수 있는 것이다. 배설에 의한 산천형성은 분명 창조행위임에도 긍정적 인식보다는 거인성의 희화화된 모습이 강조되고 있다. 각편에 따라서는 이런 희화화가 한층 더 진행되어 백두산에 서서 남쪽 사람에게 거름을 주고자 소변을 본 것이 홍수가 나서 남쪽 사람은 떠내려가 일본인의 시조가 되었고, 북쪽 사람은 오늘날 한반도에 사는 사람의 조상이 되었다고 한다.23) 지형을 창조하는 신격으로의 면모는 거의 찾아보기 어렵고, 배설의 측면을 희화화하여 부각시켜서 오직 흥미 위주로만 발전시킨 양상이라 할 수 있다. 여하튼 거

---

22) 장길산은 조선 숙종 때의 도둑 괴수로 광대출신이었다고 한다. 처음 황해도에서 활약하다가 평안남도 등 주로 이북지방에서 여러 도를 왕래하며 활동했다. 이익은 장길산을 홍동길, 임꺽정 등과 함께 조선시대 삼대 도둑으로 들었다.(이이화, "장길산 항목", 『한국민족문화대백과사전』, 한국정신문화연구원, 1991.) 남성거인이 이런 장길산 또는 장길손으로 명명되는 까닭은 분명치 않지만, 본래부터 장길산의 이름을 지닌 거인은 아닐 것이며 후대의 붙여진 이름일 것이다. 그렇지 않다면 유사한 이름의 남성 거인이 있었는데, 전승되면서 이름있는 도둑의 이름으로 바뀐 결과일 수도 있다.

23) 『민속종합자료보고서(전남편)』, 문화재관리국, 1980. 744~745면. 한상수, 『한국인의 신화』, 문음사, 1986. 188~189면.

인설화에서 많은 양의 배설물이 문제시되고 있음은 염두에 둘 필요가 있다. 이것은 곧 후대의 문헌에 꿈의 형태를 빌어 많은 양의 배설물이 중요한 의미로 작용하는 '선류몽'담을 형성시키기 때문이다.

아)는 천지와 압록강, 두만강 등의 강이 형성된 유래를 설명하는 설화이다. 그런데 흥미로운 것은 천신이 제를 올리지 않는 조선왕에게 재앙을 내리기 위해 백두산 꼭대기에서 오줌을 싸서 이들 강이 만들어졌다는 것이다. 천신이 직접 창조주의 모습으로 지형을 형성하는 경우는 적지 않지만 이처럼 배설물을 통해 강을 만들었다는 것은 특이한 양상이다. 이것은 단순히 거인적 성격의 천신을 희화화시키기 위해 만들어진 것만은 아니다. 하늘에 제를 올리지 않는다고 소변을 보아 재앙을 내렸는데, 그것이 왜 하필 오줌을 누는 형태로 나타나는지, 그리고 이런 강의 형성이 과연 인간에게 해를 입히는 것인지를 생각해 볼 여지가 있다.

세계의 여타 거인설화와 달리 우리의 거인설화가 지닌 특징적인 면은 희화화된 형태로 배설물에 의해 새로운 지형이 생겨난다는 점이다. 일본의 경우도 거인이 산이나 섬을 옮기는 모습은 흔하지만 배설물에 의한 지형형성은 찾아볼 수 없다. 그렇다면 이런 배설에 의한 지형형성을 어떤 각도에서 접근해야 하는가? 우선 창조신적 성격의 거인이 이 세상의 산이나 강, 대지 등을 처음 만드는데 있어 어떤 모습을 보여주는지를 살펴볼 필요가 있다.

알타이나 아메리카 대륙의 경우는 창조주가 작은 흙덩이를 동물에게 가져오게 해서 그것을 자라게 하여 그것이 점점 커져 대지를 형성했다고 하지만24) 배설에 의한 지형창조와 닮은 것은 아무래도 반고나 이미르, 프루샤 등의 신화와 같은 死體化生의 창조신화일 것이다. 중국의 반고신화나 『에다』의 이미르에서는 살과 뼈가 산이나 대지가 되고, 피가 흘러나와 바다나 강, 호수 등을 이뤘다고 한다. 우리의 거인설화에서는 이처럼

---

24) 박시인, 『알타이신화』, 청노루, 1994.
　　알폰소 오티즈 외 엮음(백승진 역), 『무엇이 그들의 신화이고 전설인가』, 이가책, 1994.

산천을 형성시키는 원초적인 거인의 모습이 없다. 그럼에도 이 세상의 산이나 강과 같은 거대한 자연물은 거인에 의하지 않고는 창조가 불가능한 것으로 여긴 듯하다. 왜냐하면 산천이나 지형형성은 「김부대왕과 유금이들」과 같은 일부 설화에서는 용이 승천하면서 생기는 것으로 나타나기도 하지만25) 많은 부분 거인에 의한 창조행위의 결과로 나타나기 때문이다.

그렇다면 이런 거인은 어떻게 산천을 형성시키는가? 가)~다)처럼 모든 지형창조 행위를 전담하는 거인이 행한다면 이 곳 저 곳을 마구 파헤친 결과라 하면 된다. 그럼에도 파헤친 곳의 물이 어디서 생겨나 강이나 바다를 이뤘는지는 이야기되지 않는다. 또한 라)~바)처럼 특정 산이나 섬의 형성은 기존에 있던 것을 거인이 옮겨왔다고 하면 된다. 하지만 산이나 섬의 이런 이동은 창조작업의 마무리이고 정리작업일 뿐 없었던 것에서 새로 생성시키는 모습이라 할 수는 없다. 따라서 새로운 방식의 거인성에 의한 창조가 있었다는 설정을 할 수밖에 없다. 거인의 死體로부터 산이나 강이 형성되었다는 반고신화적 설명은 우리에게는 모든 자연과 우주만물을 동시에 창조하는 원초적 거인 설정 자체가 없기에 불가능하다. 하지만 거인의 신체 일부분이 산천을 형성하게 되었다는 신화적 사고가 인간에게 있었음을 염두에 둔다면 거대한 거인의 체내로부터 배설되는 배설물이 산이나 강을 형성하게 되었다는 것은 자연스러운 발상일 수 있다. 즉 거인설화에서의 많은 양의 배설에 따른 지형창조는 본래 거인신격을 희화화시키기 위한 수단으로 생겨났다기보다는 신화적 발상에서 비롯된 것일 수 있다는 것이다. 하지만 인간의 인지가 발달되면서 거인신격을 더 이상 신으로 보기보다는 인간이라는 측면에서 바라보았기에 사)처

---

25) 이런 자료는 다음과 같은 것이 있다. 『대계』7-1 (경북 경주, 월성), "용이 된 김부대왕", 43면. 『대계』7-2 (경북 경주, 월성), "용이 되어 득천한 김부대왕", 47면. 『대계』7-2 (경북 경주, 월성), "형산강을 친 김부대왕", 233면. 『대계』7-3 (경북 경주, 월성), "김부대왕이 용이 된 이야기", 566면. 『대계』7-3 (경북 경주, 월성), "용이 된 김부대왕", 617면. 『대계』7-6 (경북 영덕), "용이 된 김부대왕", 58면. 『대계』7-2 (경북 경주, 월성), "유금이들", 50면. 『대계』7-2 (경북 경주, 월성), "유금이들과 용의 득천", 289면. 『대계』7-3 (경북 경주, 월성), "유금이들의 내력", 210면. 『대계』7-15 (경북 구미, 선산), "유금이들", 380면. 등이 있다.

럼 희화화된 양상을 보였던 것이고, 거인의 배설물을 통한 창조행위는 단지 우스갯소리를 만드는 도구로 전락해버린 것으로 보인다.

한편 지형을 창조하는데 있어 또 하나의 특이한 거인의 모습 설정은 다음 자료와 같이 여성거인이 부지깽이나 밥주걱으로 산이나 섬을 밀어 지형을 형성 또는 고정시키는 양상이다.26)

　　자)『대계』8-2, "사두도전설", 정문연, 20면.
　　차)『대계』8-7, "걸어오다 선 가례리 앞산", 정문연, 511면.

자)는 산이 둥둥 떠들어오니까 밥을 푸던 여인이 밥주걱으로 섬을 밀어버려 섬이 그 곳에 자리를 잡았다는 이야기이다. 이런 자)는 밥을 푸는 여인과 같이 일상적이고 평범한 여인이 거인적 행위를 하는 것으로 나타나 흥미롭다. 이런 양상은 빨래하던 여인이 빨래방망이로 산이나 섬을 멈추게 한다든가 불을 때던 여인이 부지깽이로 섬을 밀어 멈추게 하여 그 지형이 형성된다는 형태로 그 모습이 다양하지만 여성거인이 평범한 여인으로 설정된다는 점과 기구를 이용해 산이나 섬을 고정시킨다는 점은 동일하다. 그런데 이처럼 여성거인이 평범한 여성의 모습을 한 채 창조행위에 참여하는 모습은 외국의 신화 사례에 견주어보면 드물지만은 않다. 뒷 章의 '산이동설화'를 검토하는 곳에서 구체적으로 언급할 것이기에 간략히만 언급한다면, 여성의 이런 지형형성 과정은 필리핀 바고보族이라든가27) 서아프리카 기니아만 연안에 전해지는 천지개벽신화28)의 양상과 다르지 않다. 이들 신화에서도 여인은 거대한 신격으로 설정되는 것이

---

26) 이런 형태의 설화에 대해 천혜숙과 강진옥이 간략하지만 여성거인이라는 각도에서 언급하고 있다.
　　천혜숙, "여성신화연구(1) - 대모신 상징과 그 변용",『민속연구』1집, 안동대 민속학연구소, 1991.
　　강진옥, "마고할미설화에 나타난 여성신 관념",『한국민속학』25, 민속학회, 1993. 5면.
27) 大林太良(권태효 外 譯),『신화학입문』, 새문사, 1995. 79면.
28) 하선미 편,『세계의 신화전설』, 혜원출판사, 1994. 346~347면.

아니며 곡물을 찧는 평범한 여인의 모습으로 나타난다. 하지만 절구공이로 낮게 깔린 하늘을 쳐올려 천지가 오늘날과 같이 분리되었다는 것은 자)의 밥짓던 여인이 주걱으로 섬을 자리잡게 하는 것과 대응되는 양상이다. 즉 자)의 섬을 고정시키는 여인은 평범하고 일상적인 여인이지만 그 행위에서는 거인성이 두드러지고, 외국신화의 사례에 비춰보더라도 창조거인신적 존재임이 확인되는 셈이다.

한편 자)와 같은 자료에서 지형형성의 주체가 평범한 여성의 형상으로 나타나고 있다는 점은 아주 주목되는 양상이다. 거인적 행위는 그대로 남겨둔 채 거인의 모습만을 일상적인 인간과 동일화시켰기 때문이다. 따라서 이들의 지형형성이라는 창조행위마저도 거인신격의 행위로 인식되지 않는다. 그래서 "그렌 말이 있어요, 아 그 뭐, 그랬는가 안 했는가는 모리겠지"[29] 라고 끝을 맺고 있어 거인신격의 존재는 이미 염두에 두지 않고 있음을 알 수 있다. 즉 거인설화이면서도 거인설화가 아닌 것으로 인식되며 전승되고 있다는 것이다. 때문에 거인설화의 신성성이나 진실성은 전혀 찾아보기 어렵고, 이야기 성립 자체에 대한 의문까지 내재한 채 전승되는 것이기에 전승이 중단될 가능성도 크다는 것을 알 수 있다.

차)는 산신들이 서쪽의 도읍터를 만들기 위해 산을 걷게 했는데 어떤 아낙이 부엌에서 부지깽이로 부엌문을 치며 "산이 걸어간다"고 말을 하여 그 산이 멈추게 된다. 그 산이 천미터만 더 가서 제대로 자리를 잡았으면 큰 도읍이 되었을텐데 요망스런 여자 때문에 산이 멈춰 도읍이 되지 못했다는 내용이다.

이런 차)는 다음 몇 가지 점에서 자료를 주의 깊게 살필 필요가 있다. 첫째, 산의 이동 사유가 도읍터를 만들기 위해 산신들이 산을 스스로 걷게 했다고 하는데, 산을 멈추게 하여 지형을 잡게 하는 여성거인이 설정되어 있음을 볼 때 여성거인에 의한 이동이 스스로 이동하는 모습으로 바뀌면서 스스로 걸어가는 산에 대한 합리성을 부여하고자 이런 이유가 덧붙은 것으로 보인다. 둘째, 여성거인이 산을 멈추게 하는 행위가 산을 기

---

29) 『대계』8-2 (경남 거제), "사두도전설", 정문연, 21면.

구로 밀거나 때려 멈추게 하는 것이 아니라 부지깽이로 부엌문을 때리는 형태로 나타난다는 점이다. 부엌문을 부지깽이로 때린다고 해서 산이 멈출 이유가 없다. 그럼에도 이렇게 변모시킨 것은 부지깽이 같은 기구로 산을 멈추게 할 수는 없다는 인식이 바탕이 된 것으로 현실적인 사고에 따라 거인성이 사라지고 있는 모습을 보여준다. 셋째, 여성거인의 창조행위가 이처럼 변이된 양상을 보이면서 요망한 여인 때문에 서울이 되지 못했다는 형태의 긍정적이기보다는 부정적인 인식으로 변모하게 된다는 것이다. 이런 부정적 인식은 후대의 거인설화 변이형에서도 강하게 반영되어 나타난다. 예컨대 산이동설화에서 여인이 "산이 걸어간다"는 말을 하여 부정을 타서 잘못 자리를 잡게 되었다고 한다든가, 오누이힘내기설화에서 누이의 능력이 뛰어남에도 불구하고 어머니의 부당한 개입 때문에 결국 죽음을 당할 수밖에 없다는 것은 이처럼 거인신격을 부정적으로 인식하게 된 사고의 연장인 것으로 파악된다.

카) 최상수, "공주산", 『한국민간전설집』, 통문관, 1958. 68면.

카)는 거인의 모습이 전혀 나타나지 않는 단순 산이동설화이다. 전북 옥구에 있는 공주산은 원래 공주에 있던 산인데 홍수에 떠내려와 공주사람들이 이를 알고는 산세를 내라고 하자 한 소년이 산을 가져가라 하니 재(灰)동아줄 삼천발을 꼬아 산에 묶어 놓으라 했다. 그래서 동아줄 삼천발을 꼬아 산에 두르고 불을 붙여 재동아줄을 만들고는 산을 끊어가라 했더니 그것을 보고는 모두 달아났다고 하는 이야기이다.30) 지혜를 겨루는 부분에 이야기의 초점이 맞춰져 있지만, 이 이야기는 일찍이 현용준에 의해 거인설화의 관념이 잔존하는 자료로 지적된 바 있었다. 즉 떠 흐르는 산에 밧줄을 걸어 당기던 본래의 모습이 사라진 형태로, 일본 『出雲風土記』의 야츠가미스오미츠누신이 이즈모(出雲)국이 너무 좁게 만들어짐을

---

30) "죽도봉의 유래", 『대계』2-1 (강원 강릉, 명주), 정문연, 144~145면.에서도 재사슬을 만들어 끌어가게 했다는 동일한 모습을 찾아볼 수 있다.

한탄하여 시라기(志羅紀)의 三崎 땅을 밧줄을 걸어 끌어당겨 나라가 넓어졌다는 이야기와 같은 양상이었을 것으로 추정하는 것이다.31) 앞의 자료에서 거인에 의해 산천이나 섬이 자리를 잡게 되는 양상이 흔히 보이고, 우리의 거인설화가 본래의 모습에서 극심한 변모를 거쳐 지금의 설화 형태로 남아있음을 생각해본다면 이런 추정은 타당한 것으로 판단된다.32)

한편 산을 옮겨 지형을 형성하는 자료 중 또 하나의 형태는 동물에 의해 산이 옮겨져 새로운 지형을 형성하게 된다는 것이다. 이런 형태의 자료는 우주형성형에서 거대한 동물에 의해 자연현상이 생기는 것과 동일한 양상으로, 우주형성이나 지형창조와 같은 창조작업에서 창조작업을 하는 거인신격이 있듯이 거대한 동물도 있어 창조작업을 도왔을 것이라는 인식이 있었음을 알 수 있다.

타) 임석재전집3, "위원산", 『한국구전설화』, 평민사, 12면.
파) 『금강산의 역사와 문화』 자료②, 사회과학원 역사연구소, 1984. 180면.

타)는 산이 의인화되면서 그 산이 다른 산들이 없는 데로 가고 싶다고 학에게 부탁하여 학에 의해 산이 옮겨진다는 이야기이다. 서답하는 여인의 "산이 날아온다"는 말에 의해 멈추고 산세다툼이 결미에 붙어 있어 산이동설화의 형태를 그대로 따르고 있음을 알 수 있다. 그럼에도 산을 나르는 학의 행위는 단순하지 않다. 학의 거대함은 구체적으로 언급되지 않지만 산을 들고 나는 학의 설정은 우주적 동물의 형상이다. 창조신화에서 거대한 동물은 단독으로 창조행위를 하지는 않지만 창조신의 명에 따라 부분적인 창조행위를 수행하는 것으로 나타난다. 아메리카 인디안들의 설화에서도 땅덩어리를 처음 만들거나 홍수로 사라진 육지를 문화영웅이 새나 사향뒤쥐를 보내 물 속에서 흙을 가져오게 하여 다시금 생성시키는

---

31) 현용준, "한·일신화의 비교", 『무속신화와 문헌신화』, 집문당, 1992. 408면.
32) 오누이힘내기설화에서 남동생은 주로 서울을 다녀오는 것으로 나타나지만 그렇지 않은 자료에서는 산을 두르는 작업을 하는데 이또한 같은 모습이 잔존된 것으로 보인다. 이에 대해서는 오누이힘내기설화를 다루면서 구체적으로 언급하기로 한다.

경우는 흔하다. 그리고 창조행위를 돕는 이러한 동물의 설정은 알타이신화에서도 쉽게 찾아볼 수 있다. 알타이의 달단족 창조신화에서는 창조주의 창조를 돕는 최초의 인간은 黑雁의 모습을 하고 있다고 한다. 따라서 타)과 같은 자료는 원래 창조신격의 창조행위를 돕던 거대한 동물의 이야기가 이처럼 변모된 것이 아닌가 추정된다. 유증선이 채록한 다음의 「들고개(1)」과 같은 자료는 여성거인신격의 지형형성을 고양이가 돕는 것으로 나타나 창조행위를 돕는 거대한 동물의 면모를 찾아볼 수 있다.

청송군 부남면(府南面) 대전국민학교에서 동남간 자갈밭길을 버스로 산모퉁이를 돌아들면 자그마한 재가 하나 있다. 이 재가 옛부터 불리우는 석현 돌고개이다. 이 고개 위엔 하늘에서 떨어진 듯한 큼직큼직한 바위가 도로변 좌우의 밭 가운데 흩어져 있으니 이 바위들은 하나하나가 전설을 지니고 있다.
아득한 옛날 중국 진나라 진시황이 만리장성을 쌓던 그 시대로 이야기는 되돌아간다. 진시황은 우리나라의 모든 장수를 불러다 성을 쌓게 하는 셈인데 이곳의 한 장수는 몸이 불편해서 가질 못하고 걱정만 하고 있으매, 부인이 보다 못해 집에 먹이던 고양이를 데리고 덤바위 밑에 가서 큰 바위 네 개를 구하여 두 개는 고양이에게 싣고 제일 큰 것은 부인이 이고 또 하나는 치마에 싸고 하여 이 고개까지 이르자, 그렇게 높던 재가 싣고 이고 온 바위의 무게에 눌려 본래보다 푹 빠져 들어갔다고 한다. 좌우 산을 보더라도 높이 20m 이상이나 낮아진 듯, 잘룩한 고개로 변했으므로 동편 산은 독산으로 불리고 있다. 때마침 중국에서 기별이 오기를 만리장성이 완성되었으니 그만 두라는 것이다. 이에 장군의 부인은 이고 싣고 가던 바위를 이리저리 던져버렸다. 이고 가던 바위는 도로 우측 10m 지점에 놓여 있으니, 그 바위 밑에 부인이 이고 올 때 쓰던 금또아리가 들어있다 하여 욕심쟁이가 바위 밑에 손을 대면 천둥을 치며 하늘이 말린다고 한다. 그래서 지금은 "삼신바위"라 하며, 길에서 왼손으로 돌을 던져 바위 위에 올리면 생남한다 하여 지나가는 아낙네들이 돌을 던져 얹히면 미소를 짓고 지나간다. 또 왼편 밭 가운데는 고양이가 싣고 가던 바위가 그대로 나란히 놓여 있다. 지금도 이 고개는 날로 낮아져만 간다고 믿고 있다.33)

---

33) 유증선, 『영남의 전설』, 형설출판사, 1979. 252~253면.

즉 여성거인이 고양이와 함께 바위를 옮겨 창조행위를 수행하는 양상이라 할 수 있다. 비록 특정 지역의 지형을 형성하는 것으로 나타나기는 하지만, 이런 지형형성이 산천이 자리를 잡고 정돈되는 과정임을 염두에 둔다면 여성거인의 창조를 돕는 고양이는 분명 창조행위에 가담하는 거대한 동물의 형상이라 하겠다.

파)는 거대한 자라가 지형을 형성하는데 간여하는 자료이다. 옛날 동해에 5개의 산이 떠있었는데 2개의 산을 큰 자라가 업고는 바다 속으로 들어가버려, 나머지 산도 잃어버릴까 염려한 옥황상제가 우뢰신에게 구멍을 내게 하여 별로 새끼를 꼬아 묶어두었다는 것이다.

이 세상의 지형이 올바르게 정리되지 않은 혼돈의 상태임과 별로 새끼를 꼬았다는 데서도 알 수 있듯이 천체를 뜻대로 조정한다는 점에서 태초의 모습을 상정한 것으로 보인다. 그런데 이처럼 세상의 지형이 올바르게 형성되지 못했을 태초에 산이 이동하는 것이 쉽게 가능한 것이며, 그런 이동에 거대한 동물이 참여하고 있을 것이라고 생각되었음을 알 수 있다.

이상과 같은 거대한 동물에 의한 지형형성은 거인에 의한 지형형성과 다르지 않게 나타나는데, 이는 우리만의 특이한 양상이라 할 수 있다. 즉 외국의 사례에 비춰본다면 동물에 의한 지형형성은 대체로 동물이 한 줌의 흙을 가져오고 그 흙이 점차 커져서 대지를 이루는 형태로 창조행위를 하는 반면 우리의 경우는 산과 같은 특정 지형을 옮기는 존재로만 나타난다. 그런데 우리의 설화에서도 산이 자라나는 형태의 자료를 찾아볼 수 있다.

하) 임석재전집7, "마이산", 『한국구전설화』, 평민사, 19면.34)

마이산은 솟아오른 산인데, 암산과 숫산이 한밤중에 솟아오르지 않고 새벽에 솟아오르다가 어떤 여인이 산이 솟아오른다고 외쳐서 멈추게 되

---

34) 이외에도 『대계』8-7 (경남 밀양), "용두산의 유래"와 같은 설화도 자라는 산의 모습이 잘 드러난다.

었다고 전해지는 이야기이다. 자료 하) 또한 여인의 말에 의해 산이 자라는 것을 멈추는 것으로 나타나 산이동설화의 모습을 취하고 있지만, 땅에서 솟아나서 점점 자란다는 것은 특이한 면모라 할 수 있다. 이런 자라는 산에 대해서는 뒤의 '산이동설화'를 다루는데서 구체적으로 검토하기로 하고, 여기서는 앞의 자료 타), 파)와의 관련성을 생각해보도록 하겠다. 타), 파)의 자료에서는 산이 거대한 동물에 의해 이동하는 것으로 나타난다. 그런데 외국의 신화에서는 동물이 산을 옮기는 것이 아니라 대지가 형성되지 않은 상태에서 작은 흙을 가져와 그 흙이 점차 커져서 오늘날과 같은 대지가 만들어졌다고 한다. 그렇다면 자라는 산인 하)의 자료를 타), 파)과 결부시켜 외국의 신화와 비교를 한다면, 최초의 흙을 가져온 동물이 산을 옮기는 동물에 대응되는 양상이고, 가져온 흙이 점점 커지는 모습은 산이 스스로 땅 속으로부터 솟아올라 점차 자라난다는 형태와 대비된다.

<우리의 자료>	<외국의 자료>
거대한 동물에 의한 산이동 ↕ 분리 산이 스스로 자라남	동물이 최초의 흙을 가져옴 + 결부 그 흙이 자라남

  이렇게 볼 때 우리의 자료는 전승되면서 많은 변모와 마멸을 겪어서 그 본 모습을 잃었지만 원래는 외국의 신화에서처럼 동물이 최초의 흙을 가져와 그 흙이 자라서 이 세상의 땅덩어리를 형성하는 형태의 설화가 있었을 가능성이 있다. 우리의 지형형성형 창조신화가 이 세상의 원초적 지형을 형성하는 것이 드물고 대부분 특정 지역의 지형을 형성하는 것으로 되어 있으며, 신성인식은 대부분 사라져 있음을 염두에 둔다면 이런 창조 행위에 원래 결합되었던 것이 거대한 동물에 의한 산이동과 산이 스스로

자라나는 형태로 분리되어 나타났을 가능성은 충분하다. 즉 자료 하)는 거인이나 거대한 동물에 의해 지형이 형성되는 과정이 드러난 것은 아니지만 타), 파) 등과 결부시켜 볼 때 원초적 대지형성의 한 단면이 분리된 것일 수 있다는 점에서 중요한 자료로 판단된다.

이상과 같이 지형창조형 거인설화의 양상을 살펴보았는데, 여기에서 파악할 수 있었던 지형창조형 거인설화의 특징은 다음과 같다.

첫째, 이 세상의 땅덩어리를 처음 형성시킨다는 관념은 약하고, 인간의 삶의 공간이 되는 특정 지역의 지형을 형성시킨다는 관념이 강하다는 점이다. 때문에 창조신화적 성격이 약하고 특정지역의 지형이 형성되는 이야기로 전설화된 자료가 많다고 할 수 있다. 이러한 현상은 지형창조형 거인설화가 원래부터 특정 지형의 형성에 관련된 전설이었기 때문이 아니라 오랫동안 기록화되지 않고 구비 전승된 탓에 현실적 사고를 하면서 인간의 삶에 가까운 현실적 공간으로 거인의 창조적 활동범위를 옮겨온데 기인한다고 본다. 따라서 이처럼 우리의 거인설화가 현실적인 삶과 관련되는 형태로 많은 변모를 겪은 것으로 나타나는 것은 그만큼 오랜 기간 동안 전승되면서 마멸을 겪었기에 나타난 현상이 아닌가 여겨진다.

한편 이런 특정 지형을 형성시키는 거인의 모습은 일본에서도 잘 나타난다. 일본『風土記』에는 거인의 발자국이 못이 되었다든가 거인이 옮기다 흘린 흙이 산이 되었다고 하는 지형창조 거인설화가 지역전설 형태로 되어있는 자료를 적지 않게 찾아볼 수 있다. 하지만 일본의 경우는 신성성이 약화되면서 지역전설화한 것이기보다는 신성시되던 거인신격을 지방에서도 섬기기 위한 방편이 아니었을까 추정된다. 柳田國男에 의하면 거인신격이 여러 신사의 主神으로 모셔진다고 하고 있어 거인신격을 지방에서도 받들기 위한 거인설화 형식으로 나타나는 것으로 생각된다.[35] 또한 일본의 경우는『古事記』에 남신 이자나기와 여신 이자나미가 교합하여 日本列島의 여러 섬을 낳는 창조신화가 있음을 보더라도 이런 특정

---

35) 柳田國男, "ダイダラ坊の足跡", 『一目小僧その他』, 小山書店(동경), 1941. 402~408면.

지형형성으로의 전설화는 우리 거인설화의 특징적인 면이라 생각된다.

둘째, 지형형성의 창조행위가 창조주의 의도적인 창조작업이라기보다는 거인신격의 우연한 행위에 의해 만들어졌다는 것으로 나타나 지형형성이 창조주의 창조행위라는 인식이 극히 약화되어 있음을 알 수 있다는 점이다. 즉 창조신화로서의 신성성을 거의 잃어가는 단계에 있다고 하겠다. 이러한 인식은 더 나아가 거인신격의 행위를 부정적으로 형상화시키고, 희화화시키는 형태로까지 나아가고 있음을 알 수 있다. 이와 같은 현상 또한 거인설화가 일찍부터 신성성을 잃은 채 전승되어 오면서 자료가 계속 변이된데 그 원인이 있다고 하겠다.

셋째, 자료의 변이나 마모가 아주 심하게 진행되어 나타나고 있음을 알 수 있다. 즉 거인신격에 의해 산이 옮겨지는 것이 산이 스스로 움직이는 형태로 의인화되어 나타나고, 창조행위의 주체인 여성거인은 거인적 면모를 잃은 채 일상적이고 평범한 여성의 모습으로 나타나기도 한다. 아울러 원초적인 형태에서 자료의 부분들이 분리되면서 각기 다른 형태의 설화 모습으로 변모된 것을 찾아볼 수 있다. 거인이 산을 묶어 끌어당기던 형태가 산세다툼에서 부분적인 잔적을 남긴 채 산이동설화로 변모되어 있다든가, 동물이 가져온 흙이 자라서 이 세상의 대지를 형성하는 이야기가 동물에 의한 지형형성과 자라는 산의 모습으로 별개의 이야기가 되어 전승되고 있음도 알 수 있다.

2. 거인신격의 성격

2.1. 거인신격의 면모와 기능

(1) 거인신격의 면모

거인신격의 면모란 거인설화에서 거인이 어떤 모습으로 어떻게 형상화되어 나타나는지를 말하는 것이다. 거인설화에서는 거인의 거대함이 특히 강조되는데, 이런 거대함을 강조하는 방식은 몇 가지 모습으로 한정되어 있다. 大衣라든가 大食, 巨根, 많은 양의 배설, 거인 흔적 남기기 등이 그런 면모를 보여주는데 흔히 나타난다. 따라서 이들 면모는 곧 거인설화의 중요 話素가 되기도 한다.

지금까지 거인설화에서 거인적 면모를 살펴본 연구는 김영경과 김헌선에 의해 단편적이지만 진행된 바 있다. 김영경은 거인설화를 행위중심형과 외모중심형으로 구분하고는 그 모티프로 大衣, 大食, 排泄, 힘내기, 성기로 사냥하기, 성기로 다리놓기 등을 지적하면서, 이 중 힘내기, 대식, 배설의 세 모티프는 일군의 장수설화에 계승된다고 했다.[36] 하지만 김영경이 밝힌 이러한 모티프 중 성기로 사냥하기나 성기로 다리놓기는 巨根화소로 묶일 수 있을 것이며, 힘내기는 거인설화에만 중요하게 나타나는 화소가 아니기에 거인설화의 중요한 모티프로 파악하는 것이 무리가 있다고 본다. 다음으로 김헌선은 창세신의 거신적 성격을 밝히면서 무속신화를 비롯한 구전설화에서는 거인적 면모가 대의, 대식, 배설, 거근 등 네 가지 화소로 나타난다고 했다.[37] 거인설화의 핵심적 화소가 파악된 점은 분명하지만 거인의 흔적 남기기나 巨軀와 같은 성격은 중요한 화소임에도 지적되지 못했다고 생각된다. 거인의 흔적 남기기는 거인의 손자국이나 발자국, 거인이 사용하던 담뱃대를 놓았던 자국 등 그 흔적이 다양하게 나타나며, 거인이 사용하던 장식물이라는 형태로 그 흔적을 남기는 경우도 적지 않다. 또한 거인의 거대한 몸집의 표현은 단순히 대의나 대식, 거근 등으로만 나타나는 것이 아니라 얼마만큼 큰 몸집을 지녔는지를 산과 같은 자연물에 빗대어 설명하거나 물깊이로 그 크기를 시험하는 형태의 모습도 쉽게 찾아볼 수 있어 巨軀를 중요 화소로 파악하는데 무리가 없다.

한편 거인의 행위 부분에서는 거인의 본래적 행위가 창조작업이기에 우주형성이나 지형창조와 같은 창조행위를 행하는 것은 당연한 모습이지만, 성 또는 탑을 쌓기 위해 돌을 이동시키는 모습이 흔한 것은 특징적이라 할 수 있다. 특히 여성거인의 행위에서 성을 쌓기 위해 돌을 옮기는

---

36) 김영경, "거인형 설화의 연구", 이화여대 석사논문, 1989. 26~28면.
37) 김헌선, "본토지역의 창세신화",『한국의 창세신화』, 길벗, 1994. 52면.

모습이 흔히 나타나는데 이런 행위는 거인의 지형창조 과정이 변모된 것으로 보이기는 하지만 행위로서 거인성을 보이는 또다른 면모로서 중요화소로 판단된다.

그러면 이들 화소가 어떻게 나타나는지를 간략하게 정리하도록 하겠다.

① 大食

이 화소는 설문대할망이나 장길손 등 많은 거인설화에서 고루 보이는 거인적 면모이다. 거인은 덩치가 크기에 그만큼 많이 먹어야 한다고 생각한 까닭이다. 이런 대식 화소는 구전 거인설화뿐 아니라 곡식을 말들이 섬들이로 먹는 무속신화 「창세가」의 미륵이나[38] 용궁의 곡간을 비워버릴 정도의 대식을 하는 제주도 송당본풀이의 괴뇌깃도에게서도 나타나고 있어[39] 신격의 거인성을 표현하는 기본적인 화소가 된다. 한편 대식 화소는 제주도의 강달원이나 최동이, 막산이 등과 같이 많이 먹고 일도 잘하는 장사의 모습 또는 일은 잘하지 못하면서 대식만 하는 존재의 이야기로 후대적 변이형을 보이기도 한다.

② 大衣

거인이기에 거대한 체구에 걸맞은 거대한 옷을 입어야 한다는 사고에서 비롯된 것으로, 이또한 「창세가」의 미륵이나 장길손, 설문대할망 등 많은 거인설화에서 찾아볼 수 있는 화소이다. 이런 대의 화소의 표현은 주로 많은 옷감을 들여 옷을 장만했음에도 거대한 체구에 맞는 옷을 제대로 마련하지는 못했다는 것으로 나타난다. 그런데 여기서 흥미로운 점은 거인이 옷을 간절히 원하고 있다는 점과 인간이 그 거인이 원하는 옷을 해주기 위해 노력한다는 것이다. 이는 인간들이 옷 또는 옷감으로 거인신격에게 제를 올렸을 가능성을 보여주는 것일 수 있다는 점에서 시사하는 바가 있다.

---

38) 손진태, 같은 책.
39) 현용준, 『제주도신화』, 서문당, 1976. 244면.

③ 巨根

거근 또한 거인성을 표현하는 중요한 화소로, 신체의 특정 부분만을 강조한다는 점이 여타 화소와 다른 특징적 면모라 할 수 있다. 이는 신체의 한 부분만 유난히 강조한다는 점에서 거인신격에 대한 풍요신앙적 단면이 반영된 것일 수 있다. 설문대할망과 할으방은 이런 거근으로 사냥을 하여 많은 짐승들을 잡는 것으로 나타나고 있어,40) 거인신격의 풍요신적 면모를 잘 보여주는 자료라 생각된다. 한편 거근을 통한 거인의 모습은 「김수로왕의 根」에서처럼 성기로 다리놓기나 陰席을 까는 형태로 나타나기도 하는데41), 비록 희화화되는 양상이기는 하지만 다리를 놓아 인간에게 도움을 주고자 하는 거인적 면모는 여전히 보인다고 하겠다. 그리고 이런 거근 화소는 지철로왕이라든가 경덕왕 등 문헌설화에서 거인성을 통해 왕의 신성능력을 표현하는데 중요하게 차용되고 있음도 볼 수 있다.

④ 많은 양의 排泄

거인의 배설은 먹는 것이 많은만큼 배설물도 많다는 인식을 바탕으로 하는 것으로, 이들 배설물은 대부분 산천이나 지형을 형성한다. 거인이 먹고 배설한 것이 그 양이 많아 산이나 강을 형성하게 되었다는 형태로, 항상 많은 양의 배설물이 강조되고 그 배설물은 인간의 삶과 관련된 공간을 만든다는 점에서 단순히 희화화된 모습만은 아닌 생산적 성격이 있다. 이런 많은 양의 배설물을 통한 거인성은 문헌설화에도 수용되어 많은 양의 배설물이 문제가 되는 '선류몽'담이나 지철로왕설화에서 왕비를 찾는 데에서도 그 면모를 찾아볼 수 있다.

⑤ 巨軀

거인의 체구가 얼마나 거대했는지를 묘사하고자 하는 화소이다. 여기에는 자연물에 빗대어 거인의 크기를 짐작하도록 하는 방식이 일반적으

---

40) "설문대할망", 『대계』9-2 (제주 제주시), 정문연, 710면.
41) 손진태, 『朝鮮の民話』, 岩崎美術社, 1959. 50~51면.

로 나타난다. 한 발은 성인봉에 디디고 다른 한 발은 본토 어느 산에 디뎠다고 하는 울릉도의 장수는 본토와 울릉도 사이의 거리로 그 거인의 크기를 짐작케 한다.42) 이런 양상은 한 발을 가파도에 두고 또 한 발은 성산 일출봉에 두고서 바다에 빨래를 했다는 설문대할망이나43) 온 바다를 다 돌아다녀도 발등물밖에 차지 않았다는 마고할미44) 등 많은 거인설화에서 찾아볼 수 있는 것이다. 한편 이런 거구를 통한 거인성의 표현은 문헌화된 거인설화에서도 그 모습이 나타나는데, 문헌에 수용되면서는 도량형 개념의 도입과 함께 몇 척이나 되었다는 형태로 변이되어 나타난다. 『삼국유사』 "文虎王 法敏"조의 예를 보더라도 "여성거인의 몸길이가 73자이고 발길이가 6자, 생식기 길이가 3자나 되었다"고 하여,45) 자연물에 빗대어 거인의 크기를 추상적으로 설명하던 것이 문헌에 수용되면서는 척도에 따라 구체적으로 제시됨을 알 수 있다.

⑥ 거인 흔적 남기기

거인은 거대한 체격에 걸맞게 완력도 강해서, 거인의 손자국이나 발자국, 오줌자국 등 그 흔적을 남긴다고 여겨진다. 서귀포 앞바다의 섭섬에 있는 거대한 구멍 두 개는 설문대할망이 발을 잘못 뻗어 생겨난 것이라고 한다든가,46) 마귀할멈이 허리가 아파 쉬면서 짚었던 자리에 손자국이 생겼다고 하는 이야기도 있다.47) 이런 양상은 노고할미나 울릉도장수48) 등 많은 거인설화에서 보이는 것으로, 비록 지형물이 생긴 유래를 설명하

---

42) 여영택, 『울릉도의 전설·민요』, 정음문고 167, 1979. 108면.

43) 장주근, 『한국의 신화』, 성문각, 1961. 6면.

44) 『대계』1-7 (경기 강화), "마귀할멈과 정포", 정문연, 756~757면.
　　『대계』6-5 (전남 해남), "마고할미", 정문연, 174~175면. 등이 있다.

45) "身長七十三尺 足長六尺 陰長三尺"(『삼국유사』 권2, 文虎王法敏)

46) 장주근, 『한국의 신화』, 성문각, 1961. 5면.

47) 『대계』1-7 (경기 강화), "마귀할멈 손자국 바위", 정문연, 212~214면.

48) 『대계』2-1 (강원 강릉, 명주), "노고할미바우이야기", 정문연, 568~569면.
　　여영택, 같은 책, 108면. 이외에도 이런 거인 흔적을 남기는 자료는 쉽게 찾아볼 수 있다.

는 형태로 전설화된 경향을 보이기는 하지만 거인적 면모가 잘 드러나는 화소임은 분명하다. 그리고 이런 거인 흔적 남기기는 거인의 발자국이 큰 못이 되었다는 일본의 다이다라보오시(太大法師)설화와도 상통하는 것이다.49)

거인 흔적 남기기는 이처럼 발자국이나 손자국 등 거인의 완력에 의해 흔적이 남게 되었다고 하는 경우가 많지만 이외에 거인의 장식물이나 소도구를 통해 거인 흔적을 보이기도 한다. 설문대할망이 쓰던 감투라든가50) 마고할미가 허리에 매달고 있던 장식물이 큰 바위로 남아서51) 거인의 흔적을 보여준다는 것 등이다. 이런 거인 흔적 남기기는 거인의 설정만 사라진 채 장수에게 막연히 결부되어 그 흔적을 남기는 장수흔적설화 형태로 변모되고 있음도 볼 수 있다.

⑦ 성 쌓기 위한 바위 옮기기

이 화소는 주로 여성거인에게서 나타나는 것으로, 여성거인의 행위 중 가장 흔한 모습이라 할 수 있다. 여성거인이 치마로 많은 돌을 옮겨 성을 쌓거나 성을 쌓기 위해 돌을 가져가다가 멈춘다는 형태를 취한다. 그런데 이런 여성거인의 행위는 오누이힘내기설화에서도 찾아볼 수 있어 흥미롭다. 오누이힘내기설화에서 누이의 행위는 여자임에도 반드시 돌을 옮겨 성을 쌓는 형태를 보이는데, 이것은 단순히 힘내기 차원의 성 쌓기 때문이 아니라 여성거인의 행위가 누이에게로 그대로 이어진 까닭에 나타난 양상으로 보인다는 것이다. 이 점은 뒤의 '거인설화의 변이유형'에서 구체적으로 상술하도록 한다.

(2) 거인신격의 기능

거인신격의 본래적 기능은 우주형성이나 지형창조와 같은 창조행위를

---

49) 柳田國男, "ダイダラ坊の足跡』, 『一目小僧その他』, 小山書店(동경), 1941. 373면.
50) 현용준, 『제주도전설』, 서문당, 1977. 27면.
51) 최상수, "마고선녀바위", 『조선구비전설지』, 조선과학문화사, 1947. 12면.

하는 창조신격이라는 것은 외국의 신화 사례를 비춰보더라도 명확히 드러난다. 우리나라에서도 거인신격의 이런 기능이 보이지만 그다지 강한 것은 아니다. 그 제의가 대부분 상실된 탓도 있지만 문헌에 정착되지 않고 계속 전승됨으로써 거인신격에 대한 본질과 의미가 많이 사라지면서 신의 성격이 변질되거나 새로운 신격으로의 변화를 모색한 까닭도 있다고 본다.

거인신격은 창조신적 기능이 약화되면서 생산신적 기능과 시조신적 기능을 갖게 된 것으로 보인다. 하지만 이것은 긍정적 기능으로의 변화이고 부정적 방향으로 그 신격이 변모되어 나타나기도 한다. 예컨대 서구암 마고할미는 인간에게 해악을 미치는 惡神으로 형상화되기도 한다.[52] 또한 거인을 희화화시키거나 거인의 창조행위를 부정적인 관점에서 받아들이는 것도 이런 측면의 연장이라 할 수 있다.

그러면 거인신격의 본래 기능인 창조신적 기능에서 출발해서 긍정적인 계승으로는 어떤 기능을 지니며, 부정적으로는 어떤 기능을 지닌 신으로 형상화되는지를 검토하도록 하겠다.

① 창조신적 기능

거인의 행위가 천지분리나 일월창생 및 조정, 자연현상 등을 만드는 우주형성과 산천이나 지형을 창조하는 것과 같은 창조신적 성격을 지녔음은 이미 앞에서 정리한 바 있다. 거인신격이 이런 창조신적 기능을 하는 것으로 오랫동안 믿어왔을 것이고, 제의에서도 이 세상의 최초의 신격으로서 숭배되었던 것으로 보인다. 거인신격을 섬기는 무속의례에서도 굿의 첫머리에 「창세가」나 「천지왕본풀이」가 불린다는 데서도 이 점은 확인된다.

또한 거인신격이 단순히 우주형성과 지형창조와 같은 창조행위만을 한 것은 아니다. 인간을 창조하고 물과 불의 근원을 찾아주며, 선악의 유래가 있게 된 내력과 관련된 신격이라는 점은 거인신의 창조신적 기능을 뚜렷이 뒷받침하는 것이 된다.

---

52) 강진옥, "마고할미설화에 나타난 여성신 관념", 『한국민속학』25, 민속학회, 1993.

하지만 이 세상의 창조라는 본원적인 관심사에 인간이 무관심해지면서, 그리고 거인신격 다음의 새로운 신관념이 생겨나면서는 창조신인 거인신격의 기능과 의미가 현저하게 약화되었던 것으로 보인다. 때문에 창세신을 섬기던 제차가 사라지면서 「삼태자풀이」나 「제석본풀이」에 얹혀서 그 신화의 일단만 전해지는 양상을 보이고[53], 구전산문설화에서는 그나마 거인신격의 창조신적 본질에 대한 신성성도 거의 사라진 채로 희화화되거나 부정적 신격으로까지 전이되어 가고 있음을 볼 수 있다.

② 생산신적 기능

본토에서 거인신격인 창세신을 섬기던 제차가 사라지면서는 창세신화가 「삼태자풀이」나 「제석본풀이」와 같은 무가에 얹혀서 전승되고 있다는 것은 이미 언급한 바이다. 그런데 여기서 주목되는 것은 「삼태자풀이」나 「제석본풀이」 등의 무가가 모두 생산신적 성격을 지닌 신격을 섬기는 무가라는 점이다. 「삼태자풀이」는 생명을 관장하는 신의 내력을 살피는 신화이고, 「제석본풀이」 또한 풍요다산적 성격의 제석거리에서 불리는 무가이다.

그러면 왜 이처럼 생산신적 성격을 지닌 무가로 창세신화가 편입되었는가? 이것은 창조신인 거인신격이 생산신적 성격도 다소나마 가지고 있었기 때문이 아닐까를 추정케 한다.[54] 이렇던 것이 창조신적 기능이 약화되면서 그 본래의 기능보다 부수적 기능이었던 생산신적 면모를 지닌 채 그 신성성을 유지하고자 했던데 까닭이 있는 것이 아닌가 생각된다.

「창세가」에서 미륵은 새로이 우주를 창조하기도 하지만 하늘에 축수하여 금벌레, 은벌레를 받아 남녀 인간을 창조한다. 이것은 창조신이 생산

---

53) 임석재·장주근, "삼태자풀이", 『관서지방무가』, 문화재관리국, 1966.
　　김선풍, "당고마기노래", 『한국시가의 민속학적 연구』, 형설출판사, 1977.
　　최정여·서대석, "당금아기1", 『동해안무가』, 형설출판사, 1977.
54) 김헌선은 이런 「삼태자풀이」에 대해 "생명을 관장하는 신격과 창세를 담당한 신격이 필연적인 관계를 지녔을 것이므로 제차 사이에 이동이 있었던 것으로 보인다"고 하여 창세신이 생명을 관장하는 제차와 관련이 있었을 것임을 추정하고 있다.

신적 기능도 아울러 갖추고 있음을 보여주는 예이다. 아울러 거인신격의 지형형성 과정도 없던 것으로부터 새로운 지형을 생겨나게 한다는 점에서 생산신적 기능과 관련이 있다. 그런데 흥미로운 것은 중국신화에서 볼 때 천리분리를 완성하는 女媧는 황토로 인간을 창조하는 신격이면서 혼인의 신이기도 하고 아기를 점지해주는 신격으로도 나타난다는 점이다.55) 즉 창조신적 성격의 거인이 생산신적 기능을 아울러 수행하고 있는 것이다.

한편 일본의 국토창생신화의 경우는 지형창조가 시조신의 생산신적 행위에 의해 이루어진다. 국토가 고정되지 않아 흔들흔들 표류하는 섬을 고정시키는 이자나기와 이자나미는 둘의 교합으로 이꾸섬 다루섬(生島 足島) 등 일본의 중심이 되는 섬들을 생겨나게 하고 있어, 섬의 생성도 생산신적 기능의 측면에서 설명하고 있음을 볼 수 있다.56) 이런 양상은 거인신격이 생산신적 기능도 지니고 있다고 파악했기 때문으로 보인다. 그리고 아이누신화에서 올빼미가 눈을 깜박이는 모습을 보고 두 창조신이 성행위를 하여 해의 신 해케레추프, 달의 신 쿤네추프 등 여러 신을 생겨나게 했다는 것도57) 일본의 것과 유사한 모습으로 창조신이 생산신적 성격을 공유하고 있는 모습으로 판단된다.

우리의 거인설화에서는 중국이나 일본처럼 생산신적 성격이 두드러지지는 않지만, 이웃의 신화적 성격을 볼 때 우리의 거인신격도 생산신으로서의 면모도 어느 정도 갖추었을 가능성이 있다. 이 점은 거인설화에서 신체의 특정 부분으로 거인성을 보일 때 유독 巨根이 문제가 된다거나 민간신앙에서 미륵이라는 이름으로 흔히 불리는 男根石에서도 그 면모를 찾아볼 수 있다.58) 남근석은 거대한 남자성기 모양의 돌을 숭배하여 자

---

55) 袁珂(정석원 역), 『중국의 고대신화』, 문예출판사, 1992. 57면.
56) 노성환 역주, 『고사기』, 예전사, 1987.
57) 장기근 외, 『세계의 신화』 4권, 대종출판사, 1974. 458면.
58) 巨根型 男根石은 대체로 미륵할머니, 미륵님, 미륵집, 미륵, 돌미륵 등으로 불리는 것이 많다. (정상박, "성기숭배사상", 『한국의 민속사상』, 집문당, 1976. 120~125면.) 이 미륵이라는 명칭이 창세신인 미륵에서 가져온 것인지는 확인할 수 없지만 미

식을 기원하는 것이기에, 이런 남근석의 숭배는 거인설화에서의 巨根과 상통되는 면이 없지 않다. 특히 제주도의 경우는 설문대할망이 이런 거근을 많은 물고기나 짐승을 잡는 도구로 사용한다는 점에서 巨根이 지닌 풍요다산적 면모를 찾아볼 수 있는 것이다. 그리고 설문대할망이 자식을 5백명이나 두었다는 것도 거인신격의 多産의 생산신적 기능이 반영된 모습이라 하겠다.

이외에도 강진옥은 거인신격이던 '마고'가 삼척지역에서 여산신으로 형상화되면서 심마니가 치성을 드리면 삼을 많이 캐게 해주는 기능을 하는 지역민의 삶의 풍요를 관장하는 생산신격의 면모를 지니고 있다고 밝힌 바 있다.59)

한편 여성거인이 성을 쌓는데 가져가기 위해 옮기다가 놓아둔 바위가 기자신앙과 관련되는 양상도 찾아볼 수 있다. 유증선이 채록한 「들고개 (1)」은 장수의 부인이 만리장성을 쌓는데 가져가기 위해 돌을 이고 가던 중 성이 완성되었다는 소리를 듣고 그 바위를 던져버렸다고 하는데, 이 바위가 곧 "삼신바위"로 길에서 왼손으로 돌을 던져 바위 위에 올리면 생남한다고 믿어 아낙네들이 돌을 던져 얹히게 하려고 한다는 것이다.60) 이것은 거인신격의 생산신적 성격이 표면상으로 숨겨져 있는 양상일 뿐이며, 그 기능은 계속 잔존하고 있음을 알게 한다.

이외에도 「온산면 의논암」과 같은 자료는 거인의 모습이 설정되지는 않았지만 거인설화의 후대 형태인 산이동설화의 이동해 온 바위가61) 숫돌, 암돌이라는 성기의 상징석이 된다든가62), 이동해온 섬을 어떤 사람

룩이 거인신격이라는 점과 거인설화에서 거근이 문제된다는 점을 들어볼 때, 창세신인 미륵에 대한 신앙에서 생산신적 성격을 중심으로 남게 된 민간신앙일 가능성도 추정해 볼 수 있다.

59) 강진옥, 같은 글.

60) 유증선, 『영남의 전설』, 형설출판사, 1979. 252~253면.

61) 거인에 의해 옮겨지던 바위나 산은 점차 거인의 설정이 없어지고 산이 걸어가거나 떠내려가는 형태의 모습을 취하게 된다. 이 점에 대해서는 뒤의 산이동설화를 다루는데서 구체적으로 밝히기로 하겠다.

62) 『대계』8-12 (경남 하동), "온산면 의논암", 정문연, 32~33면.

이 떠다밀고는 돌로 눌러 섬을 자리잡게 했는데 그 다음부터 고기가 잡히지 않아 그 섬에 당집을 짓고 당굿을 하여 고기가 많이 잡히게 되었다는 「고드래섬」과 같은 설화는 거인신격의 생산신적 기능이 후대에 거인설화가 사라지면서 변이된 모습으로 나타난 것으로 보인다.63)

거인신격의 생산신적 기능은 창조신의 모습을 온전히 갖췄을 때에도 중요한 기능으로 작용했는지는 분명하지 않지만 창조신적 성격이 약화되면서는 생신신적 성격이 거인신격에 대한 신앙을 유지시키는데 일조를 하였을 것으로 보인다. 하지만 신관념의 변이와 함께 생산신적 성격의 표상으로 보여지던 巨根과 같은 측면은 오히려 희화화되어 우스갯소리로 전락하는 모습이 되기도 한다.

③ 시조신적 기능

大林太良은 그의 "巨根の論理"라는 글에서 '최초의 王' 성격을 지닌 인물이 대체로 巨根과 관련되어 있음을 지적하고 있다. 즉 『삼국유사』에서 巨根의 모습으로 나타나는 지철로왕은 내물왕의 증손으로 18대 실성왕에서부터 21대 소지왕과는 다른 왕의 계통으로 신라라는 국호를 처음 사용하며, 이 때 시호가 처음 시작된다든가 牛耕이 이용되는 등 이전 왕과는 구별되어 처음 시작의 의미를 지닌 왕이라고 한다. 그리고는 백제의 시조 또한 巨根일 가능성이 있음을 언급한다. 일본의 『新撰姓氏錄』 권28의 "出自百濟國都慕王男陰太貴首王也"라는 기록에서, 貴首는 부여로부터 나와서 백제를 일으킨 仇台로 보고 陰太는 거근을 나타낸 것이라는 今村鞆의 설을 받아들여 백제의 시조도 巨根이었을 것이라 한다. 그리고 손진태의 「김수로왕의 根」이라는 자료를 들어서 수로왕도 巨根이었다고 하면서 巨根은 '최초의 王'을 의미한다고 보았다.64)

---

63) 임석재전집9 (전남, 제주편), "고드래섬", 『한국구전설화』, 평민사, 1992. 19~20
　　면. 이외에 "안놀섬"(임석재전집9 (전남, 제주편) , 『한국구전설화』, 평민사, 1992.
　　27면.)과 같은 자료도 떠들어온 돌이 豊漁를 준다고 믿고 당집을 지어 그 안에 두면
　　서 제를 올린다고 한다.
64) 大林太良, "巨根の論理", 『東アシアの王權神話』, 弘文堂, 1984..

이 글은 시조적 성격을 지닌 왕들에게 거인성이 보여짐을 지적한 것이라 할 수 있다. 그런데 이런 양상은 비단 이들 세 왕에만 한정되어 나타나는 모습은 아니다. 백제와 가야의 開國始祖 외에도 단군의 출생이 예순댓 발의 거근을 지닌 거인의 소생으로 나타나기도 하고65), 고려 王建의 母인 위숙왕후는 거인신격인 지리산성모로 믿어졌다는 점에서66) 개국시조가 거인신격과 밀접하게 관련 맺는 양상을 찾아볼 수 있는 것이다. 또한 비록 개국시조는 아닐지라도 진골로서 처음 왕이 되는 김춘추는 妃인 문희가 언니인 보희에게 거인설화를 꿈의 형태로 문헌에 수용한 선류몽을 사는 것으로 나타나고, 『고려왕세계』에 보육 및 보육의 딸이 선류몽을 꾸는 점과 비정상적인 상황에서 왕으로 등극하는 현종의 母인 헌정왕후가 선류몽을 꾸는 것으로 나타나는데, 이는 거인설화의 수용으로 왕조나 왕계가 새로 시작되는 의미가 있음을 필자가 이미 입증한 바 있다. 이에 대해서는 다시 뒤에서 살피도록 하겠다.67)

이외에도 뒤의 문헌에 수용된 거인설화를 살필 때 구체적으로 언급하겠지만 왕에게 나타나는 거인성은 왕의 신성성을 보여주는 형태로 나타나며, 『삼국유사』 "文虎王 法敏" 條의 여성거인의 죽음과 고려 멸망과 관련해 죽음을 맞이하는 거인 禹의 모습은 거인신격이 호국신적 성격까지 지닌 것으로 나타나 왕조나 왕계의 시작 및 종말이 거인신격과 밀접하게 관련되는 양상을 보여준다.68)

그런데 이처럼 거인신격이 시조신적 성격을 지닌 데에는, 거인신격에 대한 신성성을 어느 정도 유지하던 하층민들에게 시조신화가 거인설화의 형태로 수용되면서, 그리고 하층민의 거인신격에 대한 숭배가 왕권의 신성함을 보이기 위해 왕의 거인성으로 차용됨으로써 생겨난 것으로 보인다.

---

65) 임석재전집3 (평북Ⅲ, 평남, 황해편) , "단군", 『한국구전설화』, 평민사, 1988. 230면.
66) "今智異山天王 乃指高麗太祖之妃 威肅王后也" (『占畢齋集』, 文卷之2 遊頭　流山)
67) 권태효, "선류몽담의 거인설화적 성격", 『구비문학연구』2집, 한국구비문학회, 1995.
68) 이에 대해서는 4장 "거인설화의 변이유형" 중 '문헌에 수용된 변이유형'에서 구체적으로 입증한다.

④ 惡神的 기능

거인신격의 기능은 긍정적 신격의 모습으로만 계승되는 것이 아니라 부정적 방향에서 계승되어 거인신격이 희화화되어 나타나기도 하고 악신의 모습으로 형상화되기도 한다.

창조신적 기능을 하던 거인신격이 변모되어 악신적 모습으로 나타나는 양상은 강진옥에 의해 구체적으로 살펴진 바 있다. 강진옥은 강원도 북평 지역의 서구암 마고할미가 어떻게 부정적 방향으로 형상화되어 나타나는지를 검토하고 있는데, 원래는 지역민에게 일정한 제향과 함께 창조신·생산신의 성격으로 숭앙되던 마고할미가 유교 또는 불교 이념에 패배하면서 선량한 백성에게 재앙을 내리고 현혹시키는 악신으로, 그리고 천년 묵은 여우가 둔갑한 할미의 모습으로 변이되어 나타나게 되었다는 것이다.69) 즉 거인신격이 부정적으로 계승되면서 이처럼 악신적 기능을 보이기도 한다는 것이다.

그런데 이처럼 거인신격이 악신적 면모를 보이고 징치의 대상이 되는 자료는 많지는 않지만 상당수 발견된다. 다음에 제시하는 「쌍봉산」70)을 비롯한 몇몇 자료는 거인에 의해 지형이 형성되는 과정을 이야기하는 거인설화임에도 마귀할멈이 악신의 모습으로 나타나거나 악신으로서 징치의 대상이 된다. 「쌍봉산」이라는 자료를 구체적으로 살펴보면, 남쪽에서 나쁜 짓만 일삼던 마귀할멈이 서울로 가면서 착한 사람들을 괴롭히고 아이들에게 병을 주어 사람들이 '무꾸리'를 하였으나 음식만 먹고는 그냥 가는 악행을 계속하자 하늘에서 섬으로 쫓아내고자 하나 그 마귀할멈이 거절하여 벼락을 내려 처치했다고 한다. 이 때 마귀할멈이 메고 있던 두 개의 쌀자루는 변해서 쌍봉산이 되었고, 양 봉우리에는 쌀자루를 짊어졌던 멜빵자리가 남아있다고 한다.71) 이 설화는 앞의 서구암 마고할미처럼 선

---

69) 강진옥, "마고할미설화에 나타난 여성신 관념", 『한국민속학』25, 민속학회, 1993.
70) "쌍봉산", 『화성군사』, 1990. 901면.
71) "산신령의 노여움을 산 마귀" (『화성군사』, 1990. 900~901면.)도 동일한 성격을 보여주는 설화이다. 악행을 하던 마귀할멈과 마귀할아범이 한양으로 가다가 산신령에게 징치되어 각기 산이 되었다는 것으로, 거인에 의한 산이동이었을 설화가 거인신

량한 사람을 괴롭히는 악신의 모습으로 나타나고 제를 올려 위했음에도 심술만 부리는 것으로 나타난다.

그런데 여기서 흥미로운 것은 뒷 부분의 지형이 형성되는 모습이다. 남쪽에서 서울로 가기 위해 산이 이동하는 양상은 산이동설화에서 쉽게 찾아볼 수 있는 모습이다. 아울러 산의 이동에 있어 거인이 멜빵을 하여 산을 짊어지고 가다 끈이 끊어져 산이 그 곳에 생기게 되었다는 형태도 지형을 형성하는 거인설화의 흔한 모습이다. 그렇다면 이 설화는 원래 거인에 의한 산이동을 보이던 설화가 이처럼 변모된 것으로 판단된다.

이것은 마귀할멈이라는 여성신격의 명칭에서도 확인된다. 이 명칭은 본래 창조행위를 하는 거인신격인 마고할미일 것으로, 악한 행동을 하는 자료의 경우 호칭상의 유사성 때문인지 마귀할멈으로 부르는 경향을 쉽게 찾아볼 수 있다. 이것은 특히 기독교가 크게 성하면서 하느님과 대립 존재로 사람을 유혹하여 죄를 짓게 하고 병을 걸리게 하는 악귀라는 뜻으로 마귀라는 말이 보편화되면서 이런 경향은 더욱 심해진 것으로 보인다. 이 점은 「마귀할멈 손자국 바위」라는 채록 자료에서도 확인된다. "아니 마구할머니가 마귀라 허만 나쁜 그 인제 그런 얘긴데"라고 하여 마귀할미를 악귀인 마귀와 동일시하여 인식하고 있음을 볼 수 있는 것이다.[72)]

그러면 이렇던 거인신격에 의한 창조행위가 왜 이처럼 악신적 행위를 하는 것으로 나타나는가? 상기한 설화에서는 서구암 마고할미처럼 지배이념과의 대립의식도 찾아볼 수 없기에 서구암 마고할미가 변모된 것처럼 이해할 수도 없다. 그런데 이 설화에는 마귀를 위해 정성을 올려 그 악신적 행위로부터 벗어나고자 하는 인간의 모습이 보여진다. 따라서 기

격의 창조신적 성격은 사라지고 악신적 형상화만 두드러지게 나타난다. 한편 "지석묘와 마귀할멈"(『대계』1-7 (경기 강화), 정문연, 101~102면.)에서는 마귀할멈이 중국장수로 나타나 큰돌로 우리나라 산맥의 기를 자르는 악행을 한다. 여기에도 마귀할멈의 지형형성에서 창조신적 면모는 그대로 보여진다. 이외에도 마귀할멈이 큰 바위를 치우도록 하다가 자식 남매들을 죽게 했다는 "마산봉에 얽힌 이야기"도 악신적 모습이며, 지형형성의 면모도 다소 남아있는 설화라 할 수 있다. (『시흥의 전통문화』, 시흥군, 1983. 102~103면.)

72) 『대계』1-7 (경기 강화), "마귀할멈 손자국 바위", 정문연, 212~214면.

독교의 마귀 관념이 받아들여져 이런 양상을 보이는 것은 아니라고 생각되며, 이처럼 정성을 올려 벗어나고자 하는 것은 무속에서 볼 수 있는 전통적인 신관념이라 할 수 있다. 그렇다면 마귀할멈의 신격으로서의 권능에 문제가 생겼다고 보는 것이 타당할 것이다. 즉 거인신격이 신성성을 잃고 그 신적 기능이 사라지면서 더 이상 신격으로 여기지 않았음에도 거인설화가 계속 전승되기에 부정적인 신격으로 형상화되어 나타나게 되었을 가능성이 적지 않고, 거인신격에 대한 제를 올렸음에도 사람들이 원하던 바가 제대로 이루어지지 않자 부정적 측면으로 거인신격을 형상화시켜 나갔을 수 있다.

거인신격이 제향을 받지만 사람들의 소원을 들어주지 못하며 그 기능을 제대로 수행하지 못한 탓에, 이처럼 악신적 성격을 띠는 것으로 변모시켰을 가능성이 있다. 설문대할망의 경우도 사람들에게 육지까지 다리를 놓기로 하고서는 명주 한 필이 모자라자 다리를 놓아주지 않는 것으로 나타난다. 거인신격에게 정성을 다 했으나 그 기능에 문제가 생기고 의문이 생기면서 부정적인 방향으로 신격의 면모를 변이시켜 나갔던 것이 아닌가 생각된다. 이미 앞에서 검토했던 「대성산」73)이나 「아흔아홉봉전설」74)은 마고할미의 창조작업이 잘못되어 평양이 되지 못했다거나 장수를 죽게 했다고 하여, 거인신격에 대한 부정적 인식과 함께 원망이 담겨 있음을 찾아볼 수 있다. 비록 거인신격이 사람들을 괴롭히거나 병을 내리는 것으로는 나타나지 않지만 이와 같은 거인신격의 행위 또는 기능에 대해 부정적 인식을 하고 있다는 것은 거인신격을 악신으로 형상화시킬 수 있는 기틀이 마련된 셈이라 하겠다.

한편 거인신격이 이렇게 악신화되어 나타났을 또 하나의 가능성은, 거인신격 다음에 생겨난 새로운 신관념과의 경쟁에서 패함으로써 그 모습이 거인신격에 대한 부정적 인식으로 진행되었을 가능성도 상정할 수 있다. 또한 새로운 신관념이 우위를 점하고자 의도적으로 거인신격을 부정적 신격

---

73) 임석재전집3, "대성산", 『한국구전설화』, 평민사, 1988. 166면.
74) 『대계』4-2 (충남 대덕), "아흔아홉봉전설", 정문연, 813~814면.

으로 형상화시켜 나간 결과일 수도 있다는 것이다. 거인신격은 창조행위 수행 이후에는 새로운 신격의 출현과 함께 물러나는 존재이다. 「창세가」에서 미륵은 부정적으로 형상화되거나 물러나는 것은 아니지만 석가라는 새로운 신격에 의해 자리를 물려주고 물러난다. 이렇게 물러나는 창조신의 부정화되는 경향은 그리스신화에 비춰보면 명확해진다. 이 세상을 창조한 巨神族들은 창조신적 성격을 지니면서도 악신의 모습으로 형상화된다. 천신이며 최고신인 제우스에게 패해서 티탄(Titan)족은 제거의 대상으로 전락해 버린다. 우리의 거인신격도 새로운 신격의 출현과 함께 이처럼 제거되어야 할 악신으로 변모된 한 양상이 있었던 것으로 보인다.

여하튼 거인신격은 그 신성성과 제의를 잃으면서 부정적 방향으로 신격이 기능을 계승하면서 악신적 면모를 보이게 된 한 방향이 있었던 것은 분명하다. 잊혀진 신격이 되면서 부정적 인식에 따라 악신화되어 나타나지만, 그럼에도 거인신격의 창조신적 본질은 이러한 인식 속에서도 계속 잔존하고 있음을 알 수 있다.

2.2. 거인신격에 대한 제의 추론

거인설화는 거인신격을 섬기는 신화였을 것이나 거인신격에 대한 존재의미가 점차 약화되면서 그 제의를 잃게 되었고, 신화로서의 면모 또한 상당 부분 잃어버린 채 현재까지 전승되었던 것으로 추정된다. 이런 까닭에 거인설화의 자료는 굿에서 아주 미약하게 그 모습이 잔존되고 있거나 아예 본래의 신화적 성격이 탈락되면서 그 단편만이 전설 또는 민담화되어 일반사람들에게서 구전으로 전승되었을 것으로 파악했다. 현재 전승되는 거인설화의 자료 실상이 이렇기에 이런 거인신격에 대한 제의가 어떠했는지를 추론할 수 있는 단서는 그다지 많지 않다. 다만 무속에서 사제자인 무당에 의해 거인신격을 섬기는 내용의 무가가 불려진다는 사실은 미약하나마 거인신격에 대한 제의가 어떤 성격이었을까를 파악하는데 도움이 된다고 본다.

굿이라는 제의에서 무당에 의해서 구전운문 형식으로 전승되는 거인설화 자료는 이 세상이 생겨나는 내력을 밝히는 무가인 창세신화로 한정되어 있다. 물론 우리나라의 모든 창세신화에서 이런 거인신격의 기능과 면모가 뚜렷히 드러나는 것은 아니다. 하지만 거인신격의 행위와 기능이 잘 나타나는 무가 자료는 창세신화에서만 찾아볼 수 있다는 사실은 분명하다.

창세신화는 그 본래적 성격이 창세신에 의해 인간들이 살고 있는 이 세상이 처음 창조되고 정리되는 과정을 밝히는 것이라고 할 수 있다. 이런 창세신화에서 천지분리의 주체가 거인으로 설정되는 것은 물론, 일월을 조정하는 데서 특히 창세신의 거인신적 면모가 두드러지게 나타나고 있는 것이다. 비록 현재는 이런 거인신격의 면모가 사라진 양상을 보이는 자료도 상당수 보이지만 천지분리나 일월조정 등 거인신의 창세행위가 뚜렷이 드러나는 자료도 적지 않게 찾아볼 수 있다는 것이다.

서대석은 이런 창세신화에 대해 그 형태를 창조주에 의해 천지개벽이 이루어지는 것과 「치국잡기」나 「베포도업침」과 같이 천지개벽이 스스로 이루어지는 것이 있다고 보면서, 여기에서 특히 후자는 우리나라 고유의 사상체계가 아니고 중국의 체계화된 우주생성론이 이입되면서 변이되어 나타난 결과라고 파악하고 있다.76) 곧 본래의 창조신에 대한 숭앙이 퇴조되면서 변이되어 나타나게 된 결과라는 것이다. 그러면서 그는 이런 변이 또는 변형의 까닭으로 첫째, 무속은 현실적인 사고를 바탕으로 하는데 창조신은 그 직능이 불분명하여 인간의 福利와 직접적인 관련이 없다고 여겨져 무관심해지게 되었다는 점, 둘째, 무신의 직능이 세분화되면서 창조신의 직능을 조상신이나 생산신이 대신하게 되었다는 점, 셋째, 국가나 마을 단위의 의례가 가정 단위로 축소되면서 가정의 기복과 관련이 약한 창세신에 대한 제차는 소홀해지게 되었다는 점 등 세 가지를 들고 있다.76) 거인신격의 면모를 보이는 창조주에 의한 창세과정이 점차 사라지면서 현전하는 것과 같은 자생적 우주생성 관념이 자리하게 되었다는 그의 주장을 인정하고 천지분리와 일월조정에 있어 창조주의 행위가 거인

---

75) 서대석, "창세시조신화의 의미와 변이", 『구비문학』 4, 정문연, 1980. 7~10면.
76) 같은 글, 10~11면.

신적 면모임을 염두에 둔다면 거인신격에 대한 제의는 창세신화가 불려졌던 제차의 기능이나 성격과 아주 밀접한 관련이 있을 것으로 판단된다.

현재 굿에서 창세신화가 불려지는 제차는 아주 미약하게 남아있다. 본토 지역에서는 창세신화가 나름의 제차를 확보한 채 전승되는 양상을 보여주는 사례는 찾기 어렵고, 다만 제주도 지역만이 자료에 따라 창세신의 거인적 행적을 담고 있는 「천지왕본풀이」가 굿의 초두에 나름의 제차를 확보하고 있음을 볼 수 있다.

제주도에서는 창세과정을 밝히는 「베포도업침」이나 「천지왕본풀이」가 큰굿에서의 첫 제차인 初監祭에서 불려지고 있는 것이다.77) 천지개벽에서부터 출발하여 일월이 조정되고 세상만물이 생겨나는 과정을 길게 노래하는 창세신화가 불려진 다음에 비로소 「날과 국(國) 섬김」이 있어 巫儀를 행하는 시간과 장소가 고해지게 되는 것이다.

이에 비해 본토지역에서는 그 제차를 잃어버린 채 여타의 제차나 무가에 얹혀 전승되는 양상이 뚜렷하다. 거인신격의 창세과정이 잘 드러나 있는 김쌍돌이본 「창세가」도 전체적인 굿에서 온전하게 구연된 것을 채록한 것이 아니다. 어떤 성격의 제차에서 어떤 기능을 하는 무가였는지는 명확하게 밝혀져 있지 않다. 다만 구송자였던 김쌍돌이의 말을 빌어 "이 무가가 대규모의 굿에서만 불린다"고 하여 구체적인 제차에 대한 언급 없이 이 「창세가」가 불려졌던 굿의 성격만을 개략적으로 밝히고 있는 정도이다.78)

한편 선문이와 후문이의 창세과정을 담고 있는 오산의 「시루말」은 굿의 전체적인 제차 구성에 있어 첫머리에서 불려지는 모습을 보여준다. 하지만 이 또한 이 무가가 창세신화라는 의식 때문에 굿의 초두에 불린 것은 아닌 듯하다. 『조선무속의 연구』에서 이 무가를 구연했던 이종만의 조카이자 「시루말」을 직접 구연할 줄 알았던 이용우의 언급에 의하면, 「시루말」은 창세신을 모시는 제차이기보다는 자손의 수명장수를 위

---

77) 현용준, 『제주도무가자료사전』, 신구문화사, 1980.
78) 손진태, 같은 책, 22면.

해 칠성님께 비는 칠성굿이라고 그 성격을 언급하고 있기 때문이다.79)
따라서 「시루말」도 굿의 초두에 불릴 뿐 그 관념이나 기능이 전승과정상
에 있어 이미 많은 변이가 있었던 것으로 보인다. 곧 창세신에 대한 인
식이 이미 사라지면서 유사한 기능을 하는 신격을 섬기는 제차에 흡수되
었던 것으로 보인다.

강춘옥이 구연한 『관북지방무가』의 「셍굿」 역시 사정은 다르지 않다.
「셍굿」도 창세신에 대한 독립된 제차에서 불린 것이 아니며, 성주무가,
득남형설화, 에밀레종 기원형설화, 장자못형설화, 제석본풀이 등 여러
무가를 함께 묶어놓은 무가의 서두에 창세신화가 자리하고 있을 뿐이다.
이런 양상은 한층 더 나아가 『관서지방무가』에서는 창세신화가 아예 생
산신을 섬기는 무가인 「삼태자풀이」에 얹혀 전승되고 있으며, 경상도 지
역에서는 창세신화소인 미륵과 석가의 인세차지경쟁 화소만이 남아 「제
석본풀이」에 삽입되어 전해지는 양상을 보여주고 있다. 따라서 본토에서
는 창세신에 대한 관념이 대부분 사라져 그 제의적인 면모를 확인하기는
어렵게 되었다고 할 수 있다.

그렇다고 본토에서 굿의 시작을 세상창조로부터 풀어간다는 관념마저
도 완전히 소멸된 것은 아니다. 창세신화소가 부분적으로 독립되어 다른
무가 속에 이입된 경우를 제외하면 창세신화는 그 제차의 본래적 성격을
잃어버리기는 했지만 굿의 초두에 불리는 양상은 그대로 보여주고 있기
때문이다. 곧 굿에서는 관습적으로 창세과정을 요약하여 교술적인 내용
으로 서술하는 「치국잡기」가 구송되고 있다. 「치국잡기」는 어느 지역에
서나 빠지지 않고 굿의 서두에 제일 먼저 불려지는 것으로, 그 내용은 천
지개벽과 팔도의 산천이 자리잡는 과정, 우리나라의 治國 역사를 차례로
구송하는 것이다.

세상 창조가 거인신적 성격의 창조주에 의해 이루어진다는 서사적 내
용의 신화 형태이든 그렇지 않고 서사적 주체의 설정 없이 창세의 사실만
이 교술적으로 나열되는 형태이든간에 이것이 굿의 첫머리에서 불려진다

---

79) 김헌선, 같은 책, 352면.

는 사실은 중요하다. 거인신격이 창세행위의 주체라는 점에서 창세신화와 밀접한 관련이 있고, 교술적 내용의 자료들이 창세거인신의 창세행위가 약화되면서 변모되어 나타난 현상임을 염두에 둔다면,80) 굿의 초두에 창세신화가 불려졌다는 사실은 거인신격이 제차에서 어떤 성격을 지녔고 어떤 기능을 하는 존재인지를 추정할 수 있기 때문이다.

창세신화는 원초적인 혼돈 곧 카오스로 회귀하여 태초의 완전한 상태를 회복하고 그 상태로부터 새로운 세상이 출발하게 한다는 의식과 무관하지 않다. 거인신격은 우주만물을 처음 생성시키는 창조신격으로서, 제의의 시작 부분에서 혼돈 상태로부터 천지분리와 일월조정, 산천의 형성과 같은 세상창조의 임무를 수행하는 행위와 기능을 보여줌으로써 현재의 잘못되거나 불완전한 상태를 극복하고 세상이 처음 생성되었을 당시의 완전함을 회복할 수 있도록 해주는 신이라고 할 수 있다.

엘리아데는 우주창조신화가 範型神話로 기능하고 있음을 구체적으로 지적하고 있다.81) 이 세상이 처음 생성되는 우주창조는 모든 창조 및 창조 상황의 이상적인 형태일 뿐만 아니라 신의 작업이고 그 구조에 있어서도 聖化되고 있기 때문에 모든 행위에 대한 모범형이 되고 있다고 한다.82) 곧 제의에서 불완전한 현재를 바로 잡기 위해서 우주의 쇄신이 필요하며, 따라서 언제나 모범이 되는 원초로의 회귀를 위한 과정으로서 태초의 창조작업이 끊임없이 신화로 재생되고 있다는 것이다.83) 엘리아데의 보고에 따르면 죽음이나 출산, 치료, 新年祭, 곡물의 기원 등 대부분의 의례에서 우주창조와 그 부족의 신화적 역사의 재연이 나타난다고 한다.84)

---

80) 서대석, 같은 글. '치국잡기'가 굿의 서두에 불리는 이유에 대해서는 서대석이 이 글에서 흥미롭게 제시한 바 있다. 곧 '치국잡기' 무가의 천지개벽에 관한 설명은 창세신화의 천지개벽과 기능적인 면에서 동일하다고 하면서 이 무가가 창세신화를 대신하고 있다고 보고 있다. 본래 창세를 주도했던 신에 대한 본풀이가 있었는데, 창세신에 대한 신앙이 퇴조되고 그 신화가 전승력을 상실하면서 창세의 과정이 요약되어 나타나는 '치국잡기'가 창세신의 근본을 푸는 신화의 기능을 이어받았다고 보고 있는 것이다.

81) M. Eliade(이은봉 역), 『종교형태론』, 형설출판사, 1985. 443~446면.

82) M. Eliade(정진홍 역), 『우주와 역사』, 현대사상사, 1989. 46면.

83) M. Eliade(이은봉 역), 『신화와 현실』, 성균관대출판부, 1985. 159면 참조.

곧 대부분의 의례에서 우주의 부단한 갱신을 통해 始原으로 복귀하고, 이런 완전한 상태에서 출발해야 현재의 잘못된 부분을 바로잡을 수 있고 인간이 소원하는 바를 이룰 수 있다는 것이다. 이렇게 볼 때 거인신격의 우주창조 행위가 굿의 첫머리에 불렸던 까닭은 거인신격의 창조행위가 이 세상 만물의 생성에 근본이 되기 때문임과 아울러 완전한 상태인 원초로의 회귀라는 의미를 상징하는 것이기에 나타나는 현상이라고 할 수 있다.

이렇듯 의례에서 시원의 상태로 복귀하는 의미로 거인신격의 창세과정이 노래되었을 것이나 후대에 인간의 의식이 발달되고 점차 현실적인 사고를 하게 되면서 창세거인신에 대한 신화의 전승이 약화되거나 소멸되는 경향이 두드러지게 되었고, 따라서 자연히 그 본래적 기능과 면모도 희미해지게 되었던 것이다. 특히 창조거인신이 신앙민들의 생활에 있어 직접적으로 영향을 미치지 않는 세상 창조의 직능을 지닌 존재일뿐만 아니라 하늘과 땅을 분리하고 일월을 조정하는 등의 거인신의 행위가 지나치게 비현실적이라는 인식까지 생겨나면서는 창조신격으로서의 거인신의 기능이 현저히 약화되었고, 이와 더불어 창세신화가 나름의 제차마저 점차 잃어가게 되면서는 제의에서 거인신격에 대한 의식이나 관념까지도 거의 사라지는 단계에 이르렀던 것으로 보인다. 하지만 본래 거인신격이 수행했던 세상 창조의 기능에 대한 의식은 여전히 제의에서 단편적이나마 남아서 창세신화 또는 그 변형태가 굿의 초두에 자리잡고 있는 모습으로 현전하게 된 것으로 파악된다.

---

84) 같은 책, 33~68면 참조.

제3장

희화화된 거인설화의 형태와 의미

거인설화는 거의 대부분이 구전산문으로 전승된다. 이런 구전산문으로 전승되는 자료는 지형창조라는 신화적 성격을 지니면서도 신성한 이야기로 인식되고 있지는 못하다고 할 수 있다. 이것은 창조신화라는 본질을 잃어버리고 신성성을 상실하면서 나타난 현상으로 보인다. 그런데 이처럼 거인신격에 대한 신성성이 사라지면서 나타난 현상은 무엇보다 거인을 신격의 모습으로 인정하기보다는 인간으로서 비정상적이라고 파악했다는 점이다. 거인신격이 천지를 분리한다거나 지형을 형성할 수 있는 능력은 크고 거대하다는 인식이 바탕이 되는 것이다. 하지만 거인신격의 신성성이 사라지면서는 이러한 거대함이 오히려 희화화의 대상이 된다.

「창세가」의 미륵에게 보이는 大衣나 大食 話素는 희화화의 시작 단계라 할 수 있다. 신격임에도 불구하고 큰 옷과 많이 먹어야 된다는 것 때문에 곤란을 겪는 것은 신성함의 온전한 모습은 아니다. 그런데 이런 희화화는 거근이나 배설의 형태로 한층 더 구체화된다. 신체의 한 특정 부분인 성기만으로 거대한 거인성을 표현한다든가 많은 양의 배설을 하는 거인의 면모를 지형형성이라는 창조적 성격과 관련시키면서 희화화시키기도 한다.

거인설화의 희화화는 거인신격의 신성성이 사라지는 단계에 나타난 변모의 일단이라 할 수 있다. 하지만 여기에는 거인설화가 지닌 신화적 성격만 거의 사라지는 것일 뿐, 거인적 면모는 아직 남아있음을 유념할 필요가 있다. 거인설화가 신성성을 상실한 채로 계속 전승되기 위해서는 어떤 변화를 주어야 했기에, 이런 변화과정으로서 거인의 특정한 특징을 중심으로 희화화시키면서 흥미 위주로 이야기를 전개시킬 수밖에 없었던 필연성이 있었기 때문이다.

그러면 이런 희화화된 거인설화를 거근형과 배설형으로 나누어, 그 형태와 그것이 지니는 의미를 살펴보도록 하겠다.

1. 거근형 거인설화

거인설화에 나타난 거인의 면모 중 신체의 한 부분만을 들어 거인성을 표현하는 것은 巨根뿐이다. 그렇다면 유독 성기의 거대함을 들어 거인성을 보이고자 하는 까닭은 어디에 있는가? 이것은 물론 거근이 지닌 생식력과 풍요상징 때문일 것이다. 실제로 거인설화에서 성기로 사냥을 하여 많은 물고기나 짐승을 잡는 이야기가 있다. 「설문대할망과 설문대하르방」과 같은 설화가 대표적인 것으로, 설문대할망과 하르방이 배가 고파서 바다의 고기를 할망의 성기 있는 곳으로 몰아 넣어 잡고는 그것으로 요기를 했다는 것이다.[1] 성기로 사냥을 했다는 자체가 이미 우스갯소리가 되어 있지만 거대한 성기를 지녔기에 바다의 물고기들을 한꺼번에 많이 잡을 수 있었다는 것은 분명 원초적인 풍요신적 성격을 유지하고 있는 것이라 보아야 한다. 이런 모습은 짐승이나 물고기, 고래 등을 그려두고 이와 함께 거대한 성기를 강조한 인간이 그려져 있는 울주 반구대 암각화와도 같

---

1) 김영돈 외, "설문대할망과 설문대하르방", 『제주설화집성』(1), 제주대 탐라문화연구소, 705면. 이외에도 이런 성격의 자료는 "설문대할망" (『대계』9-2 (제주 제주시), 정문연, 710면.)과 "설문대할으방" (진성기, 『남국의 민담』, 형설출판사, 1982. 85~87면.) 등이 있다.

은 모습임을 알 수 있다.

그런데 이러한 생산적 성격을 지닌 거근은 인간의 원초적 모습으로 형상화되어 나타나기도 한다.

자지가 보지를 보기만 하문 씽내는 유래로 말하겠십이더.

옛날에 조물주가 만물을 맨들 적에 사람은 만물으 영장이라 사람을 우대했드랍니더. 그리서 남자으 자지를 만들어 붙어줄 떼 제일 크고 늠늠한 거로 달어주었입이다. 큰 집동만 하고 지다랗고 큰 거로, 여자는 아로 놓 적에 고생하지 앙고 쉬웁게 잘 놓게 입이 넓는 항아리만큼 크게. 그런디 남자는 걸어갈 적에 그것이 너머 질고 무겁고 해서 불펜하기 짝이 없었입이더.

그리서 조물주한티 가서 그것을 짧고 개법게 히줄 수 없냐고 했입이더. 그라이 조물주는 그러마 하고 늘어노라 캐서 그거로 깎어냈다. 깎고 깎어서 지금으 크기만하게 해주었다. 그뒤에 女子가 와서 지그거는 커서 얼라를 놓을 적에 그거이 커서 좋기는 하지마는 저을에는 그리 찬바람이 들어와서 속이 실어서 몬 전디겠고 여름에는 개미나 모구나 딱정이 등 벌레가 들어와서 몸을 가래웁고 근질게 해서 몬 전디이 그거로 적게 해돌라 캤입이더. 조물주는 그렇가라 카고 남자 그거로 깎어낸 부시력이로 그거로 땜질해서 좁혀 났다. 그리서 그거으 안쪽은 男子 그것을 깎어낸 부스러기로 땜질했기 때문에 팽팽하지 않고 울퉁불퉁한 거는 거렇기 땜이라 캄이더.

그런데 男子는 작고 개배워서 좋기는 하지만 좀 지내고 보이 그거이 적어서 재미가 없었다. 그래서 조물주한티 가서 좀 크게 해 돌라캤다. 조물주는 깎어낸 쪼가리를 女子 그것을 좁히는디 다 써서 없어서 크게 할 수 없었다. 그래서 니 그것을 깎어낸 쪼가리를 女子 그것 좁게 하는 디 다 써서 女子한티 가서 쪼가리로 얻어오라 캤다.

男子는 내 쪼가리를 돌여돌라 캤다. 女子는 내 것이 되어 있는디 돌려둘 수 없다 캤다. 男子는 그런 법이 있느냐 캄서 씽을 내고 아 내 것 돌려돌라는 디 와 안 주느냐 내 것 돌려돌라 캄서 보지보고 씽을 내고 내 거 돌려돌라고 조른다는 거랍이더.[2]

이 설화는 巨根을 흥미 위주로 한층 더 외설담화시켜 형상화하고 있지

---

2) 임석재전집12 (경북편), 『한국구전설화』, 평민사, 1993. 194~195면.

만 거인설화의 거근이 태초의 인간이 처음 창조된 모습으로 설명된다는 점, 그리고 이런 거근이 아이를 잘 낳게 하는 것과 같은 생식력과 관련된다는 점, 버렸던 거근을 다시금 원하는 데서도 볼 수 있듯이 거근의 효용성을 인정한다는 점에서 단순히 음담패설 이상의 의미가 있다.

특히 인간의 몸의 부족한 부분을 채워서 정돈하는 대목은 일본의 이자나기와 이자나미의 창조신화와 연관지을 수 있어 이런 이야기의 본래 모습이 창조적 성격을 지녔을 가능성도 보여준다. 즉 이자나기 이자나미가 오노고로시마에 내려와서 아메노미 기둥과 八尋殿을 세우고는 남신이 여신에게 '너의 몸은 어떻게 생겼느냐'고 묻자, 여신이 나의 몸은 점점 정돈되어 가지만 한 곳만 정돈되지 않은 곳이 있다고 한다. 그러자 남신이 '나의 몸은 차츰차츰 생겨나 이루어졌으나 남은 곳이 한 군데 있다. 그렇다면 나의 여분의 것으로 완전히 이루어지지 않은 너의 몸에 끼워넣어 국토를 만들자'고 제안한다. 이런 후 두 신의 결합에 의해 국토가 창생되는 모습을 보인다.3)

上記 說話는 분명 외설담화되어 있지만 이런 일본의 창조신화를 염두에 둔다면 생산과 창조를 상징하는 원초적인 신의 형상이 이런 거근이었으며, 그것이 거근에 초점을 두면서 이처럼 외설담이 된 것이 아닌가 생각된다.

한편 「단군」과 같은 설화에서는 거근에 따른 생산력이 일정하게 유지되면서도 한편으로 그 거근이 비정상적인 것으로 인식된다. 즉 하늘에서 떨어진 사람의 腎이 예순댓발이 되어 모든 동물이 마다하는데, 곰이 그 腎을 받아 단군을 낳았고 여우가 받아서는 기자를 낳았다는 이야기로,4) 거근에 따른 생식력은 그대로 보여지면서도 모든 동물이 마다한다고 했으니 이런 거근을 생식력이나 풍요의 차원에서 온전히 생각하는 것이 아니라 비정상적인 것으로 받아들이고 있는 것이다.

이런 생식력과 무관하게 거근을 인식하여 비정상적이라고 파악하는 사

---

3) 노성환 역주, 『古事記』, 예전사, 1987. 37면.
4) 임석재전집3, "단군", 『한국구전설화』, 평민사, 1988. 203면.

고는 한층 더 진행되어 거근을 희화화의 대상으로 삼아 오직 흥미만을 추구하는 형태의 설화로 나아가게 한다.

「金首露王의 根」이라는 설화는 이런 성격을 강하게 지니고 있다. 김수로왕이 대단한 巨根을 가지고 있어 仙岩나루에서 거근으로 다리를 놓아 사람들을 건너게 했는데, 한 사람이 다리에서 쉬다가 담뱃불을 떨어뜨려 김해 김씨의 후손들은 남근에 그 자국이 남아있다고 한다. 또한 수로왕의 妃도 巨陰이어서 연회 때 陰席을 깔았는데 한 사람이 국을 쏟아 김해 김씨 후예의 陰門에는 그 자욱이 남아있다고 한다.5) 이 설화는 巨根이 생식력과는 전혀 무관하며, 巨根의 기능이 비록 인간을 위해 유용하게 사용된다는 점은 있으나 담뱃불이나 뜨거운 국에 데인다는 식으로 희화화를 위한 거근의 설정이라는 측면이 강하다.

김수로왕에 대한 이 설화에서 巨根이 희화화되는 형태로 나타나는 것이 원래부터 그랬는지는 확실하지 않다. 다만 강에 거근으로 다리를 놓았다는 김수로왕의 행위가 비록 희화화된 형태이기는 하지만 다리를 놓는 행위가 설문대할망이나 마고할미 등 거인들이 인간을 위해 행하는 중요한 일이었음을 염두에 둔다면, 창조형 거인설화의 흔적도 지닌다고 볼 수 있기에 본래부터 희화화를 보이기 위한 거근의 설정만은 아니었을 것은 추측할 수 있다. 그럼에도 거근의 생산적 성격은 무관심한 채 거근이라는 신체적 특징 자체에만 관심을 두어 흥미 위주로 희화화시킨 자료임에는 틀림없다.

그런데 다음의 「그것이 큰 사람」 같은 설화는 흥미 위주의 희화화된 면모가 더 뚜렷하다. 「김수로왕의 根」과 흡사한 모습을 취하면서도 거근성이 오직 흥미만을 위해 설정되어 있고 지나치게 과장되어 표현되어 있음을 볼 수 있다. 그 내용을 요약하면 다음과 같다.

> 한 사람이 천발쯤 되는 거근을 지녀 불편하여 그것을 묶어서 등에 짊어지고 다녔다. 그 사람이 여기저기 구경을 다니던 중 호남평야에 이르러 모내기

---

5) 손진태, 『朝鮮の民話』, 岩崎美術社, 1959. 50~51면.

하는 사람에게 돈을 받고 성기를 깔아 밥 먹을 자리를 마련해준다. 40여명이
앉아서 밥을 먹던 중 끝부분에 앉은 사람이 잘못하여 뜨거운 국물을 쏟았다.
그러자 根이 큰 사람이 뜨거워서 성기를 일으켜 세우니 밥먹던 사람이 모두
공중으로 솟아올라가 윗쪽에 앉은 사람은 3년만에 떨어지고, 가운데는 2년,
안쪽에 앉았던 사람은 일년만에 떨어졌다고 한다.6)

이 설화는 거근을 지닌 남성만 설정하고 있어 「김수로왕의 根」과는 차
이가 있지만 거대한 성기로 사람이 앉을 자리를 마련하고 또한 한 사람이
뜨거운 국물을 쏟아 根을 거두게 된다고 하여 김수로와 허왕후가 거근을
통해 보여주었던 행위가 합쳐진 양상이라 할 수 있다. 따라서 「김수로왕
의 根」이라는 설화의 영향을 받아 형성되었을 가능성도 있다. 그런데 여
기서 더 문제가 되는 것은 巨根을 통한 거인적 성격이 전혀 인식되지 못
한다는 점이다. 거근이 거인성을 표현하기 위해 설정되었다기보다는 우
스갯소리의 소재로써 중요하게 차용되고 있다. 거근이 지닌 생산적 성격
은 이미 잊혀졌고 거근이라는 특이한 신체적 특징에만 관심을 두어 희화
화시키고 있는 것이다. 이것은 거인설화적 성격을 지녔음에도 거인설화
적 본질과는 완전히 동떨어진 형태로 일탈되어 나타난 양상이라 할 수 있
다. 거인성이 이처럼 그 본질과는 거리가 멀게 희화화되는 식으로 진행되
었던 것은 물론 거인설화나 거인신격의 신성성이 사라진 때문이겠다.

이상과 같이 거근형 거인설화를 살펴 보았다. 거인설화에서 거근의 본
디 기능은 풍요다산의 상징적 성격과 밀접한 관련이 있었을 것이다. 그런
데 거인설화가 신성성을 상실하면서 거인신격이 신격으로서가 아니라 인
간화된 채 인식되어 거근이 오히려 비정상적인 면모로 파악되고, 따라서
거근이라는 점을 특히 강조하면서 이를 외설담화시켰고 흥미 위주로 전
개시켜 나갔던 것으로 보인다. 그럼에도 거근이라는 점은 그대로 유지하
고 있어, 비록 거인설화의 신성성을 간직하는 긍정적 계승은 아니지만 거
인설화가 계속 존재하기 위한 나름의 모색으로서 흥미 위주의 음담패설

---

6) 임석재전집9 (전남, 제주편), "그것이 큰 사람", 『한국구전설화』, 1992. 178~179면.

형식을 취했던 것으로 판단된다.

2. 배설형 거인설화

거인설화에서 희화화되는 또 하나의 양상은 배설의 형태를 취하는 것이
다. 설문대할망이나 장길산, 마고할미 등 많은 거인에게서 이런 배설의 형
태로 희화화되는 양상을 찾아볼 수 있는데, 우선 이런 양상이 두드러지게
나타나는 자료들의 배설 부분을 정리하고 논지를 전개시키도록 하겠다.

　가) 설문대할망 (1)
　설문대할망은 워낙 커서 많이 먹었는데, 대죽범벅(수수범벅)을 먹고 똥을
싼 것이 '굿망상오름'이란 산이 되었다.[7]

　　설문대할망 (2)
　설문대할망이 한라산 위에서 다리를 벌리고 오줌을 누는데, 포수에게 쫓
기던 角鹿들이 굴인줄 알고 숨어버려 할망이 간지러워 오줌을 싼 것이 내가
되었다.[8]

　나) 장길손
　사람들에게 쫓겨난 장길손이 배가 고파 돌, 흙, 나무 등을 닥치는대로 집어먹
고는 배가 아파 토한 것이 백두산이 되었고 흘린 눈물은 압록강과 두만강이 되었
으며, 설사를 하여 흘러내려간 것이 태백산맥이 되었고 똥덩어리가 떨어지면서
멀리 튀어간 것이 제주도가 되었다.[9]

　다) 손당장수
　손당장수는 한 끼에 닷섬닷말을 먹어 똥도 望岳만큼 되는 것을 누었다. 마
을 사람들이 큰 산인줄 알고 올랐다가 자꾸 빠지니까 똥을 여러 군데 조금씩
나누어 싸달라고 부탁했다. 이렇게 해서 여기저기 싼 똥이 동산도 되고 산악
도 되었다.[10]

---

7) 장주근, 같은 책, 7면.
8) 『대계』9-1 (제주 북제주), "설문대할망", 정문연, 200~202면.
9) 한상수, 『한국인의 신화』, 문음사, 1986. 188~190면.

라) 마고할미 (1)

마고할미가 바다에 있을 때 똥이 마려워 가랑이를 벌리고 변을 보았는데 이것이 오리섬이 되었다. 또 오리섬에는 바닷물에 잠길 듯한 바위가 둘 있는데, 이것이 가랭이섬으로 대변을 볼 때 밟았던 것이다.11)

마고할미 (2)

산을 지고 다니는 마귀할멈이 통시바위에 걸터앉아 오줌을 누니, 산이 무너져 동네가 생겼다. 똥이 떨어져 내려간 데는 궂다고 하여 궂질이라는 동네가 생겼다.12)

마) 하느님

조선왕이 하늘에 제사를 지내지 않아 하느님이 노해서 조선을 물로 망하게 하기 위해 백두산 꼭대기에서 오줌을 쌌다. 그래서 꼭대기가 패인 것이 천지가 되고 동으로 흘러간 것이 두만강, 서로 흘러간 것이 압록강이 되었다고 한다.13)

이상 거인의 배설이 두드러진 설화들을 골라 정리해 보았다. 그런데 이들 거인에 의한 배설이 문제가 되는 설화들은 다음 세 가지 공통점을 확인할 수 있다.

첫째, 거인의 배설은 모두 지형을 형성시킨다는 점이다. 비록 희화화된 모습이기는 하지만 이처럼 거인의 배설에 창조적 의미가 공통적으로 나타난다는 점은 단순히 거인설화를 희화화시키기 위해 생겨난 발상은 아니라 하겠다.

둘째, 산은 거인의 대변에 의해 형성되고 강은 소변에 의해 형성된다고 의식된다는 점이다. 산과 강의 형성이 배설물에 의한 것으로 나타나기는 하지만 나름대로 합리적 사고를 반영하고 있는 셈이다.

셋째, 거인의 배설에 의한 지형형성이 긍정적으로 받아들여지기보다는

---

10) 진성기, "손당장수", 『남국의 민담』, 형설출판사, 1982. 94~95면.
11) "형도의 탑과 오리섬", 『화성군사』, 1990. 915면.
12) 『대계』8-8 (경남 밀양), "궂질의 지명유래", 정문연, 125~126면.
13) 임석재전집4 (함남.북, 강원편), "천지·압록강·두만강", 『한국구전설화』, 1989. 17면.

지저분하다거나 궂다고 인식된다는 점이다. 본래부터 이처럼 의식되었는 지는 불분명하지 하지만 배설물에 의한 지형창조라는 신화적 인식이 약해지고 배설물이 지저분하다는 인간적 사고가 후대에 거인설화에 강하게 반영되면서 나타난 현상이 아닌가 생각된다.

이런 세 가지 특징적인 면을 살펴볼 수 있다. 그런데 여기서 무엇보다도 주목해야 할 것은 거인의 모든 배설이 궂다고 인식되면서도 지형창조라는 신화적 의미를 담고 있다는 것이다. 그렇다면 거인의 배설에 의한 지형창조가 단순히 거인설화를 희화화시키기 위해 생겨난 양상이 아니라 거인설화의 본래적 모습이었을 가능성을 생각해 볼 수 있다.

세계의 신화를 검토해 볼 때 이 세상의 산천이나 지형의 창조는 대체로 거인의 死體로부터 생겨난다고 믿었다. 四肢五體가 산악이 되고, 혈액이 江河가 되고, 筋脈은 地理가 되고, 살갗은 田土가 된 반고신화가 그 대표적인 것이다. 또한 피는 바다나 호수가 되고 살은 땅이 되고, 뼈는 여러 산이 되었다는 북구신화의 거인 이미르가 있고, 머리는 天空이 되고 양쪽 다리가 대지가 된 인도의 거인 프루샤도 있다. 이처럼 거인의 사체로부터 산천이나 대지가 생겨나는 모습은 非앗삼의 아파·타니族 신화나 앗카드의 신화 등 세계적으로 널리 분포되어 있다.14)

그런데 우리나라에는 이런 거인의 死體化生神話는 거의 찾아보기 어렵다. 다만 제주도신화에서 청의동자 앞 뒤 이마의 눈동자 두 개씩으로 해와 달을 만드는 것과 같은 단편적인 모습이 있기는 하지만 청의동자가 죽어서 그 사체로부터 일월이 생겨나는 양상은 아니며, 더욱이 이 세상의 산천을 형성시키는데 거인의 사체가 관련되는 자료는 전혀 없다. 이처럼 우리나라에 사체화생신화가 없는 까닭은 우리의 神은 죽는다는 관념이 없었기 때문으로 보인다. 창세신인 미륵이나 대별왕·소별왕은 결코 죽지 않는 신이며, 지금도 계속해서 내세나 저승 등에 존재한다고 믿는 신격이다. 그리고 여타의 무속신도 신의 세계에 거주하면서 인간이 청배하면 강림하는 영원불멸의 신격으로 믿어진다. 이런 관념은 건국신화에도

---

14) 大林太良(권태효 外 譯), 『신화학입문』, 새문사, 1995. 84~85면 참조.

그대로 나타나 단군은 나라를 1500년 다스리다가 산신이 되었다고 하며15), 동명왕은 조천석을 통해 영원히 승천했다고 한다.16) 신의 죽음을 인정하지 않는 관념인 것이다.

이처럼 신이 죽지 않는다고 관념되었다면, 산이나 강, 대지는 결국 신이 살아있는 상태에서 거인의 體內로부터 생성되는 배설물에 의한 것이라고 여길 수밖에 없었던 것으로 생각된다. 그런데 세계의 신화 사례를 본다면 이 세상의 지형창조는 아니지만 살아있는 인간의 체내로부터 나온 배설물에서 재배식물이 기원한다는 신화가 있어 관심을 갖게 한다. 재배식물의 기원신화는 크게 인간의 死體로부터 생겨나는 형태와 인간의 배설물에 의해 생겨나는 형태의 두 가지가 있다.17) 전자로는 데마신의 사체에서 감자가 생겨났다고 하는 인도네시아 세람島 서부의 베마레族에게 전승되는 하이누벨레신화가 대표적인 것이라 할 수 있다. 후자는 멜라네시아 부겐비르島의 부잉족의 타로토란과 얌토란에 대한 기원신화가 대표적인 것이다. 이 중 후자는 배설에 의한 기원신화이기에 그 내용을 옮겨보기로 한다.

옛날 모토나 부근의 구이토바라우에는 음식이 없었다. 사람들은 물을 먹고 잠을 잘 뿐이었다. 남자들과 여자들은 물을 얻기 위해서 죽통(竹筒)을 갖고 나갔다. 아이들만이 남아 있었다. 그런데 그 곳에 탄타누가 와서 아이들에게 "너희들의 아버지와 어머니는 어디에 있느냐?"하고 물었다.

아이들은 "물 길러 갔다"라고 대답하였다. 탄타누는 "무엇 때문에 물을 긷느냐?"하고 물었다. 아이들은 "우리들이 마시기 위해서"라고 대답하였다. "그럼 너희들은 아무 것도 먹을 것이 없느냐?"라고 탄타누는 물었다.

"음식이라고요? 우리들의 음식은 물입니다. 우리들은 물을 먹고 잠을 잘 뿐입니다. 우리들은 불로 물을 끓여 그것을 마십니다. 그것이 전부입니다"라고 아이들은 대답하였다. 그러자 탄타누는 "항아리를 갖고 와라"라고 말하였다. 아이들은 처음에는 갖고 오길 꺼려하였다. 항아리를 깨서 혼날 것을 두

---

15) 일연 (이병도 역주), 『삼국유사』, 명문당, 1987.
16) 『세종장헌대왕실록』 24 지리지 I , 세종대왕기념사업회, 1972. 371면.
17) 大林太良, 같은 책, 126~135면 참조.

려워하였기 때문이었다.

그러자 탄타누는 또 말하였다. "항아리를 갖고 와라. 내가 너희들에게 음식을 줄테니." 그래서 한 남자아이가 항아리를 가져왔고, 두 명의 남자아이가 그 속에 물을 가득 넣었다. 탄타누는 거기로 가서 앉아 항아리 속에 배설을 하였다. 그러자 거기에서 타로토란과 얌토란이 생겨났다. 그것은 작은 움집에서 일어난 사건이다. 그리고 나서 탄타누는 소년들을 침실로 가도록 말하였다.

"자, 모두 바구니를 만들어 똥토란을 안에 넣어라." 그리고 그는 말하였다.

"숲을 개간하여 똥을 땅 속에 묻어라."

소년들이 똥을 땅 속에 묻으니 곧바로 타로토란과 얌토란이 생겨났다. 그러자 탄타누는 말하였다.

"토란을 뽑아내어 익도록 불에 구워라. 그러나 몇 개의 토란은 그대로 놔두고 바구니에 넣어 땅 속에 꽂을 수 있도록 해 놓아라."

그래서 소년들이 토란을 뽑아내어 구웠더니 토란은 맛이 있었다. 그 이래로 그들은 음식으로 물을 마실 뿐만 아니라 타로토란과 얌토란을 먹게 되었고, 또 토란을 만들기 위해서는 토란을 단지 땅 속에 꽂아 놓기만 하면 되는 것이었다.18)

재배식물이 살아있는 신이나 인간의 구토나 배설과 같은 생리적 작용에 의해 생겨났다고 하는 것이다. 이런 신화형태는 일본에서도 찾아볼 수 있는데, 스사노오의 오오게츠히메 살인이나 쯔쿠요미의 우케모치노카미 살인신화에서 신이 살아있을 때는 구토에 의해 음식을 만들어내고 죽은 후에는 그 死體에서 작물이 발생했다고 한다.19)

일본의 이 신화는 특히 배설형 식물기원과 사체화생형 식물기원이 별개의 것이 아니라는 인식을 보인다는 점에서 중요하다고 하겠다.

여하튼 식물기원신화의 이런 두 형태는 우리의 거인의 배설에 의한 지형창조라는 것을 이해하는 데 있어 시사하는 바가 크다. 식물기원신화에서 사체화생형과 배설형이 있듯이 지형창조신화도 사체화생형과 배설형

---

18) 大林太良, 같은 책, 130~131면.
19) 大林太良, 같은 책, 131면.

이 있다는 것이다. 우리의 것은 이 중 배설형의 모습을 취하는 것이다. 세계 여러 지역에서 이런 배설형 지형창조신화가 나타나지는 않지만 신은 죽지 않는다는 우리의 신관념이 이런 배설형 거인설화를 취하게 한 것으로 보인다. 아울러 식물기원신화에서 배설형 기원신화가 지저분하다거나 궂다고 인식되지 않는데, 우리의 배설형 거인설화도 본래는 이처럼 신화적 성격을 지녔을 것으로 판단된다. 하지만 창조행위에 무관심해지고 거인설화의 신성성이 사리지면서 거인신격은 더 이상 신이 아닌 비정상적 인간으로 인식되었고, 따라서 특히 그의 배설물에 의한 지형형성은 인간의 관점에서 지저분한 것으로 파악되어 본래의 신화적 성격보다는 희화화의 대상으로 삼았던 것으로 보인다.

이런 양상은 몇몇 거인설화에서는 한층 더 진행되어 「장길손」의 다음 부분은 배설물의 지형창조적 본질도 버린 채 배설을 희화화시켜 흥미를 부여하기 위해 삽입시킨 모습도 볼 수 있다.

> 그제야 정신이 든 장길손은 자기에게 후대한 남쪽 농민들에게 뭔가 보답하고 싶었다. 그는 한참 생각하다 자기가 토해 놓은 백두산 위에 서서 남쪽 사람들에게 거름이라도 해줘야겠다는 생각이 들어서 오줌을 누었다. 그런데 그것이 생각과는 달리 홍수가 져서 북쪽 사람은 남쪽으로 밀려 내려오고, 남쪽 사람은 홍수로 떠내려가서 살아남은 사람은 일본 사람의 시조가 되었고, 북쪽에서 떠내려 온 사람 가운데 살아남은 사람은 우리나라 사람의 시조가 되었다고 한다.[20]

장길손이 배설물로 백두산을 비롯한 산천을 형성한 후의 행동으로, 비록 일본과 우리나라 사람의 시조가 된 내력을 밝히기는 하지만 단지 흥미를 위한 설정일 뿐이다. 설화의 전개상 반드시 필요한 부분도 아니고 그렇다고 신화적 성격을 지닌 것도 아니다. 때문에 손진태가 채록한 「朝鮮山川の由來」같은 각편을 비롯한 몇몇 자료에서는 이 부분이 빠져 있다.[21]

---

20) 한상수, 『한국인의 신화』, 문음사, 1986, 186면.
21) 손진태, 같은 책, 16~17면.

　　이상 배설형 거인설화들을 검토하였다. 배설형 거인설화는 본래부터 흥미를 부여하기 위해 의도적으로 희화화시킨 결과의 소산물은 아니었다고 생각된다. 지형창조신화는 거인의 死體로부터 산천이나 대지가 형성되는 死體化生型 신화가 일반적이지만, 우리의 경우는 신은 죽지 않는다는 신관념 때문에 거인의 체내로부터 나온 것에서 지형이 생성된다는 점에서 동일한 배설형 거인설화를 택했던 것으로 보인다. 하지만 거인설화의 신성성 상실과 함께 그 창조신화적 본질은 잊혀지고, 배설이라는 생리적 작용을 지저분하지만 흥미롭다고 인식하면서 이 부분을 특히 희화화시키는 형태로 진행되었던 것으로 보인다.

　　이런 배설을 통한 희화화는 사람들의 흥미를 유발시킬 수 있다는 점에서 신성성이 사라진 거인설화를 계속 존속케 하는 한 방편일 수 있었다고 보여진다.

제4장

거인설화의 변이유형

　거인설화는 신성성이 사라지면서 그 존재 가치에 대한 회의가 적지 않았던 것으로 보인다. 특히 거인신격에 대한 제의가 사라지고 거인의 창조적 행위에 대해서 사람들이 무관심해지면서 거인의 존재나 행위에 대한 의문이 강하게 생겨났을 것이다. 때문에 거인설화가 지닌 비현실적 면모를 현실에 맞게 변모시키거나 사람들의 의식에 부합되게 변이시켜 나가야 할 필요성이 있었는데, 이러한 모색으로 생겨난 것이 바로 이런 변이형 거인설화라 할 수 있다.

　거인설화의 변이유형은 크게 두 가지 형태가 있다고 생각된다.[1] 하나는 거인설화가 사라지는 단계에서 새로운 존재방식의 모색으로서 다른 설화의 모습으로 변모되어 구전되는 형태이다. 이것은 표면적으로는 거인설화적 모습에서 많이 멀어졌지만 여전히 거인설화와 겹쳐지는 부분들이 확인되는 자료들이다. 즉 거인설화에서 다른 형태의 설화로 이행되어 가는 모습이 드러난다는 것이다. 이런 자료로는 산이동설화와 오누이힘

---

1) 이것은 단순히 모티프만 계승되는 것이 아니라 거인설화와의 직접적인 관련성이 찾아지기에 김영경(같은 글)의 거인형 설화군과는 차이가 있다.

내기설화, 장수흔적설화 등을 들 수 있다.

그리고 다른 하나는 상층에 의해 문헌에 수용되어 왕권설화화된 모습을 보이는 자료이다. 거인성이 왕의 신성성이나 왕조 또는 왕계의 시작을 상징하는 신성현시적 성격을 지니는 것으로, '선류몽'담처럼 꿈의 형식을 빌어 거인성을 드러내거나 현실과 크게 동떨어지지 않게 거인성을 표출함으로써 거인성이 유지되고 있음을 볼 수 있다.

그런데 이런 구전 변이형과 문헌에 수용된 변이형 자료는 거인설화의 창조신화적 본질이 약화되면서 새로운 존재 모색으로 나타나는 설화 형태들임에도 적지 않은 차이가 있다. 구전 변이형은 거인설화의 창조신화적 성격이 특정 흔적을 남기거나 지형을 형성하는 형태로 계승되는 모습이 있지만 긍정적 계승이기보다는 부정적 계승이라 할 수 있다. 거인의 존재 자체를 없애거나 약화시키는 형태로 창조신화적 성격만 잔존시키기 때문이다. 반면 문헌에 수용된 변이형은 비록 의도적인 수용이기는 하지만 왕의 신성성을 부여하고 시조신적 기능을 지니며, 부분적으로 호국신적 면모까지도 거인성을 통해 보여주고자 한다는 점에서 신화로서의 신성성을 새로이 모색하는 것이기에 긍정적 계승의 의미를 지니는 자료라 할 수 있는 것이다.

그러면 이런 관점에서 변이형 설화자료들을 살펴 그 양상과 의미를 파악하도록 하겠다.

1. 구비전승되는 변이유형

거인설화가 비현실적이고 불합리하다고 여겨져 거인의 존재 자체에 의문을 가지면서 점차 소멸되어가는 양상을 보이는데, 이렇게 소멸되는 단계에서 거인설화는 새로운 형태의 설화로 변이되거나 거인적 면모를 간직한 채 특정한 어떤 거인적 성격만을 부각시키는 설화의 중요한 한 구성요소를 이루는 형태로 변모하게 된다. 이처럼 거인설화가 변이된 모습을 뚜렷하게 보여주는 구전자료로는 산이동설화와 오누이힘내기설화, 장수흔적설화를 들 수 있는데, 이들 설화는 단순히 거인설화의 특정 모티프만을 계승하는 것이 아니라 거인설화가 사라지면서 또는 약화되면서 변이되어 나가는 모습을 뚜렷이 간직한 채 전승되는 자료라는 점에서 그 의미가 크다.

산이동설화와 장수흔적설화는 거인설화가 지닌 지형창조적 성격을 어느 정도 간직한 변이형 자료라 할 수 있다. 산이동설화는 거인에 의한 지형 정리 작업의 일환으로 산이나 섬을 이동시키는 모습을 변모시켜 산이 스스로 걸어가거나 물에 떠오는 형태로 지형이 형성되는 양상을 보여준다. 장수흔적설화는 거인설화가 점차 거인의 행위에 대해 진실성을 보여주고자 하면서 거인의 흔적이 증거물로 결부되는 형태로 진행되는데, 그런 양상이 현실화되고 그 주체가 남성화되는 모습으로 변이되어 그 흔적을 장수가 남기는 것으로 나타나는 자료라 할 수 있다. 따라서 이들 자료는 거인설화가 지닌 창조신화적 성격을 그대로 간직한 채 다른 형태의 설화 모습으로 변이되어 나간 양상임을 알 수 있다.

이와 달리 오누이힘내기설화는 창조신화적 성격은 크게 약화되고 대신 거인신격이 새로운 신격에 의해 교체되는 모습을 민중의 입장에서 담아낸 설화라 할 수 있다. 누이를 통해 형상화된 거인신격의 패퇴는 창조적 성격을 유지한 설화와는 달리 비극미를 형성할 수 있게 했던 것으로 보인다.

그러면 이들 설화를 차례로 살펴 이들 설화가 거인설화와는 어떤 관련이 있는지, 그리고 어떻게 변이되어 나타나며, 그것이 지닌 의미는 무엇인가를 찾아보도록 하겠다.

1.1. 산이동설화

산이동설화는 산이나 섬이 이동하다가 멈추어 지금의 그 곳에 자리잡게 된 경위를 밝히는 이야기로, 전국적으로 널리 전승되는 廣布說話이다. 지금까지 채록된 설화의 편수도 200편에 가깝고 그것이 지니는 의미 또한 단순하지 않다. 무엇보다도 산이동설화가 거인설화의 잔존양상을 잘 보여주는 자료라는 점과 아울러 거인설화가 소멸되어가는 과정을 보여준

다는 점에서 중요하다고 할 수 있다. 하지만 이런 산이동설화에 대한 연구는 지금까지 제대로 이루어지지 못했다고 할 수 있다. 최래옥의 "산이동설화의 연구"가 이에 대한 최초의 그 본격적인 연구라 할 수 있는데,[2] 이 연구는 산이동설화에 대한 자료가 충분히 집적되지 못했던 상태에서 진행된 것으로 형태론적 분석에 따른 단순한 의미만을 파악하고 있어 그 본질적인 면은 거의 규명하지 못했다고 할 수 있다. 다음으로 천혜숙은 단편적이지만 여성신화라는 관점에서 대모신적 성격의 여성거인이 산이동을 멈추게 하는 존재로 변모되었다고 보고 있어 주목된다. 하지만 거인설화적 관점에서 구체적인 연구로 진행된 것은 아니기에 아쉬움이 남는다.[3] 한편 김의숙은 강원도 지역만을 대상으로 18곳 30여편의 浮來說話를 집약적으로 살피고 있는데, 여기서 다루는 부래암계와 부래산계가 바로 산이동설화이다. 하지만 이 연구도 대상범위가 강원도로 한정되어 있고, 자료 소개를 중심으로 하여 표면적으로 드러나는 특징과 의미만이 검토되어 있어 아쉬움이 적지 않다.[4] 이외의 연구로는 熊谷 治의 "東アジアの流わ島 傳說に ついて"와[5] 조석래의 "떠내려 온 섬 전설 연구"[6] 등이 있다. 전자는 비교신화학적 입장에서 한·중·일 3국의 산(섬)이동설화를 검토하여 이들 설화가 중국대륙의 동남연해 지역에서 전파된 것이라 하고 있는데, 우리 자료에 대한 충분한 검토없이 일부 자료만을 대

---

2) 최래옥, "산이동 설화의 연구", 『관악어문연구』3집, 서울대 국어국문학과, 1978.
3) 천혜숙, "여성신화연구(1) - 대모신 상징과 그 변용", 『민속연구』1집, 안동대 민속학연구소, 1991.
4) 김의숙, "강원도 부래설화의 구조와 의미", 『강원도 민속문화론』, 집문당, 1995.
   김의숙, "구비설화의 역사의식 연구", 『강원민속학』12집, 강원도 민속학회, 1996.
5) 熊谷 治, "東アジアの 流わ島 傳說に ついて" (성기열외 편, 『한국·일본의 설화연구』, 인하대출판부, 1987.)
6) 조석래, "떠내려 온 섬 전설연구", 『한국이야기문학연구』, 학문사, 1993.
   이외에도 김문태, "浮來島전승의 원초적 의미와 습합양상", (『삼국유사의 시가와 서사문맥 연구』, 태학사, 1995.) 오강원, "浮來山 유형 설화에 대한 역사고고학적인 접근", (『강원민속학』12집, 강원도 민속학회, 1996.) 등의 글이 있다. 또한 강진옥, "한국설화에 나타난 전승집단의 의식구조", 이화여대 석사논문, 1980. 김영경, "거인형 설화의 연구", 이화여대 석사논문, 1990. 등의 글에서도 단편적이지만 언급이 되고 있다.

상으로 하였기에 올바른 결론을 도출하지 못했다. 후자 또한 전자의 많은 부분을 수용하면서 18편의 자료만을 대상으로 하여 살피고 있어 충분한 성과를 올리지 못하고 있다.

산이동설화는 거인설화의 여러 후대적 변이 형태 중 특히 중요한 의미를 지니는 자료이다. 산이동설화와 거인설화가 겹쳐지는 자료를 흔히 찾아볼 수 있기 때문이다. 즉 산이동의 주체가 거인으로 나타나는 자료들도 적지 않다는 것이다. 따라서 거인설화가 사라져가는 과정을 살필 수 있고, 또 사라지면서 다른 형태의 설화를 형성시키는 모습을 잘 보여주는 자료로 판단된다.

그럼에도 지금까지는 산이동설화에 대한 자료 검토마저 제대로 이루어지지 못한 상태이기에, 자료 검토와 그 짜임새, 그리고 그것이 원래 지형을 형성하는 거인설화였다는 것을 밝히는데 여기서는 초점을 두기로 한다. 아울러 거인설화가 소멸되어가는 과정이 산이동설화의 자료를 통해 볼 때 뚜렷이 드러나는데, 이 점은 다음 章에 "거인설화의 소멸과정"이라는 절이 설정되어 있기에 거기에서 구체적으로 검토하도록 하겠다.

(1) 산이동설화에 대한 자료 검토

熊谷 治는 "흐르는 섬"설화(산이동설화)를 검토하면서 우리의 자료를 파악하는데 있어 두 가지 오류를 범하고 있다. 첫째는 산이동설화를 동남해안·낙동강 유역·서남해안 지역으로 삼대별하여 구획하고 있는 점이며, 둘째는 일본의 섬이동설화가 한국의 것보다는 원초적 혼돈의 관념에 이어진다고 밝힌 점이다. 전자의 문제는 지금까지 채록된 자료를 검토하여 볼 때 그 타당성을 인정할 수 없다. 우리의 산이동설화는 특정 지역에 국한되어 나타나는 것이 아니라 전국적으로 고른 분포를 보인다는 점에서 그렇고, 지역에 따라 뚜렷한 특징이 나타나는 것도 아니기 때문이다. 많은 자료를 대상으로 삼은 것이 아니라 한정된 자료만을 검토한 결과로 판단된다.7)

---

7) 「연오랑세오녀」설화와 「문무왕 만파식적」설화를 산이동설화에 포함시켜 동남해안권이

한편 후자의 문제는 일본의 섬이동설화가 1)흐르는 섬이 여성의 어떤 말에 의해 멈춰 지금의 그 자리에 있다 2)산이 멈추는데 있어서 神과 관계가 있다 3)섬을 기둥, 말뚝, 돌 등으로 멈추게 한다 등의 특징8)이 있다고 하면서 우리의 자료와 비교하여 언급하고 있는데 이 또한 타당성을 인정하기 어렵다. 우리의 산이동설화를 검토하건대 이러한 특징은 흔히 찾아볼 수 있는 것이며, 다만 섬이동이 신과 관계가 있다는 부분은 차이점이라 할 수 있겠지만 이 점에 대해서도 우리의 산이동설화에서 이런 흔적을 많이 찾아볼 수 있다. 예컨대 창조주의 성격을 지닌 마고할미가 산이동의 주체가 된다든가 조물주의 명에 의해 산이 옮겨진다는 데서도 알 수 있고, 또한 산이동이 원래 거인신격의 행위였을 것임을 염두에 둔다면 이것이 일본설화의 원초성을 설명하는 근거가 되기 어렵다. 이렇게 볼 때 산이동설화에 대한 면밀한 자료의 검토가 요청된다.

산이동설화는 그 채록편수가 엄청나 본문에서 밝히기에는 무리가 있다. 따라서 여기서는 검토대상이 되었던 자료집을 들고 전체적으로 개관하도록 하겠다.

가. 최상수, 『한국민간전설집』, 통문관, 1958.
나. 유증선, 『영남의 전설』, 형설출판사, 1979.
다. 현용준, 『제주도전설』, 서문당, 1976.
라. 최래옥, "산이동설화연구", 『관악어문연구』3집, 서울대 국문과, 1978.
마. 『한국구비문학대계』, 한국정신문화연구원, 1980~1988.

라 했는데, 이들 문헌설화와 구전되는 산이동설화를 비교하여 볼 때 섬이 이동한다는 사실만 일치할 뿐 산이동설화와는 전혀 다른 면모를 보여준다. 산이동설화는 특히 산이 이동하여 현재의 위치에 자리잡는 과정을 보여준다면, 이들 설화는 사람이 옮겨가는 과정의 부수적 현상으로 섬이동이 나타나거나 신이한 현상이 일어나는 것을 보이기 위한 이동임을 알 수 있다. 즉 산이나 섬이 자리를 잡기 위한 이동이 아니라는 것이다. 따라서 이들 설화를 산이동설화에 포함시키자면 현존하는 산이동설화와의 많은 차이점을 살피면서 그 연결고리를 찾은 다음 산이동설화에 포함시켜 검토하는 것이 바람직하다.

8) 熊谷 治, 같은 글, 266면.

바. 김광순, 『한국구비전승의 문학』, 형설출판사, 1983.
사. 임석재전집, 『한국구전설화』, 평민사, 1987~1993.
아. 박종섭, 『거창의 전설』, 문창사, 1991.

가)는 북한지역의 산이동설화까지 나타난다는 점에서 중요하다. 「광주 바위섬」이라는 설화를 수록하면서 아울러 평양의 능라도, 평남의 덕천산, 전북 공주산 등 세 편의 설화를 附記라 하여 첨부하고 있다. 이외에 「浮山」도 따로 수록되어 있어 5편의 산이동설화가 들어있다.

나)는 경북지역의 설화 300여편을 싣고 있는데, 이 중에 5편의 산이동설화가 들어있다.

다)는 제주도 지역을 대상으로 한 자료로, 「비양도」와 「군산」에 대한 각기 서로 다른 두 편씩의 산이동설화를 비롯하여 5편의 자료가 담겨 있다.

라)는 연구논문 뒤에 부록으로 남원에서 채록한 3편의 산이동설화를 싣고 있다.

마)는 남한 전지역을 대상으로 조사하여 15,107편이라는 방대한 양의 설화 자료를 수록한 것이다. 산이동설화는 이들 설화를 유형별로 분류하여 정리한 『한국설화유형분류집』에서 '움직이고 멈추기'에 해당되는 것으로, 더 구체적인 하위분류에서 보면 '521 지형 변하고 자취 남기'와 '523 거인 움직이고 자취 남기'에 속해 있다. '지형 변하고 자취 남기'에서는 '521-1 이동하다가 말 듣고 멈춘 산'에 46편, '521-2 떠오르다가 부정한 일 일어나 멈춘 섬' 10편, '521-3 이동하다가 스스로 멈춘 바위' 28편, '521-4 제자리를 찾아 멈춘 바위' 4편 등의 산이동설화가 있으며, '거인 움직이고 자취남기'에는 '523-1 여성거인이 만든 지형' 28편 중 20편이, 그리고 '523-2 거인(장수)이 만든 지형'에서는 21편 중 9편이 산이동설화에 해당된다고 할 수 있다. 이외에 산이동설화 형태지만 이들 분류에서 제외되어 있는 것은 『대계』5-3의 「숫마이산과 암마이산과 너도마이산」, 『대계』8-8의 「오대끝」과 『대계』8-12의 「온산면 의논암」 등 세 편이다. 따라서 마)에는 복수로 분류된 3편을 제외하면 117편의 산이동설화가 수록되어 있다고 할 수 있다. 한편 이것을 지역별로 정리하면 서울 경기

12편, 강원 7편, 충북 2편, 충남 2편, 전북 5편, 전남 5편, 경북 23편, 경남 58편, 제주 2편 등이다.9) 경남 지역의 전승이 특히 강하게 나타남을 알 수 있는데, 그 까닭은 명확하지 않다.

바)에는 경상남북도 지역의 3편의 산이동설화가 수록되어 있다.

사)는 북한 지역을 포함하여 전국적으로 많은 설화가 채록되어 있어 산이동설화 자료도 적지 않게 찾아볼 수 있다. 지역별로 채록된 편수를 정리하면 평북 6편, 평남 2편, 함남 1편, 강원 2편, 서울 경기 6편, 충북 2편, 전북 8편, 전남 3편, 제주 3편, 경남 6편, 경북 5편 등으로, 총 44편의 산이동설화가 전국적으로 고른 분포를 보이며 채록되어 있다.10)

아)는 경남 거창지역의 설화만을 싣고 있는 자료로, 여기에 7편의 산이동설화가 수록되어 있다.

이상의 자료 검토를 통해 알 수 있었던 바를 정리하면 다음과 같다.

첫째, 산이동설화의 자료는 전국적으로 고르게 채록되고 있다는 점이다. 비록 마)의 자료에서 보면 경상남북도 지역이 여타의 지역보다 채록편수가 월등히 많지만, 여타 지역에서도 고른 분포를 보이며 적지 않은 자료가 채록되고 있어 경남, 북 지역을 중심으로 전승된다고 보기는 어렵다.11) 또한 마)와 사)의 자료에서 볼 때 함경남북도와 충청남북도는 채록편수가 없거나 적게 나타나는데, 이것은 이들 지역의 전체 채록편수가 여타 지역보다 상대적으로 적다는 것도 중요한 요인으로 작용했으리라 생각된다.

---

9) 필자는 이미 「산이동설화」의 자료목록을 정리해 제시한 바 있었다. (권태효, 같은 글, 244~249면.) 그런데 『대계』의 자료 중 『대계』2-4 (강원 속초, 양양) 의 "계조암과 울산암"이 중복되어 있고, 『대계』7-17 (경북 예천)의 "마고할미가 만든 가마바위"는 산이동설화가 아닌 자료를 포함시킨 것이기에 수정한다.

10) 임석재전집6 (충남,북편)의 "보문산"은 산이동설화 형태이나 자료목록 정리(권태효, 같은 글)에서 누락되어 한 편이 추가되었다.

11) 최래옥의 前揭論文에서는 35편의 대상자료 중 19편이 전북 지역의 자료로 나타나고 있어 마)의 자료 실상과는 차이가 있다. 또한 김의숙의 前揭論文에서도 강원도의 자료만 27편이 검토되고 있음을 볼 때 산이동설화가 특정지역을 중심으로 전승된다고 보기는 어렵다.

둘째, 산이동설화의 자료를 검토하여 볼 때 지역적으로 뚜렷이 구분될 만한 특징은 나타나지 않고 있다. 산이동설화는 산이동과 산멈춤, 산세다툼 등의 구성요소가 결합된 양상을 보이는데, 이들 세부적인 모습 또한 지역적인 큰 편차를 보이지 않는다. 다만 전북 진안의 마이산은 이동하는 설화와 함께 자란다는 형태로 나타나는 것이 많이 있어 이 지역의 특징적인 면모로 지적할 수 있을 것이다. 그리고 이외에는 내륙지방에서는 산이동이, 도서지방에서는 섬이동으로 나타나는 것이 지역적 차이라 할 수 있겠지만, 이는 설화 환경에 맞춰 산과 섬이 설정되었을 뿐이지 지역적 특징이라 할 수는 없다.

셋째, 산이동설화는 산이 어디에서 어떻게 옮겨왔는지를 전하는 산이동과 여인의 말에 의해 산이 멈추고 그 결과가 어떻게 되었는지를 전하는 산멈춤, 그리고 원래 산이 있던 곳과의 산세다툼 등 세 가지로 구성되어 있음을 알 수 있다. 이 중 산이동은 거인에 의한 이동으로 나타나는 자료가 많기에 거인설화와 관련지어 특히 주목되는 부분이다.

(2) 산이동설화의 구성과 형태

산이동설화는 산이동과 산멈춤, 산세다툼 등 세 가지 구성요소로 이루어졌다고 할 수 있다. 조석래는 산이동설화를 섬이동모티브, 여자언동모티브, 제사모티브, 발전저해모티브, 세금모티브 등 다섯 가지 모티프로 나누어 살펴보고 있지만[12] 여자언동과 제사, 발전저해 등은 산이 멈추는 과정과 그 결과로 나타나는 것이기에 산멈춤에 포함시키는 것이 마땅하다. 그러면 이들 구성요소가 어떤 양상을 띠며 어떤 성격을 지니는지를 살펴보도록 하겠다.

A. 산이동

산이 어디에서 어떻게 옮겨왔는지를 전하는 부분으로 산이동설화의 가장 핵심적인 요소라 할 수 있다. 따라서 이것만으로 설화를 완결짓는 자

---

12) 조석래, 같은 글.

료도 적지 않다. 이런 산이동은 산이 스스로 걸어가는 모습을 취하기도 하고, 홍수에 의해 떠내려왔다든가 거인장수가 메고 왔다고 하는 등 다양한 모습으로 나타난다. 또한 여러 개의 산이 동시에 이동하는 형태를 취하기도 하고, 바람에 날려왔다든가 학이 산을 들고 옮겨오기도 한다.

그런데 이러한 산이동은 거인설화와 직접적인 관련이 있는 부분이라 주목된다. 거인장수나 여성거인이 직접 산이나 바위를 옮기는 자료가 많기에 그렇기도 하지만 산이 옮겨지는 그 자체가 근본적으로 태초에 이 세상이 형성되는 창조신화적 성격을 지녔기 때문이다. 뿐만 아니라 뒤에서 상술하겠지만 산이 스스로 걸어온다거나 떠오는 것이 거인에 의해 옮겨지는 것의 후대적 변이양상임을 염두에 둔다면 본질적으로 산이동은 거인에 의한 것으로 태초에 산천이 거인신격에 의해 형성되는 과정이 이야기되고 있는 것이다.

한편 산이동설화에서는 이외에도 산이 저절로 솟아난다거나 산이 자라는 형태의 설화도 찾아볼 수 있는데, 이도 동일한 성격의 것으로 이 점에 대해서는 뒤에서 구체적으로 밝히도록 하겠다.

B. 산멈춤

산은 이동하다가 대체로 목적지에 이르지 못하고 멈추게 되는데, 이처럼 산이 멈추게 되는 까닭을 이야기하는 부분이 산멈춤이라 할 수 있다. 이런 산멈춤은 서답하는 여인을 비롯하여 물 길어오는 여인, 밥 짓는 여인, 소변보는 여인 등의 산이 걸어온다는 말에 의해 멈추는 것으로 나타나는 것이 일반적이다. 하지만 여인의 말이 아닌 부지깽이나 밥주걱과 같은 기구로 밀어서 산이나 섬을 멈추게 하는 경우도 있어, 산을 멈추게 하는 여인이 여성거인의 변모된 모습일 가능성을 짐작하게 한다.

한편 이렇게 멈추게 된 산에 대한 인식은 두 가지 상반된 양상으로 나타나고 있어 흥미롭다. 하나는 이런 산에 대해 신성시하면서 祭를 올리는 것이고,13) 다른 하나는 이런 이동한 산이 잘못 멈췄기 때문에 서울이 되

---

13) 이동한 산이나 섬이 신성하게 인식되어 그 산에 기우제를 지낸다든가(임석재전집7

지 못했다든가 좋은 땅이 되지 못했다고 인식하는 것이다. 그러면 이러한 산이동에 대한 상반된 인식은 무엇에 기인하는 것일까? 이들은 분명 동일한 형태의 설화에서 산이 멈추는 다음에 나타나는 상황이고 인식이라는 점에서 서로 별개의 것이 아님은 분명하다.

우선 산이 신성시되는 경우를 보면, 이미 앞에서 언급하였듯이 산의 이동이 거인에 의한 행위라면 이러한 신성시는 거인신 숭배의 한 단면일 가능성이 있다.14) 「창세가」에서 보면 이 세상을 창조하는 주체인 미륵은 거인신격이다. 미륵이 구체적으로 산을 만들거나 옮겨놓지는 않지만 하늘과 땅을 벌리고 네 모퉁이에 구리기둥을 박는 작업은 거인에 의한 산천 형성 이전의 천지분리인 것이다. 이렇듯 미륵은 거인신격이면서 창세신이다. 이런 거인의 면모를 지닌 창세신에 대해서는 일정한 제차가 있었을 것이나15), 거인신격의 신성성이 점점 사라지면서 이처럼 부분적으로 마을같은 곳에서 숭배되는 형태로 그 흔적을 남기는 것이 아닌가 추정된다는 것이다.

다음으로 산이 멈춘 것에 대한 부정적 인식이다. 이는 엄밀하게 말하면 산이 자리를 잘못 잡았다는데 대한 안타까움이며, 때문에 산을 멈추게

(전북편Ⅰ), 『한국구전설화』, 평민사, 1990. 30면.) 묘를 쓰지 못하게 한다든가 (『대계』1-7 (경기 강화), 정문연, 284~285면.) 교회를 짓는 것이 문제가 된다든가 하는 자료(임석재전집6 (충남,북편), 『한국구전설화』, 평민사, 209~210면.)들이 흔히 있다. 또 섬이 떠오는 것을 밀어냈더니 고기가 잡히지 않아 그 섬에 당집을 짓고 제를 올리자 고기가 잘 잡히게 되었다는 설화(임석재 전집9 (전남, 제주편), 『한국구전설화』, 평민사, 1992. 19~20면.)도 있으며, 이동해 온 바위가 서낭신으로 모셔지기도 한다. (유증선, 『영남의 전설』, 형설출판사, 1979. 255면.)

14) 조석래는 이것이 산악숭배 때문이라 했는데,(같은 글, 163면) 그렇다면 왜 산이동을 한 산이 숭배의 대상이 되어야 하는가를 설명해야 하지만 이 점은 전혀 밝히지 않고 있다. 바꾸어 말한다면 산악숭배의 대상이 된 산은 모두 산이동이 나타나는 설화인가를 생각해 볼 필요가 있다는 것이다.

15) 서대석은 거인신격인 미륵에 의한 천지개벽이 우리 본래 것으로 파악하면서, 오산의 시루말과 같은 창세신에 대한 제차가 본래 있었으나 점차 사라지고 제석신을 섬기는 제차에 얹히게 되었을 것이라 하고 있다. (서대석, "창세시조신화의 의미와 변이", 『구비문학』4집, 정문연, 1980.)

하는 말을 하는 여인에 대한 부정적 인식이라 할 수 있다. 이 점 또한 산을 이동하는 주체가 거인이었음을 염두에 둔다면, 거인신격의 성격 변모와 무관하지 않을 것으로 생각된다. 거인신격은 원래 창조신적 성격을 지닌 신격이었지만 점차 그 신성성이 의심되면서 巨根이나 大食 등 특정 부분의 거대함을 강조하는 형태로 희화화하는 모습을 취했던 것으로 보인다. 이는 거인신에 대한 신성성이 퇴화되면서 부정적인 방향으로 계승되고 있는 모습이라 할 수 있는데, 이런 부정적 인식은 거인신 숭배 다음에 있었던 신화 형태 예컨대 건국신화 같은 것과 경쟁하면서 의도적으로 비하된 결과일 가능성도 상정해 볼 수 있겠다. 이처럼 거인신격은 창조신 성격을 지녔음에도 긍정적이기보다는 부정적으로 인식되는 면이 강한데, 거인에 의한 산이동에 부정한 인식이 수반되는 것도 이와 같은 각도에서 해석될 수 있으리라고 본다. 아울러 이 문제는 산을 멈추는 여인에 대한 부정적 인식과 밀접한 관련이 있는데, 이 여인에 대한 부정적 인식에 대해서는 뒤에서 구체적으로 거론하도록 하겠다.

한편 거인이 이 세상을 만드는 과정이 나타난 것이 산이동이라면 이처럼 산의 이동을 멈추게 하는 산멈춤은 이런 창조신화적 성격을 와해시키는 과정으로서 한 단계가 아닌가 여겨진다. 자료에 따라서는 장수에 의해 산이 이동되다가 여인의 말에 의해 장군이 그 산을 버리는 경우도 있지만, 산멈춤이 있는 자료는 대체로 산이 스스로 걸어오다가 멈추거나 산이 떠내려오다가 멈추는 것으로 나타난다. 이처럼 스스로 이동하는 경우는 산을 멈추게 하는 여인이 설정되어야 하며, 그 여인의 역할도 중요하게 나타난다. 이것은 곧 산이 이동하여 새로운 지형을 형성하였다는 사실보다는 산이 왜 그 곳에 멈췄는지 그리고 그 결과가 어떻게 되었는지로 관심을 전환시키는 것이 된다.

이렇게 볼 때 산멈춤의 개입은 거인에 의한 이 세상의 산천형성이라는 인류의 보편적이고 본원적인 문제의식을 떠나서 그들의 삶의 터전이 되고 있는 산이라는 데에 초점을 맞추게 하는 것이다.

C. 산세다툼

산세다툼은 옮겨온 산에 대해 원래 자리잡고 있었던 고을에서 매년 산세를 받아갔는데, 한 아이의 기지로 더 이상 산세를 물지 않게 되었다는 내용이다. 이런 산세다툼은 산이동설화에서 두 가지 중요한 구실을 한다고 할 수 있다.

첫째는 산이동설화의 내용을 풍부하게 확장시킨다는 점이다. 산이동설화는 산이 이동하다 멈추었다는 단순한 story를 지녔다고 할 수 있는데, 여기서 산세다툼이라는 흥미로운 에피소드를16) 추가함으로써 설화내용을 풍부하게 하고 있는 것이다. 산세다툼은 흔히 산을 되가져가라고 하여 산세를 물지 않게 되는 일회적인 대결양상을 보이지만, 최상수가 채록한 「공주산」17)과 같은 자료는 산을 끌어갈테니 불탄 동앗줄 삼천발로 산을 묶어놓으라고 하는 새로운 난제를 부여하고 이를 해결하는 형태로 나타나고 있어 마을 간의 지혜 겨룸으로 발전되는 양상을 보이기도 한다. 즉 산세다툼이 산이동설화의 내용을 확장시키고 흥미를 부여하는 구실을 하고 있는 것이다 .

둘째는 산이동설화가 지닌 비현실성에 대해 진실성을 부여한다는 점이다. 거인이 산을 메고 왔다거나 산이 스스로 걸어왔다고 하는 것은 사실로 쉽게 용인하기 어려운 부분이다. 이야기를 듣는 청중들이 이에 대해 의문을 제기하기도 하고, 화자 스스로도 비현실적임을 인정하여 진실성에 의문을 갖기도 한다. 때문에 모두 허담이라는 말을 하면서 산이동설화를 들려준다든가18) "신빙성이 없는 이야기입니다마는"으로 마무리하기도 하며19), "참 거짓말 겉다"라고 하면서 이야기를 듣기도 한다.20) 따라서 산이동 부분을 극히 축소하여 "산이 어디에서 옮겨왔다고 한다"라고만 간

---

16) 짐빠산의 유래에 대한 조사자의 보고에서 보면 청중들이 이 산세다툼을 한참 웃으며 재미있게 듣고 있음을 밝히고 있다. (『대계』8-8 (경남 밀양), 정문연, 123~125면.)
17) 최상수, 『한국민간전설집』, 통문관, 1984. 69~70면.
18) 『대계』7-8 (경북 상주), 정문연, 688~689면.
19) 『대계』8-13 (경남 울산, 울주), 정문연, 451~452면.
20) 『대계』8-11 (경남 의령), 정문연, 591~592면.

략히 언급하면서 산세다툼을 설화의 중심에 두는 자료도 흔히 찾아볼 수 있다. 이러한 것은 곧 산이 이동해 왔다는데 대한 비현실성을 인정하는 것으로, 이런 산이동을 이야기하자면 자연히 진실성을 부여하는 것이 긴요한데, 산세다툼을 붙임으로써 그런 일이 실제 있었음을 입증하고자 하는 것이다. 그렇기에 산세다툼이 나타나는 자료를 보면 산이동 부분이 축소되고 산세다툼이 크게 확장되는 형태로 나타난다.

산이동설화는 이와 같이 산세다툼으로 진실성을 부여하면서 완성되는 모습을 취하고 있지만, 산세다툼이 산이동설화에서 본래부터 있었던 것으로는 보이지 않는다.21) 인간의 인지가 발달되면서 산이동설화의 비현실적인 면이 상대적으로 부각되고, 따라서 증거물에 대한 진실성을 부여하고자 후대에 추가된 것으로 보인다. 또한 설화내용을 풍부하게 하고자 흥미를 위해 덧붙여졌을 가능성도 아울러 고려할 수 있겠다.

이상 산이동설화의 구성요소를 살펴보았는데, 이들 구성요소들의 결합에 따라 산이동설화는 다음 몇 가지 형태의 자료존재양상을 보이고 있다.

　　가. 산이동
　　나. 산이동＋산멈춤
　　다. 산이동＋산세다툼, 산이동＋산멈춤＋산세다툼

가)는 이 산이 어디에서 어떻게 옮겨와 이 곳에 자리를 잡게 되었는가를 이야기하는 서너줄의 짧은 형식이 일반적이다. 이 형태는 산이동이 거인에 의해 이루어진다고 하는 것이 많은데, 거인이 산을 지고 가다가 또는 바위들을 몰고 가다가 두고 간 것이라 전한다. 그리고 산이 걸어왔다거나 떠내려온 것이라 하는 경우는 화자의 망각에 의해 산멈춤을 기억하지 못하는 것이 많다. 때문에 이런 산이동만으로 이야기가 종결되는 형태

---

21) 산세다툼 부분과 산이동 부분을 별개로 인식하면서 이야기하는 경우도 있다. (『대계』 2-5 (강원 속초, 양양), 정문연, 252~257면.) 한편 김의숙도 이런 산세다툼을 원래 형태에 첨부된 것이라 보면서, 민중이 고통받는 모습이 부각된 형태로 파악하고 있다. (김의숙, 같은 글, 426~428면).

는 거인에 의한 이동이 본래적인 것으로 보이며, 원래 독립적인 하나의 이야기가 아니라 창세 과정을 이야기하는 설화 중의 한 부분이 전승되다가 독립된 것이 아닌가 여겨진다.

나)에서는 주로 거인에 의한 산이동보다는 산이 스스로 이동하는 양상을 보이며, 산의 이동을 멈추게 하는 여인이 설정된다. 또한 이렇게 멈춘 결과에 대한 인식도 이야기되고 있기에, 전승자들의 의식이 많이 개입된 형태라 할 수 있다.

다)는 가) 또는 나)의 형태에 산세다툼이 추가된 모습을 보이는 것으로, 대부분 산세다툼이 확장되어 나타난다. 이런 산세다툼의 결합은 산이 옮겨왔는데 대한 진실성을 부여하고자, 그리고 흥미를 위해 덧붙여졌을 것임은 이미 지적한 바이다.

산이동설화의 이런 결합양상을 볼 때 거인에 의해 산이 이동했다는 가)가 원초적 형태였으나, 이것이 후대로 전승되면서 산이 저절로 이동하고 여성거인의 성격이 변모된 것으로 추정되는 서답하는 여인의 역할이 강조되어 확장되는 나)의 구성을 취하게 된 것으로 보인다. 하지만 산이 스스로 이동하는 점에 대한 의문 때문에 진실성과 흥미를 부여하고자 산의 이동과 멈춤이라는 본질적인 구성요소에 산세다툼을 추가하여 완결을 짓는 다)의 형태로 발전된 것이 아닌가 여겨진다. 이 점은 거인설화의 소멸과정과도 밀접한 관련을 지니기에 5장 2절에서 구체적인 자료를 예시하면서 다시 한 번 거론하도록 하겠다.

(3) 산이동설화에 나타난 거인설화적 성격

산이동설화는 산이 이동하는데 있어 거인에 의한 행위로 나타나는 자료들이 많다고 했다. 따라서 이 점이 거인설화에서 산이동설화로 변이되어 갔다고 볼 수 있는 근거가 되는데, 그럼에도 산이동설화에서 거인설화적 성격이 구체적으로 어떻게 나타나는지는 검토되어야 하리라고 본다. 단순히 산이동이라는 외형상의 유사성 때문에 이들의 관계를 변이되어 나간 형태로 파악하는 오류를 범할 수도 있기 때문이다.

그런데 실상 산이동설화의 자료들을 검토하다가 보면 거인설화에서 산이동설화로 변이되어 나갔을 것임을 입증할만한 근거가 적지 않다. 따라서 이 점을 명확히 명시할 필요가 있다.

첫째, 산이동이 거인에 의해 행해지는 작업으로 나타나는 자료들이 많다는 점이다. 거인이 산을 짐바로 메고 이동시키거나 여성거인이 산을 치마에 싸서 옮겨가는 모습의 자료들은 산이동설화에서 흔히 찾아볼 수 있는 양상이다.

　　임의산 저것도 옛날 천태산 마고할매가 창봉을 떠다 놨다 카는데, 임의산 여기서 뵐끼다.
　　임의산 절이 저기 있거든. 고 옛날 천태산 마고할매가 고 산을 갖다 떠다 놨다 카든데.
　　그래 마상(馬上)에 댕기다가 아 내려와 보이꺼네, 절 지을, 저거 그 임의산 절 거기 오래된 절이라 말이다. 그 쪼갠(작은) 암자라도 할 데가 없다 싶어서, 저 도봉산을 갖다, 산을 한 앞구량 쩌다가(옆구리에 끼고서) 고다 갖다 안차 놓고 그래 그 절로 지었다 카데. 그 임의산 절 지었다.22)

이처럼 거인에 의해 산이 이동되는 자료는 이 글의 대상자료가 되었던 189편 중 40여편이 넘었고, 학과 같은 우주적 동물에 의해 산이 옮겨지는 자료까지 합친다면 50여편에 이른다. 뿐만 아니라 서답하는 여인과 같은 여성의 기구에 의해 산이나 섬이 멈춰 자리를 잡는 자료도 기존 연구에서 여성거인설화로 파악되고 있는데,23) 이런 자료들까지 포함시켜 생각한다면 70여편 이상의 자료가 거인설화적 면모를 그대로 보여주는 것이 된다. 이처럼 산이동설화의 많은 자료가 거인설화적 면모를 보인다는 것은 산이동설화가 거인설화의 변이형이기 때문에 가능한 것으로 본다.

둘째, 산이동설화의 자료 중에는 거인설화와 겹쳐지는 양상을 보이는 자료가 적지 않다는 점이다. 이런 모습은 두 가지 각도에서 파악할 수 있다.

---

22) 『대계』8-9 (경남 김해), "임의산이 생긴 이야기", 정문연, 1130면.
23) 강진옥, "마고할미설화에 나타난 여성신 관념", 『한국민속학』25, 민속학회, 1993.

먼저 거인의 행위로 산이 이동하는 모습을 보이는 거인설화적 성격의
산이동설화에 여인의 말에 의해 산이 멈추는 과정이 덧붙여진다든가 산
세다툼이 첨부되는 형태의 자료들을 쉽게 찾아볼 수 있다는 점이다.

그래서 그기 밀양산 되기로 우애(어찌) 됐는고 하이, 그 경주서 산(山) 세
금을 이전에 받아 갔거덩. (조사자 : 왜 그랬던고요?) 그기 인자 경주 땡
(땅)이라고. (조사자 : 경주서?) 그래 인자 경주 땡이라고. 이전, 그 왜 경주
땡이고 하이, 예전에 마고할미, 늙은이라고 있었어. 마고할마이, 마고신선이
라 카는 마고, 마고늙은이가 그래 그 찜빠(멜빵)를 해가지고, 그래 그 산을
지고 넘어 왔다 카는 기라. (조사자 : 찜빠를 해가 내려오다가?) 그래 찜빠
를 해가지고 경주서 산을 짊어지고 이리 넘어 오다가, (조사자 : 어느 산을
넘어 오다가요?) 이리 건너 지내 내리가서 이리 이 저 석남재를 넘어서 오다
가, 그래 그게 고마 그게 오다가 찜바 끈이 터져 가마 그게 내뻐러 뿠다(던져
버렸다) 카는 기라. (일동 : 웃음) 그래, 그래 어 내뻐리 뿠는데, 그래서 경
주 사람이,
　"우리 산을 띠 가(떼다가) 너거(너희) 밀양 갖다 놔도 이거는 경주산이다,
경주산이다. 그 우리 산이다."
　그래 산 세금을 댔어, 예전에. 그런께 그 우애(어떻게) 그래 그런 세금을
이전에 여, 싹, 뭐, 깨꼼스럽게(깨끗이) 주는 모양이라 참말로 그길 짊어지
고 온 거는 아인데, 말은 그렇지.24)

이 자료는 거인에 의한 지형형성의 과정으로 나타나는 산이동이라 할
수 있는데, 이처럼 산세다툼이 붙어있는 것을 볼 수 있다. 이와 같이 거인
의 산이동에 산세다툼이 첨부되는 자료는 「짐빠산의 산세」,25) 「독산」,26)
「짐빠산의 유래」,27) 「거리 걸어온 독뫼산」28) 등이 있고, 거인이 산을 옮
기는 것을 서답하는 여성이 "산이 걸어간다"고 하여 그 자리에 두게 되었다

---

24) 『대계』8-8 (경남 밀양), 정문연, 523~524면.
25) 임석재전집10 (경남편Ⅰ), 『한국구전설화』, 평민사, 24면.
26) 임석재전집12 (경북편), 『한국구전설화』, 평민사, 22면.
27) 『대계』8-8 (경남 밀양), 정문연, 123~125면.
28) 『대계』8-13 (경남 울산, 울주), 정문연, 451~452면.

는 자료는 「백이산」29)과 「거문목 유래」30) 등과 같은 자료에서 찾아볼 수 있다.

이렇게 거인에 의한 산이동에 산멈춤이나 산세다툼이 결합되어 나타나는 것은 거인에 의한 산이동이 걸어오거나 떠오는 형태의 산이동과 동일하게 인식되었기 때문에 나타난 현상이라 보인다. 이처럼 양자가 동일하게 인식되고 있다는 사실은 설화의 채록과정을 살펴보더라도 알 수 있다. 즉 조사자가 산이 다른 곳에서 떠오는 이야기를 부탁하면 이런 거인이 산을 옮겨오는 이야기를 들려주는 것이다. 예컨대 「단장면 경주산의 유래」31)와 같은 자료에서는 조사자가 "산이 떠내려온 전설이 없느냐"고 묻자 산이 걸어온 것이 아니라 마고할미가 지고 가다가 떨어뜨린 것이라 하며 이 설화를 구술한다. 또한 「임의산이 생긴 이야기」도 제보자에게 산이 떠내려 와서 생겼다는 수류산이야기를 들려주니까 이런 여성거인에 의한 산이동을 생각해 냈다는 것으로 보아32) 거인에 의한 산이동과 산이 걸어오거나 떠오는 형태가 서로 다르지 않다고 인식되고 있음을 알 수 있는 것이다. 그리고 이외에도 거인에 의한 산이동에 산멈춤이나 산세다툼이 첨부된 자료가 한두 편에 국한되어 나타나는 현상이 아니라 다양하게 찾아진다는 점 또한 거인에 의한 산이동이 산이 걸어오거나 떠오는 것과 다르지 않다고 인식되었음을 뒷받침하는 것이 된다.

그런데 이렇게 양자가 동일하게 인식된다고 했을 때 거인이 산을 옮기는 형태가 더 고형임을 염두에 둔다면 산이동의 근원이 본래 거인의 행위에 있는 것이 아닌가 생각된다.

다음으로 거인설화와 산이동설화가 겹쳐지는 또 하나의 양상은 옮겨지는 동일한 대상의 지형물이 한 각편 속에서 또는 서로 다른 각편으로 거인에 의해 옮겨졌다고 전하지기도 하고 산이 스스로 이동하는 형태로 나타나기도 한다는 것이다. 다음의 「선돌」과 같은 자료는 마고할미라는 여

---

29) 임석재전집10 (경남편Ⅰ), 『한국구전설화』, 평민사, 22면.
30) 『대계』7-12 (경북 군위), 정문연, 42~43면.
31) 『대계』8-8 (경남 밀양), 정문연, 522면.
32) 『대계』8-9 (경남 김해), 정문연, 1130면.

성거인에 의해 돌이 옮겨졌다는 것과 돌이 스스로 걸어왔다고 하는 것이
함께 전승되고 있음을 잘 보여준다.

> 옛날, 하늘나라에 필요 없는 돌이 있어서 옥황상제가 이 돌을 인간 세상에
> 갖다 버리라고 명했다. 분부를 받은 옥황상제의 사자가 이 돌을 가지고 인간
> 세상에 내려와 이 돌을 어디다 버릴까 하고 망설이고 있던 중, 이 곳에서 아
> 주 아름다운 여인을 보고는 그 여인의 미모에 정신이 팔려서 그만 이 돌을
> 떨어뜨렸는데, 하늘의 사자가 이 돌을 거꾸로 떨어뜨리는 바람에 돌이 현재
> 와 같이 가분수의 모양으로 서 있게 되었다 한다.
> 다른 전설은 옛날, 이 부락의 어느 아낙네가 이른 새벽에 물을 긷기 위하
> 여 물동이를 이고 동구 앞의 우물로 나왔다. 아직 먼동이 트기 전의 이른 새
> 벽이라 어둠이 채 가시지 않아서 사방이 고요하고 적막하기만 했다. 종종걸
> 음으로 걸어가던 이 아낙네가 무심코 앞들을 바라보니 큰 물체 하나가 움직
> 이는 것이 보였다. 이른 새벽에 무엇이 저렇게 움직이는가 하고 유심히 살펴
> 보니 그것은 큰돌이었다. 깜짝 놀란 이 아낙은 이고 있던 물동이를 떨어뜨리
> 며 "돌, 돌, 돌 봐라 돌! 돌이 걸어다닌다!"하고 큰소리로 외쳤다. 그러자 이
> 돌은 움직이지 않고 그 자리에 우뚝 서 버렸는데, 이 소문이 동네에 퍼져서
> 이후에 이 부락의 이름을 선돌 부락이라 부르게 되었다 한다.[33]

이러한 양상은 울산으로부터 걸어왔다고 이야기되는 것이 일반적인 울
산바위에 대한 설화 각편에서도 찾아볼 수 있다. 「계조암과 울산암」[34]과
같은 자료를 보면 금강산 산신령의 명에 의해 거인 의덕장사가 울산바위
를 지고 가다가 금강산이 완성되었다는 소식에 울산바위를 그 자리에 두
었다고 한다. 이처럼 거인에 의한 이동과 스스로의 산이동이 함께 전승될
수 있었던 것은 전승집단들 사이에서 두 양상을 다르지 않다고 인식하고
있거나 그렇지 않으면 근원적으로 서로 밀접한 관련이 있어야 가능한 것
이다.

여성거인에 의해 큰 돌이 이동되었다는 것에서부터 돌이 걸어왔다고

---

33) 박종섭, "선돌", 『거창의 전설』, 문창사, 1991. 119면.
34) 『대계』2-4 (강원 속초, 양양), 정문연, 42~48면.

하는 형태로 변이되었다고는 단정지을 수 없지만, 거인에 의한 이동이었던 것에서 걸어오거나 떠오는 형태로 이동의 양상이 변모된 모습을 뚜렷하게 드러나는 자료들이 있음을 염두에 둔다면 거인에 의한 이동이 본래적이었던 것으로 보인다. 또한 돌이 걸어온다는 표현 자체도 돌이 저절로 걸어갈 수는 없는 것이기에 거인이 돌이나 산을 지고 이동하는 데서 거인의 존재에 대한 의구심 때문에 거인만이 생략된 채 의인화된 형태를 취한 것으로 판단된다.

셋째, 거인이 산을 이동시켰다는 형태에서 홍수에 의해 산이 떠오는 것으로 변이되었음이 분명히 확인되는 자료들이 있다는 점이다. 다음의 「서운마바위」와 같은 자료는 강물에 바위가 떠왔다고 하면서도, 증거물을 제시하는 끝부분에는 그 바위를 굴리고 가던 장수의 발자국이 남아있다고 한다.

> 영동군 황윤면 신흥리 서운마라는 디에, 큰 바우가 강물 가운데에 있는디 이 바우에 대해서 전해 내려오는 전설이 있다.
> 옛날에 어떤 집 메누리가 아침 일찍이 샘으로 물을 질르로 나갔었는디 그때 무심코 앞으 강물을 보니게 무신 고래등 같은 시커먼 것이 떠내려오고 있어서 깜짝 놀래서 정신없이 집이까지 뛰어와서 집채만한 귀신이 이리로 달려오고 있다고 큰소리로 고함쳤다. 사람들은 이 소리를 듣고 강가로 뛰어나가 봤다. 그랬드니 강 가운데에는 여태까지 없었떤 곱배집만한 큰 바우가 있었다.
> 이 바우는 公州에 가서 머물러서 公州가 百濟 서울이 되게 하려는 바우이었는디 그만 여자으 고함소리에 天機가 누설되어서 신흥리서 머물고 말았다는 것이다.
> <u>이 바우에 가 보면 바우에 큰 사람 발자국이 두 개가 있고 큰 가새자국도</u> <u>있다. 그 발자국이라는 것은 이 바우를 굴리고 가든 장수으 발자국이고 가새</u> <u>자국은 집게 자국이라고 사람들은 말하고 있다.</u>[35]

이처럼 강물서 큰바위가 떠내려왔다고 하면서도 이것을 굴리고 가던

---

35) 임석재전집6 (충남,북편), "서운마바위", 『한국구전설화』, 평민사, 22~23면.

장수의 발자국이 그 바위에 남아있다고 하는 것을 볼 수 있다. 이것은 본래 거인에 의한 이동이었던 설화 형태에서 바위가 물에 떠오는 형태로 변모되었기에 나타날 수 있는 현상인 것이다. 이렇게 변모되어야 했던 까닭은 거인에 의한 산이동을 전승자들이 비현실적으로 인식했기 때문이라 하겠다. 이 점은 뒤에서 구체적으로 언급하겠지만 「떠내려온 어양산」36) 과 같은 자료를 볼 때 확인된다. 이 자료에서는 거인장수가 어양산을 지고 왔다고 했다가 청중들이 거인의 행위라는데 대한 의문을 계속 제기하자 산이 떠내려왔다고 하는 것을 볼 수 있는 것이다.

이와 같이 거인에 의한 산이동에서 산이 떠오는 형태로 변모된 모습이 분명히 확인되는 자료들을 찾아볼 수 있다는 것은 산이동설화가 거인설화에 근원을 두고 있음을 확인시켜주는 것이 된다.

이상 세 가지 근거를 들어 산이동이 본래 거인의 행위에 의한 것이었으나 점차 산이 의인화되어 걸어왔다거나 홍수에 떠내려오는 모습으로 변모하게 되었다고 보았다. 산이동설화는 이처럼 거인설화적 관점에서 보아야 그것이 지닌 본질이 제대로 밝혀질 수 있는 것이다. 산이 걸어간다든가 물에 떠오는 것, 학이나 바람에 의해 날려오는 형태의 다양한 산이동이 거인설화에서 그 근원을 찾을 수 있다고 생각되며, 산이동의 이유나 산을 멈추게 하는 여인의 성격 및 전승집단의 산이동설화에 대한 인식 등도 거인설화와의 관련 속에서야 비로소 그 의미가 파악될 수 있다는 것이다. 따라서 거인설화적 관점에서 산이동설화가 지닌 본질적인 면에 접근해 보도록 하겠다.

(4) 거인설화적 관점에서 본 산이동설화의 본질

산이동설화의 구성요소인 산이동과 산멈춤, 산세다툼에서 중요한 문제가 되는 것은 어떤 것이며, 그것이 내포하고 있는 의미는 무엇인가? 이에 대한 답변은 다음 다섯 가지 의문을 제시하고 그 의문을 풀어가는 방향에서 접근하도록 하겠다.

---

36) 『대계』7-2 (경북 경주, 월성), 정문연, 1980. 57~58면.

가. 산은 과연 스스로 이동하는 것인가?
나. 산이 왜 이동하는가?
다. 산이 솟아나 점점 자라는 것은 어떤 의미가 있으며 산이동설화의 한
　　형태로 볼 수 있는가?
라. 산을 멈추게 하는 여인은 단순히 서답하는 여인에 불과한가?
마. 산이 이동한다는 점에 대한 전승자의 인식은 어떠한가?

　가)는 산이동설화의 많은 자료에서 산이동이 스스로가 아닌 거인에 의
해 이동하는 것으로 나타난다는 점에 기인하는 의문이다. 이동하는 산은
대체로 의인화되어 걸어간다고 표현된다. 우화로 분류되는 설화에서는
의인화가 흔히 보이지만 산이동설화의 산은 이런 의인화와는 성격이 달
라 보인다. 무엇보다도 의인화가 산의 이동 부분에 한정되어 있고, 그 부
분이 특히 의인화되어 나타날 필요성도 전혀 없다는 데서 그렇다. 그러면
왜 이처럼 산이 스스로 걸어간다고 하는가? 이는 앞에서 언급했듯이 거인
에 의해 산이 이동한다는 자료들에서 그 원인을 찾아볼 수 있으리라 본다.
　거인이 산을 이동하는 자료에서 보면 거인은 산을 짐바로 메고 가기도
하고, 여성거인의 경우는 치마에 싸서 옮기던 흙이 떨어져 산이 된다거나
회초리로 바위들을 몰고 가는 형태를 보인다. 그런데 이러한 거인의 설정
에 대해서는 적지 않은 의문이 있었던 것으로 보인다. 마)의 산이동에 대
한 화자의 인식에서 구체적으로 살피겠지만, 거인의 설정과 그 행위를 단
순히 허풍에 불과하고 비현실적이라 판단한다. 때문에 구술 도중 청중에
의해 거인의 산이동 부분에 대한 의문이 제기되기도 한다.37) 그러나 실
상 거인에 의한 산이동은 단순한 행위가 아니다. 산의 이동은 태초의 우
주만물창생의 한 과정으로 거인에 의해 이런 작업이 행해지는 것이다. 하
지만 이런 산이동의 본질이 사라지고 거인신격에 대한 신성성이 사라지
자 거인의 존재에 대한 회의를 가지면서 거인의 존재를 생략한 채 단순히
산이 저절로 이동하는 모습을 취한 것으로 보인다.

---

37) 산이 작지만 누가 그 짐바를 지겠는가 하며 청중이 직접적인 의문을 제기하는 자료도
　　찾아볼 수 있다. (『대계』7-2 (경북 경주, 월성), 정문연, 1980. 57면.)

　다음의 두 자료를 비교해 보면, 이들이 서로 다른 양상이 아니고 거인
의 모습만 생략된 형태임을 알 수 있다.

　　A. 궁매바위[38]
　순창읍내서 임실읍내로 가넌 도중에 넓은 들판이 있넌디 이 들판에넌 바우
가 수없이 늘비허니 많이 깔려 있다. 이 바우럴 궁매바우라고 헌다. 한자로
적으면 群岩이라고나 씰까.
　이 궁매바우넌 옛날에 어디선가 바우가 떼럴 지어서 걸어오넌디 그때 어떤
사람이 바우가 떼럴 져서 걸어오고 있잉게, 오메에 바우가 다 걸어오네 허고
소리지릉께 그만 그 자리에 주저앉고 말았다넌 것이다.

　　B. 산내면 계곡의 바위들[39]
　저 와, 저, 와, 저, 저, 저, 저, 가인 저에서, 저, 저, 저, 원뜰로 니러오며
저, 저, 용전까지 니러가며 저 돌 말이다, 돌 드문 드문 있거든. 안있나 와,
우 원뜰에 가마? (청중 : 큰바우) 큰바우 다문 다문 이래 니러오는 그거로 이
얘기하는데, 우리는 듣기로 인자 달리 안들었거던. 그 전 여자가, 안으로(여
자로서) 말이지, 아주 시(힘)이 좋은 말이지, 안, 장…
　(조사자 : 그 할머니 이름이 뭡니까?) (청중 : 그거는 모르지요.) (조사자
: 마고할매 아입니까?) 맞지그리. 그리 있는데, 그 뭐 할멈, 여자 마 하이꺼
네, 여자가 들어서 샘에 그 바위를 싸고 나가다가 니리가미시러, (조사자 :
어데 새매를요?) 응, 저, 저, 처매에 싸고 내려가다가 다문 다문 흩어졌다 카
는 설이 그래 나왔습니다.
　또 나는 듣기기로 이래 들었어. 저 진시황 말리성 쌀 때 이래 저 돌로 후차
나리 가다가 처진(남은)기라. 이래 또 들었어. (조사자 : 네, 네. 요바위가?)
야, 그 이 바우가. 전부 다 바우가 보믄(청중 : 대가리는 저 알로) 대가리, 대
가리가 저 알로(아래로)마 보고 있거던. 알로, 알로 보고 있는데. 그리 들었
어. (웃음) 글씨요.
　진시황 말리성 쌀 때 그 성 쌀라꼬, 만리성 쌀라고 허치갱이로(회초리를)
가지고 돌밍이로 후차 니러 가다가 마처진 돌이다. 이래 우리는 이래 들었어

---

38) 임석재전집7 (전북편Ⅰ), 『한국구전설화』, 평민사, 1990. 31면.
39) 『대계』8-8 (경남 밀양), 정문연, 651~652면.

요, 듣기기로.

A는 바위들이 의인화되어 떼를 지어 스스로 이동하는 모습을 취한다. 그런데 이런 모습은 여성거인이 성을 쌓는데 가져가기 위해 돌을 들고 가거나 치마에 싸서 가져가다가 성의 완성소식을 듣고 이동시키던 바위들을 그 자리에 두는 B의 형태와 다른 모습이 아니다. A와 B를 서로 비교해 볼 때 A는 본래 B처럼 여성거인이 성을 쌓는데 가져가기 위해 옮기던 바위였는데 여성거인의 존재가 생략된 채 산이동설화의 모습을 취하는 형태로 변모되었던 것으로 보인다. 이는 B에서 A로 진행될 수는 있어도 A에서 B로 진행될 수는 없기 때문이다. 즉 거인에 의한 산이동에서 지나치게 비현실적으로 여겨지는 거인의 존재를 탈락시킨 모습이 바로 산이 스스로 이동하는 형태로 의인화된 산이동설화라는 것이다. 이 점은 앞서 언급한 바와 같이 거인이 지고 왔다고 하면서도 한편으로는 떠내려왔다고 한다든가 걸어왔다고 하는 것에서도 알 수 있다.40) 이처럼 동일한 산에 대해 거인에 의한 이동과 산이 스스로 이동하는 각편이 함께 전해지는 것은 두 양상이 별개가 아님을 보여주는 것이라 하겠다.

이렇게 볼 때 산이동설화에서 산은 실상 스스로 이동하는 것이 아니라 거인에 의해 이동하는 것이며, 이것이 후대에 거인의 존재에 대한 의심과 함께 거인의 면모는 점차 사라지고 산이 의인화되면서 스스로 걸어가는 형태를 취하게 된 것이라 생각된다.

한편 산이동설화에서 산이 걸어왔다고 하는 것과 함께 일반적으로 나타나는 것이 산이 떠내려왔다고 하는 것이다. 이런 자료는 일단 거인에 의해 옮겨지는 산이동설화라고 볼 수는 없다. 여기에는 홍수로 산이나 섬이 떠내려왔다고 밝히는 경우가 많고 떠내려왔다는 표현 자체에서도 산

---

40) 『대계』7-12 (경북 군위)의 "거문목 유래"에서는 독산을 신인이 지고 가는 것을 빨래하는 여인이 산이 떠나간다고 하여 멈추게 하며 (『대계』7-12 (경북 군위), 정문연, 42~43면), "언양서 떠내려온 삼산"에서는 짐바로 산을 지고 왔다고 하면서 청중이 거드는 대목에서는 떠내려왔다고 한다(『대계』7-2(경북 경주, 월성), 정문연, 232면). 이외에도 이런 면모를 보여주는 자료는 적지 않다.

이동이 홍수에 의한 것임을 알게 한다. 그런데 이처럼 떠내려왔다는 자료
는 거의 대다수가 섬이라는 점을 염두에 둔다면 당연한 것이다. 하지만
한편으로 이 홍수는 단순하지 않다고 여겨진다. 산이동설화에서의 홍수
는 세상이 새로 시작되는 의미를 지닌 홍수이기 때문이다. 따라서 떠내려
온 섬이나 산이 대홍수설화와 관련이 있는지 생각해 볼 필요가 있다. 노
아의 방주와 같은 대홍수설화는 이 세상이 새로 시작되고 새 인류가 생겨
나는 것으로 우리나라에도 「남매혼설화」라든가 「나무도령과 홍수」 등의
설화가 있다. 그런데 대홍수설화는 그 초점이 특히 새 인류의 시작이라는
데에 초점이 맞춰져 있을 뿐 새로운 산천의 형성이나 지형의 변화는 전혀
찾아볼 수 없다. 때문에 대홍수설화와는 직접적인 관련이 없다고 보는 것
이 마땅하다. 그러면 산이동설화에 나타나는 홍수는 어떤 홍수인가? 여
기서 주목되는 것이 거인설화에서 소변과 같은 배설물로 새로운 지형을
형성하는 모티프가 중요하게 또 흔히 나타난다는 점이다.[41] 장길산과 같
은 거인은 배설로 산천을 형성시키고 홍수가 나게 한다.[42] 제주도의 설
문대할망은 오줌줄기의 힘으로 제주섬 한 귀퉁이를 동강나게 해 소섬이
라는 섬이 생겨나게 하기도 하고[43] 바다나 내를 만들기도 한다. 또한 「굿
질의 지명 유래」와 같은 설화에서는 여성거인의 소변으로 인해 산이 무너
지고 동네가 생겨났다고 한다.[44] 이들 설화에서 특히 눈여겨 볼 점은 거
인의 소변에 의해 홍수가 나고 그 홍수에 의해 섬과 같은 새로운 지형이
형성된다는 점이다. 이것은 산이동설화에서 산이나 섬이 떠내려오게 된
까닭을 설명하는 것과 무관하지 않다고 본다. 특히 산이동설화가 원래 거
인설화와 밀접한 관련이 있음을 염두에 둔다면 산이나 섬의 이동이 거인

---

41) 김영경은 거인설화를 외모중심형과 행위중심형으로 구분하고 그 하위유형으로 산천
　　형성형을 설정하고 있는데, 이 형태의 반수 정도가 배설물에 의한 지형 형성임을 볼
　　수 있다. (김영경, 같은 글, 10~14면) 또한 필자도 거인설화에서 배설물이 중요한
　　의미로 작용하고 있음을 밝힌 바 있다. (권태효, 같은 글.)
42) 한상수, 『한국인의 신화』, 문음사, 1986. 188~190면.
43) 한상수, 같은 책, 192면.
44) 『대계』8-8 (경남 밀양), 정문연, 125~126면.

의 배설물 때문임을 추정하기 어렵지 않다. 즉 산이동설화의 홍수는 단순한 홍수가 아닌 거인의 배설물에 따른 홍수일 가능성이 크다는 것이다. 때문에 이 홍수가 거인설화와 마찬가지로 산이나 섬의 이동에 따른 새로운 지형 형성이라는 의미를 갖게 하는 것이기도 하다.

한편 산이나 섬이 떠오는 자료의 경우 '떠온다'라고 하는 말에 주목할 필요가 있다. 이것은 비록 확신할 수는 없지만 '다른 곳으로부터 산이 떠온다'와 '거인이 다른 데 있는 산을 떠온다'는 말이 전승과정상 변이되어 나아갔을 가능성이 있다고 본다. 거인에 의한 산이동이었던 것에서 산이 물에 떠오는 것으로 변모되어 나타나는 자료에서도 확인할 수 있듯이, 거인이 산을 다른 곳으로부터 떠왔다는 이야기가 거인의 존재나 설정을 비현실적인 것으로 파악하면서 거인을 생략한 채 산이나 섬이 강물이나 홍수에 의해 떠왔다는 형태로 변모시켜 나갔을 가능성이 적지 않다는 것이다.

산이동설화에서는 이외에도 산이 날아와서 자리를 잡는 이동양상도 찾아볼 수 있다. 중국 또는 어떤 지역에서 날아오다가 서답하는 여인의 "산이 날아온다"는 말에 의해 그 곳에 주저앉았다는 것으로45) 이 또한 거인설화와 무관하지 않다. 「설문대할망설화」에서 보면 설문대할망이 빨래를 하는데 한라산이 너무 높아 불편해서 산꼭대기를 잡아당겨 던진 것이 날아가 山房山이 되었다고 한다.46) 이처럼 산이 날아가서 자리잡게 된 까닭이 거인설화에 비춰볼 때 잘 드러나고 있는 것이다.

이렇게 볼 때 산이동설화에서의 산이동은 스스로의 이동이기보다는 거인에 의한 이동이었음을 알 수 있다. 비록 거인의 존재가 설화에서 나타

---

45) "軍山"(임석재전집9 (전남, 제주편), 『한국구전설화』, 평민사, 201~202면), "竹林山"(임석재전집12 (경북편), 『한국구전설화』, 평민사, 1993. 21~22면), "칠곡리 바람산"(『대계』8-11 (경남 의령), 정문연, 30면), "날아온 산"(『대계』9-2 (제주 제주시) (경남 진주, 진양), 정문연, 32~33면), "거창산이 생긴 내력"(『대계』8-11 (경남 의령), 정문연, 91면) 등이 있다.
46) 임석재전집9 (전남, 제주편), 『한국구전설화』, 평민사, 1992. 202면. 현용준, 『제주도전설』, 서문당, 1976. 19~20면.

나고 있지 않다고 하더라도 그것은 실상 거인에 의한 이동이 후대로 전승되면서 탈락된 것에 불과한 것이다.

나)는 산이동설화에서 산이 이동하는 이유가 하나가 아닌 몇 가지 형태로 나타나기에 제기되는 의문이다. 산이동설화에서 보면 산이동의 이유가 나타나지 않는 자료도 있지만 많은 자료에서 그 이유가 설명되고 있다. 이 경우 산이동은 대체로 조물주가 금강산 또는 다른 절경을 만드는데 가기 위해, 진시왕이 만리장성을 쌓는데 가지 위해, 서울의 산이 되기 위해 등 세 가지 때문인 것으로 나타난다. 그러면 이런 세 가지 이유는 전혀 별개의 것인가? 결론부터 말하자면 이들은 서로 무관하지 않다고 판단된다. 이들은 모두 이 세상이 처음 시작되면서 산들이 생겨나는 과정을 설명하는 것으로47), 이처럼 다양한 양상으로 나타나는 것이다. 이들을 차례로 살피면서 그것이 지니는 본래적 의미에 접근하도록 하겠다.

먼저 서울의 산이 되기 위해 이동하는 자료부터 살펴보기로 한다. 이들 자료에서 무엇보다도 주목되는 점은 여기에서의 서울이 기존에 있던 서울이 아니라 새로 시작되는 서울이라는 점이다. 이것이 시사하는 바는 단순하지 않다. 비록 새로 시작되는 것은 서울로 나타나지만, 이것은 곧 새로운 세상의 시작이며 새로운 질서를 세우는 것으로 태초의 창세의 모습에 대응되는 것이다.

그리고 산의 이동은 새로운 창조의 과정에 동참하는 것으로 창조주가 산을 형성하는 모습에 다름아닌 것이다. 그러면 왜 서울이라는 외피를 쓴 모습으로 나타나는 것인가? 이것은 이들 자료에서 나타나는 산이동이 거인에 의한 이동이 드물고 대부분 산이 스스로 이동하는 형태를 취하고 있다는 점과 무관하지 않다고 본다. 이는 스스로 산이 이동하는 것이 거인에 의한 산이동보다 후대적 양상인 것으로 보아 태초에 산이 형성되는 모습이 사라지고 좀더 현실화를 꾀하면서 산이 이동하는 목적이 새로운 서울의 형성에 참여하기 위한 것으로 전환되었다고 여겨진다.

---

47) 화자가 시간적 배경을 밝히는 산이동설화의 경우는 대체로 천지개벽시라고 언급하고 있다.

이 부류에 속하는 자료는 서울의 산이 되고자 한다는 목적 때문에 산이 이동한다고 서두에 밝히는 경우가 많지만, 그래도 대다수의 자료는 여인에 의해 이동하던 산이 멈추자 이것에 대한 부정한 인식을 언급하면서 산이 제대로 섰으면 이 곳이 서울이 됐을 것이라고 한다. 이것은 물론 새로운 서울이 형성되는 과정임을 암시하는 것이며, 서울이 되지 못해 아쉬워하고 있는 것은 그 이야기를 전승하는 집단의 의식이 반영된 것으로 청자들이 창세에 관심을 두는 것이 아니라 그들의 현실과 밀접한 공간이라는 점에서 서울의 시작을 설정한 것으로 본다.[48] 즉 서울은 산이동설화가 전승되면서 전승집단의 의식에 맞게 현실적으로 변모된 것에 불과한 것이다.

다음으로 만리장성을 쌓는데 가기 위해 이동하는 자료로 이들 자료에서 특징적인 점은 첫째 산의 이동보다는 큰 바위들이 무리를 지어 이동하는 것으로 나타난다는 점이고, 둘째 스스로 이동하는 것이 없고 여성거인에 의해 이동된다는 점이다. 여기서 우선 산이 아닌 바위들의 이동이라는 점에 주목할 필요가 있다. 이것이 바로 이동의 목적을 만리장성을 쌓는데 가기 위한 것이라고 설정하는데 있어 결정적인 요소가 된 것으로 보인다. 비록 바위가 크더라도 이것이 서울이 되는데 참여하기 위해 이동한다면 설득력이 없다. 물론 조물주가 절경을 아름답게 만들기 위해 거인을 시켜 바위들을 옮겨오는 경우도 많지만 그것은 주변 경치가 아름답고 옮겨온 바위가 잘 조화를 이룰 때나 가능한 것이다. 하지만 여기에 해당되는 자료를 살펴보면 이런 바위들이 넓은 들판이나 산중턱에 조화롭지 못하게 자리잡은 양상을 볼 수 있다.

이런 바위들의 이동을 전하기 위해서는 바위가 이동할만한 이유가 있어야 하는데 가장 비근한 예로 만리장성을 끌어온 것으로 보인다. 진시왕은 중국을 최초로 통일한 인물로 누구나 다 아는 전설적 인물이고 만리장성 또한 그 웅대함이 널리 알려져 온 터이다. 그리고 그 쌓은 시기도 중

---

48) 강원도에서는 산이동설화의 이동사유가 대체로 그 지역에 있는 금강산의 일원이 되기
　　위한 것으로 나타나는 것을 보아서도 알 수 있다.(김의숙, 같은 글, 421면)

국 진나라 시대인 BC 3세기경으로 막연히 아주 오래 되었다고 인식된다. 또한 바위들을 이동시키는 여성거인이 중국의 신으로 알려진 마고할미라는 점도 만리장성의 설정과 전혀 무관하지는 않으리라고 본다.

그렇다면 만리장성을 쌓는데 가기 위한 것이라고 해서 실제로 이 시기를 시간적 배경으로 삼은 것인가? 그렇지는 않다고 본다. 세상의 시작을 바위들의 이동이라는 설화 환경에 맞춰 막연히 만리장성을 쌓을 때라고 한 것으로 보인다. 이것은 이런 이동이 여성거인에 의한 것으로 나타난 점에서도 알 수 있다. 여성거인은 조물주의 명을 받아 이 세상의 창조를 돕고 산천을 형성하는 인물이다. 이런 인물이 바위들을 몰고 가는 것은 만리장성을 쌓기 위한 것이 아니라 창세의 한 과정으로 하는 행위인 것이다. 만리장성은 단지 바위들의 이동이라는 것을 합리화시키기 위해 끌어온 것에 불과한 것이다.

마지막으로 조물주의 명에 의해 산이 이동되는 경우로 이들 자료가 가장 원초적이고 본질적으로 보인다. 여기서의 산이동은 천지개벽 시에 세상을 만드는 한 과정으로 나타나기 때문이다. 이런 창세의 과정으로서의 산이동은 두 가지 형태로 나타난다. 즉 조물주가 직접 등장하여 또는 창조주의 성격을 지닌 거인이 산을 이동시키는 형태와 조물주의 명에 따라 거인이 옮겨오거나 산이 스스로 움직이는 형태로 나타나는 것이다. 그런데 이런 양상은 이 세상의 땅덩어리가 처음 생기는 우주기원신화의 형식에도 그대로 부합되는 것이다.

大林太良은 우주기원신화를 창조형과 진화형으로 나누면서 창조형에는 창조신 단독으로 세상을 창조하는 형식과 副神의 협력을 받아 창조하는 형식이 있다고 한다.49) 우리의 조물주에 의한 산이동설화는 그의 분류에 따른다면 창조형에 해당되는 것으로, 형태적인 면에서 동일함을 알 수 있다. 산이동설화가 비록 이 세상이 처음 형성되는 모습으로 나타나는 것은 아니지만 지형이 자리잡는 과정을 보여주는 것이기에 우주기원을 이야기하는 것이라 하겠으며, 따라서 세계의 우주기원신화 형태에 부합되는 면

---

49) 大林太良 (권태효 外 譯), 『신화학입문』, 새문사, 1996. 71면.

모를 보이는 것은 오히려 당연하다고 하겠다.

한편 이런 산이동설화에서 산이동이 태초의 원초적인 산천형성의 과정임을 알게 하는 점은 다양하게 찾아진다. 먼저 산이 복수로 이동하는 자료를 흔히 볼 수 있는데 이것은 천지개벽 시에 산들이 처음 형성되는 모습을 보여준다. 태초에 산과 강 또는 바다는 거인이 무엇을 찾고자 하여 땅을 파헤쳐 생기거나 거인의 배설물로 형성되는 것이 일반적이다.50) 물론 이 때의 산천은 복수로 형성된다. 비록 산이동설화에서는 복수로 산이 이동하는 경우 대체로 의인화되면서 스스로 이동하는 것으로 나타나지만 그렇다고 해서 산천이 처음 생겨나던 그 본질이 변화된 것은 아니다.

다음으로는 학에 의해 산이 이동되는 자료를 들 수 있는데 이는 거대한 동물에 의해 천체현상이나 천재지변이 생겨나게 되는 것과 다르지 않다.51) 일식과 월식이 불개에 의해 생겨나게 되었다든가52) 밀물과 썰물, 해일 등이 바다 속 큰 가오리에 의해 생기게 되었다고53) 전하는 설화들은 세상의 이러한 원초적 자연현상이 다름 아닌 거대한 동물에 의해 일어난다는 것이기에, 학에 의한 산이동 또한 이들 설화를 염두에 둔다면 거대한 동물에 의한 태초의 산천형성 과정에서 나타나는 것임을 추정케 한다.

다)는 산이 이동하는 것이 아니라 점점 자라난다는 점에서 특이한 형태라 할 수 있다. 이런 산이 자라면서 생성되는 모습을 보여주는 자료는 산이동설화의 원초성과 관련하여 특히 주목되는 자료로 판단된다.

---

50) 거창의 「시바우 유래」에서 보면 마구할미는 냇물을 건너다 가락지를 떨어뜨려 그것을 찾기 위해 주변을 주물러 마을의 산의 모양을 만드는데, 이런 여성거인에 의해 산이동이 아울러 나타난다는 점도 주목할만 하다. (박종섭, 『거창의 전설』, 문창사, 1991. 259~260면)

51) 학에 의해 산이 이동하는 설화는 임석재전집3 , 『한국구전설화』, 평민사, 12~15면 사이에 세 편의 설화가 채록되어 있다. 이외에도 동해에 떠있는 5개의 산 중 2개의 산을 큰 자라가 업고 바다 속으로 들어갔다든가 (『금강산의 역사와 문화』, 사회과학원역사연구소, 1984. 180면), 여성거인과 고양이가 함께 큰 바위들을 옮겨가는 자료도 찾아볼 수 있다.(유증선, 『영남의 전설』, 형설출판사, 1979. 252~253면)

52) 임석재전집7 (전북편Ⅰ), 『한국구전설화』, 평민사, 1990. 138~139면.

53) 손진태, 『조선의 민화』, 岩崎美術社(동경), 1959. 18면.

마이산을 비롯한 여러 산들은 어디에서 이동해 오는 것이 아니라 땅으로부터 처음 솟아나 점점 자라나서 형성되는 모습을 보여준다. 이들 자료에서는 일반적으로 산의 형성이 복수로 이루어지고 여타의 산이동설화보다 의인화가 특히 강하게 나타난다. 복수로 산이 형성된다는 것은 태초에 이 세상의 산이 형성되는 모습이라는 점에서 그것의 원초성을 보여주는 것이며, 의인화가 강하게 나타나는 것은 이에 대한 설명이 그나마 의인화됨으로써 비현실적 면모를 상쇄할 수 있기 때문으로 보인다. 또한 이런 산 형성은 알타이의 우주기원신화에 비춰볼 때 창조신의 우주창조 과정에 나타나는 성장하는 흙(息壤)의 모습에 그대로 대응하고 있어 주목된다. 우선 알타이지방의 달단(Tatar)족 신화를 예시한다.

태초에는 이 세상이 물바다였다. 그 위를 하느님 울건(Ulgen)과 첫사람 얼릭(Erlik)이 두 마리의 검은 기러기 형상으로 날아다녔다. 그러다가 울건이 땅을 만들려고 바다 위에 내려 앉았다. 그러나 땅을 만들 길이 막막해서 일을 시작도 하지 못하고 있는데, 얼릭이 내려와 앉았다. 울건이 물었다.
"너는 왜 왔느냐?"
"땅을 만들려고 왔습니다."
"나도 만들지 못해서 이러고 있는데, 네가 어떻게 땅을 만들겠느냐?"
"땅을 만들 재료를 가져올 수 있습니다."
"그러면 가져오너라"
그러자 얼릭이 바다 밑으로 들어가서 흙을 입에다 물고 나왔다. 울건이 그 흙을 받아서 바다 위에 놓고, "땅이 되어라."하고 말하니 흙덩이가 점점 커져서 땅이 되었다.
얼릭은 입 안에 흙을 조금 남겨두고 있었는데, 그 흙이 점점 커져 얼릭은 숨이 막힐 정도여서 침과 함께 뱉어냈다. 그것이 변해서 여기저기 있는 호수와 늪이 되었다.54)

---

54) 박시인, 『알타이신화』, 청노루, 1994. 357면. 이 책에서는 이와 비슷한 신화가 부근의 중앙아시아와 시베리아에 널리 퍼져 있다고 하면서 다섯 편의 예화를 더 소개하고 있다.

大林太良은 이처럼 한 줌의 흙이나 잠수자의 손톱에 낀 한 조각의 흙이 대지가 된다고 하여 潛水모티프라고 하면서, 동유럽에서 시베리아, 내륙아시아를 건너 동남아시아와 인도 그리고 베링해협을 넘어 북미에 이르기까지 널리 분포되어 있다고 한다. 그리고 일본에도 국토창생신화에서 비슷한 부분이 있으며, 중국의 『山海經』 중 "海內經"에 있는 홍수설화에서 鯀이 天帝의 땅에서 성장하는 흙인 息壤을 훔쳐 홍수를 막은 것도 같은 형태의 것으로 보고 있다.55)

우리의 설화에도 이런 양상을 잘 보여주는 자료들이 있다. 마이산이나 「구봉산」56)은 땅이 솟아올라 점점 자라서 산이 된다. 「寶文山」이나 「食藏山」은 위에서 예로 든 달단족의 신화에 더욱 가깝다. 보문산은 왕이 개구리가 물고 있는 접시를 가져다 흙을 놓았더니 그 흙이 커져 산이 되었다고 하며,57) 식장산은 땅에서 파낸 식기가 흙이나 쌀을 가득 차게 하는데 이것을 다시 땅에 묻었더니 산이 되었다고 한다.58)

우리의 이런 설화는 비록 태초에 이 세상의 대지가 생겨나는 것과는 거리가 있는 것으로 나타나지만 아주 중요한 점을 시사하고 있다. 많은 지역에서 흙이 성장하여 이 세상의 대지가 생성되었다고 하는 우주기원신화가 있음을 비춰볼 때, 이들 설화가 이처럼 변모된 모습으로 나타나기는 하지만 원래는 이 세상이 만들어지는 과정을 설명하는 신화의 한 형태였을 것이라는 점이다. 한편 달단족의 신화는 우리의 산이동설화와 관련지어 볼 때도 주목할만한 점이 있다. 창조주인 울건과 협조자인 얼릭의 존재가 산이동설화의 조물주와 그의 명을 받아 산을 이동시켜 지형을 형성하는 거인에 그대로 대응하고 있다는 점이다. 창조신이 협력자와 함께 이 세상을 창조하는 것은 우주기원신화의 중요한 형태의 하나이다.59)

한편 이렇게 산이 성장하는 모습을 보여주는 설화가 산이 이동하는 모

---

55) 大林太良 (권태효 外 譯), 같은 책, 74면.
56) 유증선, 『영남의 전설』, 형설출판사, 1979. 437면.
57) 임석재전집6 (충남,북편), 『한국구전설화』, 평민사, 1993. 206면.
58) 임석재전집6 (충남, 북편), 『한국구전설화』, 평민사, 1993. 207면.
59) 大林太良 (권태효 外 譯), 같은 책, 71면.

습을 보여주는 산이동설화와 동일한 형태의 것으로 볼 수 있는가? 산의 형성이 다른 곳으로부터 옮겨와서 생기는 것과 그 자리에서 솟아나는 것은 분명 차이가 있다. 그럼에도 이들 설화를 서로 비교해보면 별개가 아님을 파악할 수 있다. 먼저 그 곳에 산이 새로이 생성된다는 점이 그렇고, 산의 성장을 멎게 하는 여인이 설정되며 그 여인의 말에 의해 부정을 타서 산의 성장이 멈춘다는 점도 일치한다.

또한 산이 그렇게 성장하는 이유도 서울의 산이 되기 위해서라고 하고 있어 산이동설화와 다르지 않다. 단지 산이 성장하여 형성된다는 것과 이동하여 형성된다는 것으로 달리 나타날 뿐이다. 그리고 성장하는 산의 대표적인 자료인 마이산을 보면 자라는 것이 아닌 걸어오다 멈추는 것으로 나타나기도 한다.60) 이것은 산이 성장하는 설화를 전승하는 전승자들이 산이동설화와 동일한 것으로 인식하면서 전승하고 있음을 알게 하는 것이다.

라)는 산이동설화에서 공통적으로 나타나는 산의 이동을 멈추게 하는 여인의 성격에 대한 문제이다. 그런 행위를 하는 여인은 보통 서답하는 여인으로 나타나지만 밥짓는 여인이나 물 길어오는 여인, 임신한 여인, 소변보는 여인 등 다양한 모습을 띠기도 한다. 이런 여인은 표면적으로는 평범한 여인인듯 하지만 산이동의 주체가 된다거나 산이동을 멈추게 한다는 그 본질을 염두에 둔다면 그 의미가 특히 중요하다.

산이동설화에서 이런 산이동을 멈추게 하는 여인의 성격은 크게 두 가지 점에서 접근할 수 있다고 본다. 하나는 그 여인이 창조신적 성격을 지닌 여성거인이라는 점에서이고, 다른 하나는 조물주의 창조 행위가 완성되었음을 전해주는 단순한 전달자일 가능성이다.

먼저 서답하는 여인의 거인적 성격부터 검토하기로 하겠다. 산이동설화에서 산이동의 멈춤은 대부분 서답하는 여인의 "산이 걸어간다"는 말에 의해 멈추는 것으로 나타난다. 그러나 적지 않은 각편에서는 서답하는 여인이 빨래방망이로 떠오는 섬을 밀어 멈추게 한다거나 부지깽이, 밥주걱

---

60) 『대계』5-2 (전북 전주, 완주), 정문연, 81~83면.

등으로 두드려 멈추게 하는 것으로 나타난다. 이들 자료에서 여인은 표면적으로는 일상적이고 평범한 모습을 보이고 있지만 이처럼 기구를 이용해 산이나 섬을 멈추게 하는 그 행위는 분명 거인적 면모라 할 수 있다.

비록 거인에 의한 이동이 나타나지는 않지만 산이나 섬을 고정시키는 이러한 작업은 거인이라야 가능하며, 여성거인이 산이나 바위를 지거나 몰고 가서 지형을 형성하는 것에 대응하는 것이다. 단지 여성거인의 모습이 사라지고 서답하는 여인과 같은 일상사에서 흔히 대할 수 있는 평범한 여인으로 대체되고 있는 것이다. 이는 앞서 살핀 바와 같이 거인의 존재에 대해 회의를 가져 산이동설화를 현실적인 방향으로 변모시키고 있음을 염두에 둘 때 여성거인의 존재가 후대에 이처럼 평범한 여인의 모습으로 변이된 것으로 보인다.

특히 여성거인이 회초리와 같은 기구로 바위들을 몰고 가다 멈추게 되는 설화 각편61)들을 흔히 볼 수 있는데, 이동시키는 것과 멈추게 하는 차이는 있지만 기구를 이용해서 지형물을 형성시킨다는 점에서 크게 다르지 않음을 알 수 있다. 이렇게 볼 때 기구로 산을 멎게 하는 여인은 표면적으로 드러나는 것과 같은 평범한 여인이 아니라 여성거인의 변모된 후대적 모습으로 보는 것이 마땅하다.

한편 기구로 산을 멎게 하는 여인과 관련하여 필리핀 바고보族의 다음 설화를 주목할 필요가 있다.

> 태초에 하늘은 낮게 지상에 누워 있었다. 신화적인 선조 모나族은 그들이 쌀을 찧으려고 하면 팔을 움직이기 위하여 지면에 쭈그리지 않으면 안될만큼 하늘이 낮았던 것이다. 그래서 도우구리봉구라고 하는 가련한 여인이 하늘에게 "좀 더 높아져라 너는 내가 쌀을 찧을 수 없는 것이 보이지 않느냐?"라고

---

61) 여성거인이 회초리로 바위를 몰고 가는 이들 설화는 여성거인이 치마에 돌을 싸서 가다 흘리는 자료들에 대응되는 것으로 별개의 것이 아님을 알 수 있다. 특히 "산내면 계곡의 바위들" (『대계』8-8 (경남 밀양), 651~652면)과 같은 자료에서는 그 바위들에 대해 두 화자가 각기 마고할미가 치마에 싸고 가다 흘린 것임과 회초리로 몰고 가던 것이라 하고 있어 두 형태가 아울러 전하고 있음을 볼 수 있다.

하였다. 그래서 하늘이 위로 올라가기 시작하였다. 하늘이 약 다섯 길 정도 올라갔을 때, 여인이 "좀 더 높아져라"라고 하였기 때문에 태양은 그 여인에게 화를 내며 급하게 아주 높이 올라가 버렸다.[62]

이 신화는 여인이 기구로 산을 멎게 하는 우리의 산이동설화와 관련지어 볼 때 시사하는 바가 크다. 농사짓는 평범한 여인이 기구를 이용해 천지를 분리시키는 천지개벽신화의 주인공으로 나타나기 때문이다. 산이동설화의 표모형 인물 또한 평범한 여인이 설정되고 다같이 기구를 이용한다는 점에서, 그리고 산의 이동을 멎게 하는 행위가 태초의 산천을 형성하고 자리잡는 과정으로 볼 수 있어 창조신화의 한 형태로 파악할 수 있기에 양자는 서로 밀접한 모습을 보인다고 하겠다. 곧 산이동설화가 지니는 원초성을 알게 하는 것이다.

다음으로 산이동설화의 표모형 인물이 여성거인이 아닌 창조주의 창조행위가 완료되었음을 알리는 단순한 전달자일 가능성이다. 산이동설화에서 산이 멈추는 것은 위에서 밝힌 바와 같이 대체로 "산이 걸어간다"는 여인의 말에 의해 멈추는 것으로 나타난다. 그런데 여기에는 석연치 않은 점이 있다. "산이 걸어간다"는 말을 여인이 하였기에 산이 멈췄다고 하는데, 이 말에 산을 멈추게 할만한 어떠한 요소도 찾을 수 없다. 어떤 주술성이 있는 것도 아니고 여인이 지닌 신통력의 표현도 아니다.

그렇다면 최래옥의 주장[63]처럼 여인으로 인해 부정을 타서 산의 이동이 멈추는 것인가? 많은 설화 각편에서 여인의 말을 방정맞다고 하면서 이 여인 때문에 서울이 되지 못했다고 하여 부정적인 인식이 표현되고 있어 그럴 가능성은 다분하다. 그러나 이것은 표면적으로 드러난 이유일 뿐 그 본질과는 거리가 있다고 본다. 산이동설화에서 여인에 대한 부정적 인식은 그 여인에 대한 부정함 때문이기보다는 산이 목적했던 곳에 제자리를 잡지 못했다는 데에 대한 부정적 인식이 설화를 전승하는 입장에서 반영되었다고 보는 것이 마땅할 것이다. 곧 단순히 이동하는 산을 여자가

---

62) 大林太良 (권태효 外 譯), 같은 책, 79~80면.
63) 최래옥, 같은 글, 498~500면.

보았기에 부정을 타서 산이 멈추는 것이 아니라 산을 멈추게 하는 근본적 요인이 원래는 설화에 있었을 가능성이 있다는 것이다. 여기서 산을 멈추게 하는 여인의 말이 "산이 걸어간다"가 아닌 산을 멈추게 하는 다른 언급이 있지 않았나 생각해 볼 필요가 있다. 즉 산을 이동시키는 작업을 더 이상 진행할 수 없는 상황을 말로 전해들었을 가능성이 있다는 것이다. 그런데 거인이 산을 옮기는 산이동설화에서 보면 가고자 했던 곳의 목적했던 바가 이미 완성되었다는 소식을 듣고 거인이 그 자리에 산을 두게 되었다는 자료가 적지 않게 있어 흥미롭다.

예컨대 여성거인이 만리장성을 쌓는데 가져가기 위해 돌을 옮기던 도중 성이 완성되었다는 소식을 듣고 작업을 중단한다든가 조물주의 명으로 산이나 바위를 옮기던 거인이 목적지의 작업이 완료되었음을 전해듣고 그 자리에 산을 두기도 하는 것이다.64) 이처럼 필연적인 까닭이 있어 산이동이 멈추게 되는 것이다. 그런데 여기서 볼 수 있듯이 산이 이동하고자 했던 곳의 작업이 완성되어 더 이상 갈 필요가 없음을 알려주는 전달자는 "산이 걸어간다"고 하여 산이동을 멎게 하는 서답하는 여인에 그대로 대응하고 있다. 산이동을 멎게 하는 역할이 그렇고, 그 수단이 말이라는 점도 일치한다.

한편으로 이런 전달자의 말로 인해 산이동을 멈추는 것은 설화에 반영된 여인에 대한 부정적 인식과도 무관하지 않다고 본다. 산이 현재의 그곳에 자리를 잘못 잡은 까닭은 이런 소식을 들었기 때문이고, 따라서 목적했던 바를 이루지 못했다는 안타까움이 그 소식을 전해준 사람에 대한 원망 또는 부정적 인식으로 반영되었을 수 있다는 것이다. 그러면 산이동설화의 서답하는 여인은 단순히 이러한 작업의 완성을 알리는 전달자의 변모된 모습인가? 반드시 이렇게 보기에는 어려운 점이 있다.

첫째, 산을 멈추게 하는 여인의 대다수가 서답하는 여인으로 나타나는데 이 여인의 성격이 단순하지 않다는 것이다.65) 여타의 설화에 견주어

---

64) 천상계인물인 마고할미가 닭이 울어 더 이상 작업을 하지 못하는 것으로 나타나기도 한다. (임석재전집12 (경북편), 『한국구전설화』, 평민사, 1993. 24면.)

볼 때 서답하는 여인은 신화적 성격이 강한 인물로 나타난다. 신화에서 서답하는 여인은 주체세력의 조력자로 행동하는 경우가 많다. 탈해전승에서는 탈해의 표착을 발견하여 구출하는 아진포의 할미이며, 바리데기 등 이계를 탐방하는 인물에게 그 노정을 알려주는 역할을 하는 것도 서답하는 여인이다.66) 또한 忠州 魚氏始祖神話에서도 서답하는 여인은 잉어와 결합하여 시조를 출생케 한다.67) 이처럼 신화적 성격을 강하게 지닌 인물이 단순한 전달자의 변모된 모습만은 아닐 것이다.

둘째로 앞에서 살펴보았던 기구로 산이나 섬을 멎게 하는 여인에게서 거인적 면모가 분명히 나타나는데, 이런 여성거인과 말로서 산을 멎게 하는 표모형 인물이 서로 별개가 아닐진대 단순한 전달자로만 파악하는 것은 무리가 있다. 이렇게 본다면 산이동설화의 표모형 인물은 일의 완성을 알리는 전달자라기보다는 원래 산을 이동시키는 여성거인이었고 목적했던 바의 완성을 듣는 존재였으나, 이것이 후대로 전승되면서 설화에서 거인적 면모가 사라지면서 단순히 소식을 전해주던 인물과 산을 옮기던 주체가 결합하여 산을 멈추게 하는 말을 하는 서답하는 여인으로 전이되었을 가능성이 크다.

마)는 산이동설화에서 거인의 존재 및 산이 이동하는 것에 대해 화자가 어떻게 구술하며 또 청중들은 어떻게 받아들이는가 하는 문제이다. 이 점은 산이동설화에서 이동의 주체인 거인이 점차 사라지고 산이 스스로 걸어가는 형태를 취하게 된 까닭을 설명하는 것이기도 해서, 거인설화의 소멸과정을 살피는 데 중요한 단서가 되리라고 본다.

먼저 산이 이동한다는 것 자체에 대한 인식이다. 산이동설화를 다소의 의구심을 제기하면서 구술하는 화자가 적지 않음을 볼 수 있다. 누가 지어낸 이야기라고 한다든가68) 모두 허담이라고 하면서69) 산이 이동하는

---

65) 표모가 성모신적 존재이며, 그 근원이 여성거인신격에 있음은 권태효, "표모형설화의 신화적 성격연구"(『경기인문논총』, 경기대 인문대학, 1998)에서 검토된 바 있다.
66) 강진옥, "마고할미설화에 나타난 여성신 관념", 『한국민속학』25, 민속학회, 1993. 38면.
67) 최상수, 『한국민간전설집』, 통문관, 1984. 89~90면.

설화를 들려준다. 뿐만 아니라 청중들도 "참 거짓말 같다"라고 하면서[70] 듣고 있다. 때문에 산이동설화의 배경을 천지개벽 시나 이 세상의 처음 시작될 때라고 분명히 밝히는 경우가 많다. 또한 이런 진실성에 대한 의문 때문에 산세다툼을 설정하고 있음을 볼 수 있다. 산세를 받아간 사실이 있는 것으로 보아 옮겨온 산이 분명하다는 논리이다. 따라서 산이 옮겨왔다는 것보다는 오히려 산세다툼이 강조되어 설화의 대부분을 차지하는 양상을 보이는 자료들도 적지 않다.

다음으로는 거인의 설정 자체에 대한 의문이다. 거인에 의한 산이동은 거인이 짐바로 산을 메고 옮기기도 하고 치마에 싸서 가던 흙이 떨어져 산이 되기도 하며 바위들을 회초리로 몰고 가는 것으로 나타나기도 한다. 그러면 이런 거인의 존재에 대한 인식은 어떠한가?

> 신발에 묻은 흙을 털어서 그 흙이 쌓여 산봉우리가 되었다고 해서 글자 그대로 신털이봉이라고 부르게 되었다는 것인데, 이렇게 말하면 신발에 묻은 흙이 얼마나 되기에 그것이 쌓여서 산이 이룩될 수 있을까. 아무리 동양인이 과장을 잘 한다고 하지만 이것은 너무 지나친 과장이라고 ─笑에 부치고 말 것이다.[71]

이것은 거인의 존재를 구체적으로 언급하고 있지는 않지만 거인설화의 단편적인 모습이 아닌가 여겨지는 자료이다. 신발에서 흙이 떨어진 것이 산봉우리가 되었다는 것은 여성거인이 흘린 흙이 산이 되었다는 것과 같은 양상으로[72] 거인설화에서 흔히 볼 수 있는 것이다. 하지만 채록자는 이러한 거인의 존재를 인정하지 않고 있으며, 그 행위 또한 이처럼 단순히 허풍에 불과하다고 판단한다. 채록자는 더 나아가 이 산이 생기게 된

---

68) 『대계』7-7 (경북 영덕), 정문연, 710~712면.
69) 『대계』7-8 (경북 상주), 정문연, 688~689면.
70) 『대계』8-11 (경남 의령), 정문연, 591~592면.
71) 박춘식, 『서산의 전설』, 태안여상 향토문화연구소, 1987. 217면.
72) 설문대할망이 신고 있던 나막신에서 떨어진 한 덩이의 흙이 제주도 내의 여러 산이 되었다고 한다. (진성기, 『제주도전설』, 백록, 1992. 26~27면.)

내력을 부근에 큰 운하공사가 있어 많은 작업인부들이 신발에 묻은 흙을 털었던 것이 쌓여 이 산이 되었다고 사실적으로 설명하고자 한다.73) 이 같은 설명은 채록자가 구비문학 전공자가 아니기에 나타나는 현상으로 보이며, 때문에 일반인들이 거인의 설정과 행위에 대해 얼마나 비현실적으로 인식하고 있는가를 잘 알게 하는 것이기도 하다.

한편 다음 자료는 산이동설화의 전승자들이 거인에 의한 산이동을 어떻게 인식하고 있는지를 잘 보여주고 있어 주목된다.

> 문산 뒷사(뒷산)이 어양사인데, 옛날에 [청중 : 아, 어양산 그래] 그 사(산)이 떠내려와가주고 여(여기) 와가주고 앉았는데, 이 집바 테가 있다. 그 시방 집, 집바 테가 사 사실로 보머 있거던. 〔웃으면서〕 집바해 가지고 온테(터)가, 그래가주고 거 문산 뒷사이라고 그래 있는데. [청중1 : 산도 쪼맨은 글으만 하지만은 누가 그 집바 지고] 〔일동 웃음〕 그 장구(장군)이 그랬지 그기사. [청중1 : 장구이 장구이, 장구이 어예 산을 지고오노?] [청중2 : 장군이 힘을 가 지는 게 아이고] 그 저저 문사이 뒷사이 저 어양, 어양서러 떠내려 와가 여 와 앉았다. 〔조사자 : 어양서 왔다는가요 그러며?〕 예. 그 말이 그래 있어. 〔조사자 : 왜, 왜요 거기 와서 멈췄는가요?〕 거 와가주고 떠내려 오다가 거 와 앉았다. 주저 앉았다 카는 그기라요74)

이 자료는 산이동설화의 전승자들이 거인의 존재에 대해 어떻게 인식하고 있는지 그리고 산이동설화에서 거인이 왜 사라지게 되는지를 단적으로 보여주고 있다. 여기서 먼저 중요하게 살필 점은 이런 거인에 의한 산이동을 듣는 청중의 반응이다. 산이 작기는 하지만 그것을 어떻게 지고 오겠는가 하며 의문을 제기한다. 이것은 곧 거인의 설정에 대한 비판이며 비현실적인 면을 지적한 것이다. 청중들이 거인의 존재를 쉽게 받아들이지 못하고 있음을 알 수 있다.

다음으로 이런 의문 제기에 대한 화자의 반응이다. 화자는 먼저 장군

---

73) 박춘식, 같은 책, 219면.
74) 『대계』7-2 (경북 경주, 월성), 정문연, 1980. 57면.

이 지고 왔다고 하여 다시금 거인의 존재를 확인하면서도 청중들이 재차 의문을 제기하자 그것은 거인에 의한 이동이 아니라 떠내려온 것이라 한다. 이는 화자 스스로도 거인의 존재에 대해 회의를 가지는 것이고 설득력 있게 설명을 할 수 없다고 여겼기 때문이다.

이렇게 볼 때 이 자료는 다음 두 가지의 중요한 의미를 시사하고 있다. 첫째 산이동설화에서 거인이 왜 사라지는가를 잘 설명하고 있다는 점이다. 거인의 존재에 대한 의구심과 비현실성은 곧 산을 이동하던 주체였던 거인을 설화에서 배제할 수밖에 없도록 만들고 있는 것이다. 둘째 산이동설화에서 거인에 의한 산이동이었던 것이 떠내려오는 것이나 스스로 걸어가는 것으로 변모되는 양상을 보여준다는 점이다. 산이 떠내려 온다든가 걸어가는 것이 물론 현실적인 것은 아니지만 거인이 산을 메고 간다는 것보다는 덜하며, 이렇게 이야기했을 때는 그래도 수긍하고 있음도 알 수 있다.

이상 산이동설화의 성격과 본질을 살펴 보았다. 산이동설화는 본래 거인에 의해 산이나 지형이 옮겨져 창조되던 형태였던 것이 거인의 존재 및 거인에 의한 산이동이 비현실적이고 불합리하다고 여겨지면서 거인의 존재만 사라진 채 거인이 배제된 형태의 산이동을 보이는 형태로 변이되어 갔음을 확인할 수 있었다.

1.2. 오누이힘내기설화

거인설화가 사라지는 단계에서 새로운 설화형태를 파생시키는 데 있어, 또 하나 주목되는 자료는 오누이힘내기설화이다.

오누이힘내기설화는 임동권과 조동일에 의해 일찍이 거인설화적 면모가 있음이 언급된 바 있다. 먼저 임동권은 제주도 설문대할망설화를 살피면서 남매의 築城談에서 누이의 행위가 앞치마에 돌을 주어다 쌓을 정도이니 巨女였을 것이라고 하여, 단편적이지만 오누이힘내기설화에서 누이의 행위가 거인적임을 지적하고 있다.75) 다음으로 조동일은 비록 구체적인 논증을 한 것은 아니지만, 오누이힘내기설화에 대한 논평에서 "싸움하는 쌍방이나 싸움의 양상이 고대 거인신화의 면모를 아직까지 보여주고 있기에 특별히 주목된다"고76) 하여 오누이힘내기설화가 거인설화의 후대적 변이형일 가능성을 제시하고 있다. 그리고 이외에도 김영경은 거인설화를 다루면서, 오누이힘내기설화를 거인설화에 나타난 힘내기 모티프가 소멸되지 않고 계승된 형태라 하여 거인형 설화로 다루고 있다.77) 거인설화와 오누이힘내기설화의 관련성이 모티프 계승이라는 측면에서 연결된 것은 큰 의의가 있지만, 오누이힘내기설화가 거인설화에서 단순히 힘내기라는 모티프만을 가져와 계승한 양상인지는 의문의 여지가 없지 않다.

한편 이렇게 단편적인 언급 이외에 오누이힘내기설화는 구체적인 연구가 적지 않게 진척되어 왔다. 최래옥78)이 선편을 잡은 이래 현길언,79) 김학성,80) 장덕순,81) 천혜숙,82) 강현모,83) 이태문84) 등에 의해 화소분석 및 변이양상, 신화와 서사무가와의 대비 등이 구체적으로 검토되어 왔다. 그럼에도 거인설화적 시각에서 이 설화에 대한 분석이나 접근은 지금까지 거의 이루어지지 못했다.

그런데 실상 오누이힘내기설화에서 누이가 돌을 옮겨와 성을 쌓는 행위는 분명 거인이라야 가능한 행위이다. 보다 더 중요한 것은 이런 누이의 행위가 여성거인설화에서 여성거인의 행위로 가장 흔하게 나타나는

---

75) 임동권, "선문대할망설화고", 『한국민속논고』, 집문당, 1984. 287~288면.
76) 조동일, "한국설화의 변이양상-논평3", 『한국학연구의 성과와 그 성찰』, 정문연, 1982. 180면.
77) 김영경, "거인형 설화의 연구", 이화여대 석사논문, 1990.
78) 최래옥, "한국설화의 변이양상", 『구비문학』2, 정문연, 1979.
    최래옥, 『한국구비전설의 연구』, 일조각, 1981.
79) 현길언, "힘내기형 설화의 구조와 그 의미", 연암 현평효박사 회갑기념논총, 1980.
    현길언, "제주도의 오뉘장사전설", 『탐라문화』 창간호, 1982.
80) 김학성, "설화의 파생태와 그 의미", 『국문학의 탐구』, 성대출판부, 1987.
81) 장덕순, "중원문화권과 구비전승", 『한국문학의 연원과 현장』, 집문당, 1986.
82) 천혜숙, "전설의 신화적 성격에 관한 연구", 계명대 박사논문, 1987.
83) 강현모, "이몽학의 오뉘힘내기전설고", 『한양어문연구』6집, 한양대 국어국문학과, 1989.
84) 이태문, "오누이이야기의 양상과 의미에 관한 연구", 연세대석사논문, 1990.

모습이라는 점이다. 또한 거인설화에서도 오누이힘내기설화와 마찬가지로 거인들에 의한 성 쌓기 또는 탑 쌓기 대결을 보여주는 자료들이 발견되고 있어, 거인설화에서 거인의 대결양상에 근원을 둔 것이 오누이힘내기 형태의 모습으로 이행된 것이 아닌가 생각하게 한다.85)

따라서 여기에서는 오누이힘내기설화가 지닌 거인설화적 성격을 밝혀, 거인설화가 소멸되어가는 과정에서 새로운 전설의 모습으로 탈바꿈하여 나타난 변이형이 오누이힘내기설화임을 밝히는 데 주목적을 두고자 한다. 아울러 오누이힘내기설화에서 가장 핵심적 구성요소인 힘내기를 해야 하는 이유, 성쌓는 누이의 행위, 서울을 다녀오는 동생의 행위, 어머니의 부당한 개입 등은 어떠한 의미가 있는지 거인설화적 관점에서 일관되게 해석할 수 있다고 여겨져 이에 대한 의미파악도 시도해 보도록 하겠다.

(1) 오누이힘내기설화에 나타난 거인설화적 면모

이 글은 거인설화가 오누이힘내기설화로 전이되어 갔다는 것을 밝히는 데 그 핵심이 있으므로, 우선 해결해야 할 문제는 오누이힘내기설화에서 어떤 부분이 구체적으로 거인설화의 모습인지, 그리고 거인설화에서 이행되어 갔다고 보는 근거가 무엇인지를 제시하는 것이라 하겠다.

오누이힘내기설화는 오누이간의 힘내기에 그 중심이 있다. 이 힘내기를 중심에 두고 힘내기를 벌이는 이유와 힘내기 결과가 제시되는 형태로 설화가 구성되어 있기 때문이다. 그런데 이런 다툼에서 가장 근본적인 의문이 제기된다. 즉 아들은 굽나막신을 신고 서울을 다녀오고 딸은 큰 돌을 옮겨 성을 쌓는 것으로 나타나는데, 일상적이고 보편적인 관념으로 보아 이런 내기의 형태가 마땅한 설정인가 하는 점이다. 아들이 굽나막신을 신고 서울을 다녀오는 것에 대한 의미는 뒤에서 구체적으로 밝히기로 하고, 큰 돌을 옮겨 성을 쌓는 것이 남성이 아닌 여성의 몫으로 설정된 것

---

85) 조동일은 남녀거인의 대립에서 남성거인이 부당하게 승리하였다는 형태가 비현실적으로 인식되면서 오누이힘내기 형태로 변모되어 나타났을 가능성을 언급하고 있다. (조동일 외, "한국설화의 변이양상에 대한 종합토론", 『한국학연구의 성과와 그 성찰』, 정문연, 1982. 186~187면.)

이 마땅한 것인지 쉽게 납득하기 어려운 부분이다.86) 그럼에도 여성인 누이에게 이런 행위가 설정된 것은 필연적인 까닭이 있었던 것으로 보이고, 여기서 거인설화의 관련성이 검토될 수 있다고 본다. 즉 거인설화에서 창조적 성격이 약화되면서 새로운 설화 형태의 모색으로써 여성거인의 행위가 오누이힘내기설화에서 돌을 옮겨 성을 쌓는 누이의 모습으로 변이되어 나타났을 것이라는 점이다.

실상 오누이힘내기설화에서는 특히 누이를 중심으로 거인설화와의 관련성이 뚜렷하다. 누이가 큰 돌을 옮겨 성을 쌓는 행위 자체가 이미 거인적 면모를 보이는 것이기도 하지만, 다음 몇 가지 점에서 거인설화와의 직접적인 관련성이 확인된다.

가. 누이의 행위가 여성거인의 행위와 일치한다는 점
나. 힘내기를 벌이는 거인설화가 오누이가 벌이는 힘내기의 원초적 모습에 해당된다는 점.
다. 증거물로 제시된 쌓다만 성과 그 명칭

가)는 거인설화에서 여성거인의 행위 중 특징적인 점이 돌을 옮겨 성을 쌓거나 성을 쌓는데 가져가기 위해 돌을 옮겨가는 모습인데, 이것이 오누이힘내기설화에서 누이의 행위로 그대로 나타난다는 점이다.

여성거인은 산천을 만들거나 산을 옮겨 특정 산을 이동시키기도 하지만 적지 않은 설화에서 만리장성 또는 인근의 성을 쌓는데 가져가기 위해 바위들을 치마에 싸서 가거나 회초리로 몰고 간다.

옛날, 중국의 진시황이 만리장성을 쌓을 때 각 지방의 장수들에게 큰 돌을 가져 오라고 명령했는데, 그 때 우리나라 영남 지방에 여장군(女將軍)이 있었다. 이 여장수는 상당히 유명했었는데 진시황이 이 여장군에게 큰 돌을 가져오라고 명했다. 그래서 이 장수가 큰 돌을 머리에 이고 밑에 작은 돌들을

---

86) 최래옥은 자료의 내용변이를 검토하면서 "서울의 의미가 성쌓기와 힘내기로서 대립되기는 허약하고 불완전하기에 합리화가 차츰 일어난다"고 했다. (최래옥, 같은 책, 186면.)

치마에 싸고 중국으로 이것들을 운반하는 도중에 이미 만리장성이 완성되었
다는 소문을 듣고 가지고 가던 돌을 이 곳에 내려 놓아서 여기 돌이 있게 된
것이라고 한다.[87]

이처럼 성을 쌓는데 가져가기 위해 돌을 옮기는데,[88] 이것은 오누이
힘내기설화에서 누이가 돌을 옮겨 성을 쌓는 모습과 다르지 않다. 다만
이런 거인설화 자료에서는 성의 완성소식을 듣고는 그 돌들을 버려서 그
것이 그 곳에 남아 새로운 지형을 형성하게 되었다는 형태로 나타나 차이
를 보인다. 하지만 오누이힘내기설화의 각편에 따라서는 누이가 결국 성
을 완성하지 못하고 성을 쌓기 위해 가져가던 돌을 버려 그 돌이 증거물
로 남는다는 자료도 없지 않다.[89] 또한 「마고할미와 피왕성」나 「형도의
탑이야기」와 같은 여성거인설화는 치마로 돌을 옮겨 성을 쌓는 할미의
행위가 구체적으로 나타나고 있어 오누이힘내기설화의 누이의 행위와 일
치되는 모습임을 알 수 있다.
　　한편 「들고개(1)」과 같은 자료에서는 여성거인이 성을 쌓는데 가져가
기 위해 바위를 옮기는데, 이런 행위를 돕는 동물로 고양이가 설정되고
있다.[90] 거인의 창조행위를 돕는 우주적 동물로 고양이가 설정된 셈인
데, 오누이힘내기설화에서 누이의 성쌓는 것을 돕는 동물도 역시 고양이
가 나타나는 자료가 있어 주목된다. 「하성」에서 보면 계모에 의해 오누이
가 대결을 벌이는데, 아들은 말을 주어 천리를 다녀오게 하고 딸은 뒷산
에 성을 쌓게 한다. 그런데 이 딸의 성 쌓는 작업을 돕는 동물이 바로 고

---

87) 김광순, "돌뻬미마을", 『한국구비전승의 문학』, 형설출판사, 1983. 76면.
88) 이런 모습을 보이는 자료는 "산내면 계곡의 바위들", 『대계』8-8 (경남 밀양), 651~
　　652면. "만어산녀덜경의 유래", 『대계』8-8 (경남 밀양), 37~39면. "능골들에 쌓인
　　사연", 『대계』8-12 (경남 하동), 456~457면. "만어산바위와 만리장성", 『대계』8-8
　　(경남 밀양), 550~551면, "거리 걸어온 독꾀산", 『대계』8-13 (경남 울산, 울주),
　　451~452면 등이 있다.
89) "꾀꼬리성의 유래", 『대계』4-3 (충남 아산), 589~593면. 박종섭, "하성", 『거창의
　　전설』, 문창사, 1991. 91~94면.
90) 유증선, "들고개(1)", 『영남의 전설』, 형설출판사, 1979.

양이이다. 채록 장소가 각기 청송과 거창으로 나타나 자료들 간에 전승상의 교류나 직접적인 관련성은 없어 보인다. 고양이가 성을 쌓는데 참여하는 동물로 나타나는 것도 특이하지만, 이런 특이한 설정이 같은 성 쌓기 행위를 하는 모습을 보이는 다른 설화에서 함께 나타나는 것은 거인설화에서 여성거인의 돌을 옮기는 행위와 오누이힘내기에서 누이가 돌을 옮기는 행위가 같다고 인식되었기 때문에 나타난 현상이라 본다.

이렇게 본다고 했을 때, 여성거인설화에서는 여성거인의 행위가 그 자체로 완결되는 형태에서 오누이힘내기설화에 이입되면서는 누이의 행위로 나타나고, 그 행위 또한 그 자체로서 의미를 지녔던 것에서 힘내기라는 대결의 한 부분을 차지하는 형태로 편입되어 서사적 전개의 발전을 꾀하는 양상을 보인다고 하겠다. 이렇게 대결의 국면으로의 전환은 이미 거인설화에서도 어느 정도 나타나 있었다. 곧 거인설화에서도 지형형성이나 성 쌓기를 두고 거인끼리의 다툼이 벌어지는 모습을 찾아볼 수 있기 때문이다.

나)는 거인설화에서도 많지는 않지만 거인들끼리의 힘내기 대결이 보이고 있어 오누이가 벌이는 힘내기의 근원을 여기서 찾을 수 있다는 것이다.

거인설화에서 거인의 행위가 창조행위임을 염두에 둔다면 본래부터 지형형성이나 성을 쌓는 것을 두고 다툼을 벌였던 것은 아니라고 여겨진다. 하지만 「옥계천의 진주석」처럼91) 옥황상제가 마고할미를 시켜 지형을 생성하게 하듯이 창조신의 창조행위를 돕는 副神이 있다고 여기면서 창조행위의 온전한 수행을 완성했는가를 두고 갈등의 소지가 있었다고 본다. 이런 갈등이 대결의 양상으로 변모되어 나갔을 수 있다. 그렇지 않으면 「마을 인근산의 유래」처럼92) 마고할미 내외가 각기 산을 옮기는데, 이런 모습이 변이되어 지형형성을 두고 다툼을 벌이는 형태로 나났을 수 있다. 그 본래의 모습이 어떻든 거인들간에 지형형성이나 성쌓기 같은 것을 두고 내기를 벌인다는 사실이 중요하다. 이런 모습은 비록

---

91) 임석재전집12 (경북편), "옥계천의 진주석", 『한국구전설화』, 평민사, 1993. 24면.
92) 『대계』8-8 (경남 밀양), 정문연, 565면.

오빠의 서울을 다녀오는 행위는 보이지 않지만 누이의 행위라든가 다툼을 벌이는 행위가 이미 거인설화에서 찾아지고 있다는 점에 대응한다.

　다음의 「할미산성」과 같은 설화는 여성거인 끼리의 성쌓기 내기가 잘 보여지는 자료이다.

　　전설에 의하면 옛날에 하늘의 선녀인 마고(麻姑)와 고모(姑母)의 두 할머니가 성쌓기 내기를 하게 되었는데, 마고할머니는 마원의 마고산성을, 고모할머니는 마성면 신현리(新峴里)의 고모산성(姑母山城)을 쌓게 되어, 밤중에 할머니들은 바지 가랑이에 돌을 담아 구름을 타고 와서 하룻밤 동안에 쌓고 있던 중, 마고할머니는 고모할머니가 얼마나 쌓았는가 궁금하여 잠시 넘어다 보다가 고모할머니에게 패배당하고 말았다고 한다.93)

　두 여성거인의 성쌓기 내기에서 마고할미가 고모할미에게 패했다는 것으로 오누이의 대결이 아니고 누구의 간섭도 없이 내기를 벌이고 있는 것이다. 이것은 오누이힘내기설화의 원초적인 모습이라 생각된다. 성을 쌓아야 하는 필연성도 나타나지 않고 따라서 갈등도 수반되지 않는다. 아울러 부당한 속임수도 나타나지 않으며, 비극적으로 설화가 전개될 소지도 별로 있어 보이지 않는다. 총각과 처녀가 산을 쌓는 내기를 벌이는 「아차산」94)이라든가 마고할미 부부가 산과 탑을 쌓기 내기를 벌이는 「형도의 탑과 오리섬」95) 등 거인끼리의 힘내기를 벌이는 자료들은 대체로 힘내기의 필연성도 없고 비극적 결과도 나타나지 않는다. 대결의 모습을 보이고는 있지만 전설적 비극성으로까지는 나아가지 못하고 있다. 하지만 이것이 갈등을 수반한 채 오누이힘내기설화 형태로 발전되어 나갔을 가능성은 적지 않다. 거인끼리의 다툼이 아닌 한 쪽이 다른 신격으로 설정된다면 이들 다툼은 필연적일 수밖에 없게 되고, 그 결과로 한 쪽이 패해서 물러날 수밖에 없는 상황이라면 그것 또한 비극성으로 표현될 수 있겠다.

---

93) 유증선, "할미산성", 『영남의 전설』, 형설출판사, 1979. 175면.
94) 임석재전집3, "아차산", 『한국구전설화』, 평민사, 15면.
95) 『화성군사』, 화성군, 1990. 915면.

이에 대한 구체적인 해석은 뒤에서 하도록 하겠다. 여하튼 거인끼리의 대결양상이 오누이의 힘내기 대결의 원초적 모습일 것임은 짐작하기 어렵지 않다.

한편 대곡산성에 대해 전해지는 다음 설화는 동일한 증거물에 대해 어떤 각편은 거인에 의한 형성을 보여주고 있고, 다른 각편은 오누이힘내기에 의해 성이 형성되는 것으로 나타나고 있어 주목된다.

> A. 千將軍이 山城을 쌀 때 바대 가에 있는 돌을 날러다가 쌌담이다. 바대 가에 있는 돌을 나를 때에는 도술을 써서 돌이 제절로 산 우그로 올라가게 했다 캄이다. 성이 다 된 뒤에는 올라오던 돌덜은 우그로까지 가지않고 성 아레서 머물게 댔는디 그리서 성 아레에 있는 돌들은 모두 성 있는 쪽을 행하고 있입이다. 千將軍은 산성을 쌓고 거그서 사는디 일곱 시녀들이 찾어와서 같이 살겠다고 했입이다.96)
>
> B. 옛날에 한 부부가 살고 있는디 하리는 남자는 높은 산 우에 성을 쌓고 여자는 옷을 한 벌 짓는 내기로 하고 지는 사람은 죽기로 하는 내기로 했어요. 남자는 바대에 있는 돌을 날러다가 성을 쌌는디 그 돌들을 부채로 부처서 산으로 올러서 쌌다 캄이다. 이 성을 쌀 직에 성 밖 앞쪽을 큰 소낡이 몽둥이로 처서 마치 대패로 밀은 듯이 펜팬하고 미끈하게 해났담이다. 그런디 성 안쪽은 그대로 나두어서 쌓논 돌이 울둑불둑 하게 되어 있임이다.97)

A는 천장군이 돌을 도술로 옮기게 하여 성을 쌓았다고 하는데, 여성거인이 돌을 도술을 부려 몰고 가는 것과 동일한 모습이다. 천장군의 이런 성 쌓는 행위는 거인설화적 면모만 보일 뿐인데, B는 전혀 다른 양상이다. 부부가 성 쌓기와 옷 짓기라는 대결을 벌이는 전형적인 오누이힘내기 설화 형태이다. 비록 남자가 성을 쌓는 것으로 나타나지만, 이것은 힘이 드는 일을 남성이 한다는 합리적인 사고가 밑바탕이 되어 변질되었거나 아니면 A에서 볼 수 있듯이 남성거인이 성을 쌓았다고 전해지기에 이것의 반영일 수 있다. 이런 자료 A와 B에서 A가 B로 변이되어 나갔는지는

---

96) 임석재전집10 (경남편Ⅰ), "대곡산성", 『한국구전설화』, 평민사, 38면.
97) 임석재전집10 (경남편Ⅰ), "대곡산성", 『한국구전설화』, 평민사, 37~38면.

확신할 수 없다. 다만 A와 B가 아울러 나타날 수 있다는 것은 거인설화와 오누이힘내기설화가 크게 다르지 않다고 인식되면서 전승된다는 사실만은 분명하다. 이것은 단순히 외형상의 유사성 때문만은 아니라고 본다. 거인설화와 오누이힘내기설화가 지금은 달리 전승되지만 근본에 있어서는 서로 맞닿아 있었기에 이처럼 같은 증거물을 두고 두 형태의 설화전승이 가능할 수 있었다고 생각된다.

다)는 거인설화와 오누이힘내기설화의 증거물이 일치한다는 점이다. 오누이힘내기설화는 오누이의 대결임에도 불구하고 오빠의 행위에는 증거물이 수반되지 않고, 누이의 행위에만 증거물이 남는다. 이것은 곧 누이의 행위가 중심이 되는 설화임을 알게 하는 것으로, 증거물과 누이의 행위만을 연결시켜 생각한다면 여성거인설화와 다르지 않은 양상이다.

오누이힘내기설화의 증거물은 성을 쌓기 위해 가져가던 돌을 던져놓은 것이 되기도 하지만 대부분은 누이가 쌓은 성 또는 쌓다 만 성이나 탑이 그 증거물이 된다. 그런데 거인설화의 증거물도 이처럼 거인이 만든 산이나 성으로 나타나는 경우가 대부분이다. 거인설화에서 거인의 행위는 창조행위이기에 이 세상 산천과 같은 포괄적인 증거물이 설정되기도 하지만 구체적이고 특정한 지형을 형성하는 양상이 두드러진다. 때로는 거인이 남긴 자국이 증거물이 되기도 한다. 하지만 거인설화에서 제시된 증거물인 거인이 쌓은 산이나 성, 다리와 같은 것은 오누이힘내기설화에서의 증거물과 다른 것이 아니다. 모두 다른 곳으로부터 돌이나 흙을 옮겨와 산이나 성을 만드는 것으로 단지 그 성격상 거인설화에서는 지형창조적 성격이 강할 뿐 같은 행위에 의한 유사한 증거물임을 알 수 있다.

거인설화에서도 성을 쌓는데 가져가기 위해 옮기던 돌이나 거인이 쌓은 산 또는 성이 증거물이 되는 경우가 많은데, 이런 증거물은 여타의 설화에서는 찾아볼 수 없고 오누이힘내기설화와 거인설화에서만 나타나는 증거물이다. 이처럼 증거물을 공유한다는 것은 양자 사이의 필연적 관련성을 상정케 한다. 거인설화에서 거인의 본래 행위가 성을 쌓는 것은 아니었을 것이다. 산을 만들거나 인간을 위해 다리를 놓는 것으로 나타나는 것이 많다. 그런데 거인의 지형형성은 본래 인간을 위한 작업이었던 것으로 보인다. 창조주의 창조작업의 마무리로서 의미가 있기도 하지만 설문대할망이나 마고할미가 돌을 가져와 다리를 놓는 것은 인간을 위한 창조행위라 할 수 있다. 「독산」98)이라는 설화는 태풍에 의해 사람들이 큰 해를 입어서 태풍을 막기 위해 마고할미가 옮기던 산이라고 한다. 또한 상북면 「독뫼산」과 같은 자료는 울산에서 축성을 하는데 많은 장정들이 동원되어 몇 달 동안 성을 쌓게 되어 지치고 원망도 많았는데, 마고할미가 그것이 안타까워 흙을 앞치마에 싸서 왔다고 한다. 이처럼 거인설화의 지형창조행위는 인간적 사고에 접근하면서 인간을 위한 산 형성이나 축성 형태로 점차 변모되었을 것으로 보인다. 이렇게 해서 거인설화의 증거물이 되기도 했지만, 거인의 설정 자체가 의문시되면서 거인의 모습은 배제된 채 그 본질만 남겨두고는 오누이힘내기설화에 편입되어 그것의 증거물 형태로 남게 되었던 것으로 본다. 또한 거인설화에서도 산이나 성을 쌓는 것이 뜻하던 바대로 완수되지 못하고 산이나 성이 완성되었다는 소식을 들어 더 이상 옮겨가는 것이 불필요한 것으로 나타나는데, 이 모습이 결국 성을 완성시키지 못하고 패배하는 누이의 모습과 동일하다는 것도 염두에 둘 일이다.

한편 증거물과 관련하여 또 하나 주목되는 점은 오누이힘내기설화의 증거물로 제시되는 것이 "할미성"이라는 명칭을 지닌다는 점이다. 오누이의 대결임에도 불구하고 그 증거물이 할미성이라는 명칭을 지닌다는 것은 그 의미가 단순하지 않다. 여성거인설화가 오누이힘내기설화로 전이되었음을 보여주는 중요한 증거가 될 수 있기 때문이다.

다음 자료는 부부 간의 힘내기임에도 그 증거물이 "할미성"으로 나타나고 있다.

> 주생면과 연결된 대강면 수홍리(水鴻里)에 할미성이 있는데 그 내용이 이렇다. 남원 양(楊)사언이라는 사람이 여기로 피난을 와서 살았는데 부인은

---

98) 임석재전집12 (경북편), "독산", 『한국구전설화』, 평민사, 1993, 22면.

하루 아침에 치마에다 돌을 담아 성을 쌓았고 양씨는 굽나막신을 신고 서울
을 갔다 왔다고 한다. 지금 그 성터가 할미성이다.99)

부부가 힘내기를 했음에도 이처럼 할미성이라는 명칭이 붙은 것은 이
성이 본래 부부의 힘내기에 의해 쌓여진 것이 아니라 「○○할미」라는 여
성거인에 의해 만들어졌던 것인데, 이것이 오누이힘내기형 설화로 변이
되면서 할미의 본래적 의미가 사라지고 그 대신 부인의 행위에 의해 성이
쌓여지게 된 것으로 형상화되어 나타난 것이 아닌가 여겨진다. 여성거인
은 노고할미나 마고할미, 안가닥할미 등으로 불리는 데서도 알 수 있듯이
대체로 할미라는 명칭을 지닌다. 이 '할미' 곧 '할머니'의 근본 뜻은 크다
는 뜻을 가진 '한'과 생명의 근원인 '어머니'의 합성어로, 그것은 대모신
(The Great Mother)으로서의 근원적인 생산력을 신화적 상징성으로
대변해주는 말이라 할 수 있다.100) 이런 여성거인의 호칭이 오누이힘내
기설화의 증거물의 명칭으로 사용되었다는 것은 거인설화의 증거물이 곧
오누이힘내기설화의 증거물로 전이되었음을 의미하는 것일 수 있다.
　　한편 증거물이 할미성이라는 명칭을 갖기에 이 명칭에 따라 설화 환경
을 바꿔 할아버지와 할머니의 힘내기 대결로 설정하는 경우도 볼 수 있다.

　　옛날에 八公山 밑에 한 内外가 살엇는디 난리가 나서 남편이 군사로 뽑혀
가서 십 년이 되어도 돌아오지 않으니께 마누래는 城터 자리에 올라가서 남
편 오기를 지달렸답니다. 그런디 城터로 올라갈 때마다 독 하나씩을 들고 가
서 쌓고 쌓고 헌 것이 이 성이 됐다고 합니다. 성으 독을 세 보면 그 여자가
남편을 몇 날이나 지달렀는지 알 수 있답니다. 여자가 쌌다고 해서 할미성이
라고도 부르지요.
　　또 다른 傳說은, 옛날에 八公山 밑애 한 늙은 내외가 살었는디 하루는 이

---

99) 『대계』5-1 (전북 남원), "할미성의 부부 힘내기", 155면. 이처럼 부부 간의 힘내기임
　　에도 할미성이라는 명칭의 증거물을 가지는 것은 남원군 대강면 수홍리의 할미성과
　　장수군 장수면 팔공산의 할미성(청혼수령과 열녀과부의 대결) 등이 있다. (최래옥,
　　같은 책, 31면.)
100) 장주근, 『한국의 신화』, 성문각, 1961. 242면.

노인들이 내기를 했더랍니다. 할머니는 독으로 성을 쌓고 할아버지는 서울까
지 갔다오기 내기를 했더랍니다. 할머니는 하루 새에 성을 다 쌓고 할아버지
는 하루 만에 서울까지 갔다왔는디 결국은 할머니가 이기고 말았답니다. 이
성을 할머니가 싸서 할미城이라고 한답니다.101)

이 자료의 후반부는 할머니가 돌로 성을 쌓고 할아버지가 서울을 다녀
오는 전형적인 오누이힘내기설화의 모습이다. 그런데 증거물이 할미성이
기에 어쩔 수없이 할아버지 할머니의 대결을 설정할 수밖에 없었을텐데,
이러다 보니 그 내기를 왜 해야 하는지, 할머니가 이겨서 어떻게 되었는지
등이 설명되지 않는 오히려 불완전한 설화를 만드는 결과가 되고 있다.

이상 세 가지 근거를 들어 여성거인 설화에서 오누이힘내기설화 형태
로 변이되어 나갔을 것임을 입증하고자 하였다. 이들 세 가지 외에도 부
분적으로 오누이힘내기설화에서 거인설화적 면모를 보이는 부분이 있다.
특히 오누이의 대결이 오빠는 산두르기, 누이는 옷짓기 형태로 변이화소
가 설정되는 경우도 볼 수 있는데,102) 이런 변이된 대결의 양상은 거인
설화에서 거인의 행위와 관련지어 생각할 수 있다. 억새풀을 뜯어 엮어서
산을 잇는다는 오빠의 행위는 거인이 산을 끌기 위해 산에 줄을 매는 모
습과 흡사한 양상이다. 현용준은 일본『出雲風土記』의 야츠가미스오미츠
누神이 이즈모(出雲)국이 너무 좁게 만들어짐을 한탄하면서 시라기(新
羅) 三崎 등 네 곳의 땅을 밧줄에 걸어 끌어당겨 나라가 넓어졌다는 이야
기와 「공주산」과 같은 자료의 산세다툼에서 재사슬로 산을 묶어 끌어가
라고 했던 것과 동일한 것으로 파악하고 있다.103) 곧 산을 이어 묶는다

---

101) 임석재전집7 (전북편Ⅰ), "할미성",『한국구전설화』, 평민사, 1990. 38면.
102) 변이된 화소로 이런 대결이 나타난다는 점은 이미 최래옥이나 천혜숙이 언급하고 있
　　다.(같은 글)『대계』5-1 (전북 남원), "오뉘힘내기"가 이런 모습을 잘 보여주는 자
　　료이다.
103) 현용준, "한·일 민담의 비교",『무속신화와 문헌신화』, 집문당, 1992. 408면. 오
　　빠가 이런 성격을 지니는 것은 오빠의 성격이 거인신격이기 때문이기보다는 오누이
　　힘내기설화가 거인설화를 밑바탕으로 하였기에 이처럼 거인설화적 면모가 잔존하
　　면서 남아있는 것이 아닌가 생각된다.

는 것은 거인이 산을 묶어 끌어가려는 것과 관련시킬 가능성이 있다는 것이다. 아울러 옷을 만드는 누이의 행위는 거인설화에서 설문대할망이나 장길손 등 거인이 옷을 갈망한다는 점, 거인적 면모를 보이는 창세신인 미륵이나 여성거인인 지리산성모신 등 옷을 만드는 거인의 모습이 중요하게 나타난다는 점과 무관하지 않다고 본다. 이들 행위의 설정이 거인설화를 바탕에 두고 있는가는 의문의 여지가 있지만, 대부분의 오누이힘내기설화 자료에서의 성을 쌓는 누이의 행위가 거인설화와 직접 관련된 것임과 아울러 변이된 화소의 형태에서도 거인설화적 면모가 나타난다는 점은 분명 거인설화에서 오누이힘내기설화로 변이되어 나갔음을 방증하는 보조자료가 될 수 있다고 본다.

(2) 오누이힘내기설화와 거인설화의 관련양상

오누이힘내기설화는 다음과 같은 핵심적 화소를 중심으로 제기되는 의문을 어떻게 풀어가느냐에 따라 이 설화가 지닌 본래적 의미를 제대로 접근하는 것이 될 수 있다고 본다.

> 가. 오누이는 왜 힘내기를 해야 하며, 그 시합은 공정한 것인가?
> 나. 내기에서 오빠가 서울을 다녀오는 것은 어떤 의미가 있는가?
> 다. 누이의 성 쌓기는 여성거인의 행위가 아닌가?
> 라. 어머니의 개입으로 누이가 패하는 것은 어떻게 해석해야 하는가?

이 중 다)에 대해서는 여성거인의 행위임을 앞에서 밝혔기에 새로이 해결해야 할 문제는 아니다. 다만, 누이의 행위가 여성거인의 변모된 모습이라면 가), 나), 라)도 거인설화적 관점에서 일관성 있게 해석될 수 있어야 할 것이다.

가)는 오누이가 필연적으로 힘내기를 벌일 이유가 있었던 것인가에서부터 출발하는 의문이다. 지금까지의 선행연구에서는 이런 대결에 당위성이 있다고 보아왔다.

남매 兩人은 不立이라는 데서 힘내기를 한다는 것이 그 이유이며, 그 호승심은 비극을 초래할 죽음내기를 걸게 한다. 집안이 망할 정도로 사사건건 싸우는 남매의 갈등은, 바로 가장 가까운 사람의 용납이 가장 어렵다는 인지상정의 표출이다.104)

비상한 인물이 한 평민의 가계에서 출생했다는 것부터 비극의 소지를 안고 있다. 그러한 집안의 홀어머니는 그들 비범한 오뉘를 포용할 능력이 없음을 알 수 있다. 약한 어머니, 강한 자식간에 힘의 평형이 유지되지 못했다. 어머니로서의 우월한 능력에 의하여 오뉘의 관계는 그 균형이 유지될 수 있어야 하는데, 그렇지 못할 경우에 필연적으로 오뉘 사이에는 대립 갈등이 이뤄질 수밖에 없다.105)

홀어미가 데리고 사는 오누이는 힘이 力士이다. 이들은 공존이 불가능한 상황에서 대립하고 갈등하므로 필연적으로 둘 중 하나가 제거되어야 한다.106)

이처럼 오누이간의 대결이 불가피한 것임을 설명하고 있으나 이것이 그다지 설득력이 있어 보이지는 않는다.107) 오누이가 사사건건 갈등을 일으켜서, 또는 미천한 집안에 장수가 둘이 태어나서, 또는 힘이 장사인 오누이가 한 집에 살 수 없어서 이들이 힘내기를 벌이는 것은 필연적일 수밖에 없다고 했는데, 이것은 설화에 드러난 갈등을 보충해주고 있을 뿐 오누이가 목숨을 담보로 힘내기를 벌이는 필연성을 설명하기에는 합당하지 못하다. 이런 설명은 예컨대 아기장수설화에서 부모가 자식을 죽일 수밖에 없었던 이유를 설명하는 것과 비교가 되지 않을 정도로 설득력이 없다. 아기장수설화에서는 미천한 집안에 장수가 태어나면 역적이 될 수밖에 없고, 이럴 경우 삼족을 멸하기에 어쩔 수 없이 죽여야 한다고 하여 아이를 죽일 수밖에 없는 필연성을 설명하고자 한다. 이에 반해 오누이힘

---

104) 최래옥, 『한국구비전설의 연구』, 일조각, 1981. 188면.
105) 현길언, 같은 글, 655면.
106) 천혜숙, 같은 글, 83면.
107) 강현모도 구체적인 인물과 결부되지 않은 오뉘힘내기에서는 힘내기를 하는 이유가
　　　명확하지 않다고 한다.(강현모, 같은 글, 84면)

내기설화는 남매 중 하나가 죽어야 하는 내기임에도 불구하고 그 필연성이 뚜렷하게 드러나지 않는다.

실상 오누이힘내기설화에서 이들 남매가 힘내기를 벌여야 하는 까닭을 구체적으로 설명하는 자료는 흔하지 않다. 뚜렷한 이유없이 힘내기를 벌인다거나 힘이 장사인 남매가 한집에 살 수 없어 힘내기를 벌인다고 하는 자료들이 대부분이다. 물론 각편에 따라서는 남매의 공존이 불가능한 상황을 설정하여 어쩔 수 없는 대결을 벌일 수밖에 없도록 그 당위성을 부각시키는 자료들도 없지 않다.

> 옛날에 이 성이 있는 산 밑에 한 과부가 살고 있었는디 하룻밤에 큰 호랭이가 이 과부 집에 와서 이 호랭이가 과부하고 자고 갔었는디 이 과부는 아럴 가져 열여덜 달 만에 애기를 낳게 됐다. 애기는 男妹 쌍둥이였다. 이 남매 쌍둥이는 보통 애기와는 달리 낳자마자 걸어다니고 말도 하고 또 심도 세었다.
> 이 과부는 보통 애기와 다른 이 쌍둥이 남매를 키우고 있었는디 하룻밤에는 꿈에 하얀 노인이 나타나서, "네가 난 아이는 보통 아이가 아니고 장수다. 장수가 한 몸에서 둘이나 태어나면 둘 다 죽는 법이니 하나를 읎애야 한다. 둘 다 키우면 너으 집은 물론 너까지 죽는다"이런 말을 하고 사러졌다.108)

이처럼 남매가 다툼을 벌여야 하는 필연성이 잘 설명되는 자료도 있지만 이런 경우는 드물고, 또한 오누이힘내기설화의 본래 모습은 아니었던 것으로 판단된다. 왜냐하면 이런 힘내기의 필연성이 설화를 전개시켜 나가는데 있어 대단히 중요한 구실을 함에도 불구하고 대부분의 자료에서 이 부분이 제외되어 있다는 것은 본래적 요소가 아니기 때문이라 보아야 한다. 설화는 상상력의 소산이기에 어느 정도의 비현실성이 개재될 수 있다. 그럼에도 설화는 청자와의 직접적인 관계 속에서 연행되기 때문에 지나치게 비현실적이라든가 불합리한 부분은 의도적으로 합리성을 부여하는 형태로 나아가는 경향이 있다. 上記 설화에서 이런 부분은 화자가 그런 힘내기를 벌여야 하는 당위성을 온전하게 설명하지 못하자 화자가 그

---

108) 임석재전집6 (충남,북편), "청주의 산성", 『한국구전설화』, 평민사, 33~34면.

필연성을 의도적으로 부여해 나갔던 것으로 보인다.

그렇다면 왜 오누이는 이처럼 필연적 내기를 벌여야 했는가? 이것을 오누이라는 설정 자체에 얽매어 가정 내의 문제이고 다툼이라고 파악한 다면 이들의 다툼이 필연성을 얻기 어렵다. 그보다는 한 쪽이 패해서 물러날 수밖에 없다는 필연성을 전제해 둔다면 오누이간의 대결이 아니라 오누이는 상징적인 표상화일 뿐이고 서로 공존할 수 없는 신격 간의 대결로 보아야 한다. 오누이힘내기설화에서 오누이는 양대 세력이나 신격 간의 대결로 확대될 수 있다는 주장은 이미 있어 왔다. 현길언은 오누이는 혈연적 의미보다는 어떤 상징적 표현으로 볼 수 있는데, 특히 신화나 서사무가 등과 대비할 경우 오뉘 의미가 혈연적인 의미 이상을 내포하고 있다는 것을 짐작할 수 있다고 한다.109) 또한 천혜숙은 이들의 다툼이 男權과 女權의 다툼에서 天神格과 地神格의 다툼, 나아가서는 인간내부의 위계 다툼에로까지 확대될 수 있다고 한다.110) 타당한 언급으로 공감하면서도 지나치게 막연한 언급임을 지적하지 않을 수 없다. 가정 내의 오누이 다툼으로 나타나지만 이것은 단지 가정사적 문제만이 아니고 그 이상으로 확대시킬 수 있다고 했는데, 이것은 말을 바꾼다면 오누이힘내기설화에서 표면적으로는 오누이로 형상화되어 있지만 그 실상은 신격의 모습을 상징적으로 나타낸 것으로 볼 수 있다는 것이다. 즉 양대 세력 또는 신격 간의 대결이라면 결국 오누이는 이들 세력이나 신격의 상징적인 표현일 뿐인데, 이것을 다시금 가정사적 문제로 끌어가 해석하는 것은 바람직하지 못하다는 것이다. 아울러 세력이나 신격 간의 대결이라 했으면, 구체적으로 어떤 세력 어떤 신격의 대결인지도 밝혀야 할텐데 막연하다. 여러 신격의 의미를 한꺼번에 오누이가 상징하고 있다고 볼 수는 없기 때문이다.

오누이힘내기설화에서 오누이의 대결은 가정 내의 문제이기보다는 신격 간의 다툼이며 주도권 다툼으로 보는 것이 합당하다. 왜냐하면 단순히

---

109) 현길언, 같은 글, 651면.
110) 천혜숙, 같은 글, 82면.

가정 내의 문제라면 아무리 장사인 오누이라도 서로 공존하지 못할 이유가 없고 또한 반드시 죽기 내기로 그 갈등을 해결할 필연성이 있다고 보이지도 않기 때문이다. 하지만 성격이 다른 두 신격 간의 대결이라면 하나는 물러가야 할 필연성이 있는 것이며, 주도권을 쥐기 위해 대결을 벌이는 것은 오히려 당연하다. 그렇다면 구체적으로 어떤 신격 간의 대결인가? 누이의 성격이 여성거인적 존재임을 이미 앞에서 밝혀서 다)의 문제를 해결했기에 누이는 곧 거인신격이라 할 수 있다. 그렇다면 오빠는 어떤 신격의 상징화인지를 검토할 필요가 있다.

오빠의 성격은 나)의 굽나막신을 신고 서울을 다녀오는 그 행위로 파악할 수밖에 없기에, 이 행위가 오빠가 어떤 신격의 상징인가를 밝히는 유일한 단서가 될 수 있다.

오누이힘내기설화는 발단 부분에서 남매가 모두 힘이 장사라고 하면서도, 실상 내기에서는 둘 다 힘을 이용하여 성을 쌓는 것이 아니라 오빠는 굽나막신을 신고 서울을 다녀오는 것으로 나타난다. 자료에 따라서는 어떤 산을 돌아온다든가 송아지를 끌고 다녀오기, 말을 타고 갔다오는 것으로 나타나지만 일반적으로 서울을 다녀오는 모습을 취한다. 그런데 오누이는 이런 내기임에도 아무런 이의없이 당연한 것처럼 받아들이면서 그 임무를 행한다. 그렇다면 이들의 행위는 그렇게 나타날 수밖에 없는 필연성이 있다고 보이며, 중요한 상징적 의미를 내포한다고 보아야 한다. 누이가 큰 돌을 옮겨 성 쌓기를 하는 것은 여성거인의 모습이 변이된 것이기에 나타나는 필연성을 지닌다고 했다. 그렇다면 오빠는 어떤 성격이며 서울을 다녀오는 행위는 어떤 상징적 의미가 있는가?

지금까지 나)의 문제에 대해서는 대부분 회피하고 지나갔던 문제이다. 다만 최래옥은 "남자에게 서울은 공간적으로 먼 거리면서 심리적으로 무엇인가 이루어지는 生의 보람을 주는 곳을 의미한다"111)고 하면서 이것의 의미는 중앙집권제도하의 권력지향이라고 파악하고 있다. 이렇게 해

---

111) 최래옥, "한국설화의 변이양상", 『한국학연구의 성과와 그 성찰』, 정문연, 1982. 160~162면.

석하는 것은 서울이 권력의 중심지이고 이 곳을 다녀오는 것은 권력을 지
향하는 남성의 보편적인 심리일 수 있기에 그 타당성이 인정된다. 하지만
서울로 완전히 올라가는 것이 아니고 잠시 다녀오는 것이며, 또한 이렇게
서울을 다녀와서 얻어지는 결과가 과연 무엇인가를 생각해 볼 필요가 있
다. 오누이힘내기설화에서 서울을 다녀오는 것은 단지 내기에 이기기 위
한 행위이며 수단일 뿐이다. 따라서 이것을 있는 그대로 현실적으로 해석
하기보다는 보다 상징적 의미로 파악하는 것이 마땅하리라고 본다.
　서울을 다녀오는 것은 물론 서울이라는 장소가 설정되어 있지만 이동
이라는 측면이 강조되는 행위이다. 최래옥은 오빠의 서울 다녀오는 행위
를 중앙집권제도 하의 권력지향이라 파악하고 아울러 누이의 성을 쌓는
행위는 수비적인 국방공사라고 했다.112) 수비적 국방공사는 정착적이고
또한 토착적이라는 뜻으로 해석할 수 있는 것이기에, 이런 누이의 행위에
대한 대립적 개념으로 오빠의 행위는 이동적이고 유동적인 성격을 지닌
다고 보아야 한다. 그렇다면 이런 이동의 성격이 뚜렷이 드러나는 자료와
관련지어 오빠의 행위가 지닌 의미에 접근해 볼 수 있을 것이다.
　오빠의 서울을 다녀오는 행위와 비슷한 면모를 보이는 것은 「바리공주」
무가이다. 아버지의 병을 고치기 위해 서천서역국을 무쇠신발을 신고 다
녀오고 그 결과로 신격을 부여받는다는 점에서 오빠의 행위와 흡사하다.
그렇다면 오빠의 행위는 신격을 획득하기 위한 여행으로 파악될 소지가
있다. 그런데 여기에는 하나의 근본적인 걸림돌이 있다. 이렇게 신격을 획
득하기 위한 여행이었다면 왜 굳이 대결의 형식을 취해야 했는지가 설명
되지 않으며, 누이의 존재가 무의미해진다.
　그렇다면 이동과 아울러 대결양상이 잘 드러난 자료와 관련지어 보는
것이 합당할 것이다. 이런 면이 가장 뚜렷이 드러나는 자료로는 "주몽과
송양의 대결" 및 "탈해왕과 호공의 대결"을 들 수 있다.113) 주몽과 탈해

---

112) 최래옥, 같은 글, 162면.
113) 최래옥은 오누이힘내기설화가 "송양과 동명의 내기" 및 "김수로와 석탈해의 패권을
　　　건 내기"와 흡사하다고 언급한 바 있고(최래옥, 같은 글, 163면.), 현길언은 오누이
　　　힘내기설화를 단군신화·박혁거세신화·동명왕신화 등과 비교하면서 건국신화는

는 비록 복귀를 전제로 하는 이동은 아니지만 이동의 양상이 뚜렷하다. 또한 이들의 이동은 왕권을 차지하기 위한 이동이라는 점을 감안한다면 나라의 상징적 장소가 되는 서울로의 이동이기도 하다. 그리고 이러한 이동 후에는 송양 및 호공과 다툼을 벌인다. 그런데 송양이나 호공은 기존에 그 곳에 정착해 있던 토착세력의 성격을 띤다. 송양은 주몽이 부여를 떠나 남쪽 땅으로 와서 王都를 열게 되는데, 이 때 그 곳을 다스리던 왕으로 동명의 용모가 비상하다고 여겨 附庸國으로 삼고자 하는 왕이다.114) 또한 호공은 비록 일본에서 들어온 外來者임에도115) 불구하고 이미 신라 내에서 기반을 지니고 토착세력화한 기득권 세력이라 할 수 있다. 김씨의 시조가 되는 김알지의 탄강에 직접 간여되어 있고,116) 마한에 사신으로 갔다는 것으로 보아 정치적으로도 중요한 직능을 수행하고 있었음을 알 수 있기 때문이다.117)

그렇다면 기존에 정착하고 있던 토착세력적 면모를 보이는 것이라 하겠는데, 이것은 누이의 성격과 상통하는 면이 없지 않다. 누이의 성을 쌓는 행위는 정착해 있다는 모습이며 토착세력의 성격도 지닌다. 또한 누이가 거인신격의 상징화라 한다면 기존에 이어져 내려오던 신관념이었다고 볼 수 있을 것이다.

이렇게 본다면 오누이힘내기설화에서 오누이의 대결이나 건국신화에 나타난 대결은 다같이 이동세력과 토착세력의 대결이면서 기존신격과 새로운 신격의 대결로 파악된다.

갈등과 대결을 조화와 화합으로 풀어나간다고 하여 힘내기형 전설과는 상반된다고 했다. (현길언, 같은 글, 15~19면) 한편 더 구체적인 비교는 천혜숙에 의해 이루어졌는데, 탈해와 수로의 왕권다툼, 탈해와 노례의 왕위다툼, 탈해와 호공의 집터다툼, 주몽과 송양의 궁터다툼 등을 살펴 신화적 인식과 전설적 인식이 상반된다고 언급하고 있다. (천혜숙, 같은 글, 88~96면.)

114) 이규보(박두포 역주), 『동명왕편 · 제왕운기』, 을유문고160, 1974.

115) 瓠公者未詳其族姓 本倭人初以瓠繫腰 渡海而來 故稱瓠公 (『三國史記』 新羅本紀 제1.)

116) 瓠公夜行月城西里 見大光明於始林中 有紫雲 從天垂地 雲中有黃金櫃 (『三國遺事』기이 권1, 김알지탈해왕대)

117) 始祖三十八年 …… 遺瓠公聘於馬韓 (『三國史記』, 新羅本紀 제1.)

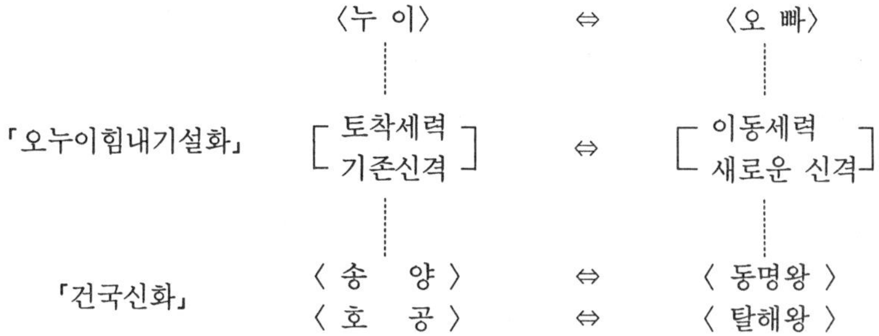

이와 같은 대결구도가 오누이힘내기설화와 건국신화에 아울러 나타나고 있다는 것이다. 그런데 더욱 흥미로운 점은 이들 대결에서 토착세력적 성격의 기존 신격은 우월한 능력을 지녔음에도 불구하고 비정상적으로 속임수에 의해 패하는 것으로 나타난다. 오누이힘내기설화에서 어머니의 부당한 개입에 의해 누이는 이길 수 있었음에도 결국 내기에서 패하고 물러난다. 탈해와 호공의 대결에서의 탈해의 승리나 주몽과 송양의 대결에서 주몽의 승리는 부당한 속임수에 의해 어쩔 수 없이 이루어지는 것이다.

> … 살만한 곳은 호공의 집이었으므로, 탈해는 속임수로써 몰래 숯을 그 집 곁에 묻어두고 자기 조상의 집터임을 주장했다. 결국, 호공과 다툼이 일어나자 탈해는 자신의 조상이 冶長이었음과 그것을 숯으로 입증함으로써 호공의 집을 빼앗아 살았다. (『三國遺事』기이 권1 탈해왕)

> … 왕이 나라의 연륜이 짧아 鼓角의 威儀가 없음을 탄식하자 신하들이 비류국의 고각을 훔쳐 왔다. 왕이 색칠을 하여 오래된 것처럼 해놓았더니 송양이 감히 다투지 못하고 돌아갔다. 송양이 다시 도읍을 연 시기의 선후로써 부용국을 정하고자 했는데 왕이 썩은 나무로 왕실의 기둥을 삼아 또 이겼다. (『東國李相國集』, 동명왕편)

이처럼 탈해와 주몽은 속임수로 이길 수 없는 상황에서 부당하게 승리를 거둔다. 천혜숙은 이 점에 대해 차이점을 부각시키는 입장이다. 즉 오누이힘내기설화에서는 부당한 승리로 폄하되고 있지만 문헌신화에서는 탈해가 礪炭의 계략으로 호공을 이긴 것이나 주몽이 오래된 고각의 계교로써 송양왕의 궁터를 빼앗은 것을 治者된 이의 지혜로 당연시하고 있어 대조된다고 지적한다.118) 이것은 물론 타당한 지적이다. 하지만 이런 차이는 궁극적으로 승자의 입장에서 서술한 것과 패자의 입장에서 서술한 것의 차이라 보아야 한다. 오누이힘내기설화는 기존신격을 옹호하는 입장에서 새로운 신격에 패하여 물러나는 거인신격의 모습을 민중의 입장에서 안타깝게 형상화시킨 양상이라 할 수 있다.

그렇다면 라)의 어머니의 설정은 어떤 의미가 있으며, 왜 부당한 개입을 해야만 하는가? 이것은 오누이힘내기설화가 패자의 입장에서 서술된다는 것과 무관하지 않다고 본다. 건국신화는 승자의 입장에서 서술되기에 동명이나 탈해의 속임수는 왕의 지혜라는 능력의 측면으로 받아들여지고 인정될 수밖에 없도록 전개된다. 그에 반해 패자의 입장에서 서술되는 오누이힘내기설화에서는 누이로 표상화된 여성거인의 패배된 쪽의 입장을 대변해야만 한다. 그러자면 무엇보다도 누이가 더 뛰어난 능력을 소유하고 있다는 것과 아울러 이런 속임수에 의한 패배가 부당하다는 것을 부각시켜야 한다. 그런데 대결이 나타나는 거인설화에서 볼 수 있듯이 능력이 우월한 여성거인이 승리하는 것으로 나타나는 것이 당연하기에, 오누이 간의 대결만으로는 이런 속임수에 의한 부당한 승리를 이끌어내기가 어렵다. 능력이 뛰어났음에도 부당하게 패했다는 것을 부각시키기 위해서는 양 신격인 누이와 오빠를 모두 통괄할 수 있는 존재의 설정이 필요했고, 따라서 어머니의 설정을 통해 부당한 개입을 하도록 하여 누이의 패배 곧 거인신격의 패배가 비정상적으로 이루어졌음을 항변하고 있는 것이다.

거인신격이 부당하게 패배하는 것은 「창세가」의 미륵과 석가의 대결에서도 보인다. 미륵은 석가보다 훨씬 우월한 능력을 지녔음에도 불구하고 새로 나타난 석가에게 속임수로 패하고 인간세상을 석가에게 넘겨준다. 여기서도 알 수 있듯이 거인신격이 그 다음에 나타난 신격 또는 신관념에

---

118) 천혜숙, 같은 글, 94면.

의해 패배를 당하는 것은 오히려 예정된 수순이었을지도 모른다. 그럼에도 이처럼 부당한 패배로 형상화시키고 인식하는 것은 오랫동안 거인신격을 중요하게 섬겨왔었기 때문일 것이다. 또한 다음에 도래한 신격 또는 신관념이 강제적 성격을 지니고 거인신격에 대한 신앙을 의도적으로 비하시키고자 했기에 이것을 민중의 입장에서 이처럼 패자를 옹호하는 형태로 설화를 형상화시켰을 수도 있겠다.

오누이힘내기설화는 비극적 성격이 뚜렷하다. 아들과 딸이 목숨을 걸고 내기를 벌이는 자체가 비극적이라 할 수 있다. 그런데 아들을 살리기 위해 딸의 일을 방해하여 딸을 죽게 해야만 했던 어머니의 모습은 비극미의 절정을 보여주는 것이라 할 수 있다. 하지만 이런 내면에는 민중들이 섬기던 거인신격의 패퇴를 안타까워하는 모습이 담겨져 있는 것이다.

실상 거인설화는 창조적 본질을 지니기에 후대적 변이형 또한 창조적 성격이 강하게 나타날 수밖에 없다. 앞에서 살핀 산이동설화나 다음의 장수흔적설화는 지형창조적 성격이 강하게 계승되는 자료들이라 할 수 있다. 그런데 이들 설화는 구체적인 지형을 증거물로 하고 지형형성에 초점을 맞추는 형태이기에 풍부한 서사적 전개의 모색을 꾀하더라도 한계가 있다. 하지만 오누이힘내기설화는 거인설화의 이런 창조적 성격을 이어받은 변이형이기보다는 민중들이 믿고 숭배하던 거인신격의 패퇴라는 비극적 상황이 설화에 투영되는 양상이기에, 이처럼 발전된 서사적 전개도 가능했고 비극성이 두드러지는 설화 작품으로 형상화될 수 있었던 것으로 보인다.

1.3. 장수흔적설화

장수흔적설화란 장수의 행위가 두드러진다기보다는 장수의 어떤 흔적이 어떻게 남아있게 되었는가 하는 과정에 초점을 맞춰 전승되는 이야기이다. 장수의 존재는 아기장수설화를 비롯해 제주도의 막산이나 새샘이, 정운디, 부대각, 오찰방 등 많은 설화에 나타난다.119) 하지만 거인설화와 직접적 관련양상이 보이는 것은 장수흔적설화이다. 장수가 남긴 흔적이 곧 거인설화에서 거인의 흔적 남기기와 동일한 모습이며, 장수흔적설화 중에는 거인의 흔적인지 장수의 흔적인지 명확히 구분할 수 없는 자료들이 적지 않기 때문이다. 여기에서 장수흔적설화를 거인설화의 후대적 변이형으로 파악하고 접근할 수 있는 근거가 마련되는 것이다.120)

장수흔적설화는 내용이 복잡하지도 않고 풍부한 서사적 골격을 갖춘 것도 아니다. 단순히 이런 장수의 흔적이 남아있다는 식으로 완결되는 자료도 적지 않다. 때문에 이런 장수흔적설화는 그 채록된 자료편수가 상당함에도 불구하고 별다른 주목을 받지 못했고, 따라서 이에 대한 구체적 연구도 진행되지 못했다. 이들 자료는 실상 문학적 가치 측면에서 검토되는 것은 아니다. 다만, 거인설화의 잔존양상을 보이는 자료로 주목되기에 구체적 검토가 요망되는 것이다.

거인설화에서 거인의 흔적 남기기가 중요한 모티프로 거인설화의 결미에 덧붙어 있음은 이미 언급한 바 있다. 그런 모습을 잘 보여주는 자료를 예시하면서 논지를 전개하도록 하겠다.

〔남사천〕: 한 백 년 전 보통와서 있던 마구할머인데 첨게 거기 있든 건데 그게 그 내려 굴렀으니깐두루 우리가 거기서 고사밖에 지낼 거 없지……

〔박영주〕: 아니, 어디가, 어디가 있어요?

〔한상화〕: 어떻게 아 가만히 있어. 그르니까 <u>그것이 그 어떻게 해가지구 거기에 와서,</u> 〔조사자 : 마구할미이가〕 <u>손을 짚어가지구선 손 재죽이 났는지 그걸 얘길 해달라.</u>

〔남사천〕: 조작으루 맨든 거예요.

〔한상화〕: 그렇잖죠 그르니깐.

〔남사천〕: 맨든 거예요 그건.

〔한상화〕: 조작으루 맨들었어두 그런 그 얘기가 있을 거 아녜요? 〔조사자 :

---

119) 현길언, 『제주도의 장수설화』, 홍성사, 1981. 163~200면.
120) 장덕순은 단편적인 언급이지만 장사(力士)설화를 신화성이 결여된 거인담으로 파악하고 있다. (장덕순, "우주론·세계상", 『한국사상대계』1, 성대 대동문화연구원, 1973. 202면)

　　　　　　　　그래요 모든 게 다 조작이죠, 조작인데]
　〔남사천〕 : 요렇게 다섯 손가락 짚은 자리가 있어요. 〔조사자 : 네네— 〕
　　　　　　　근데 이 새마을 사업관계, 길을 닦는데요. 〔조사자 : 그렇지〕
　　　　　　　그 도자로 그냥 밀어서. 〔조사자 : 옳지, 그렇겠죠〕
　〔한상화〕 : 근데 그게 뭐 연평서 와가지구선 그랬다 그랬죠?
　〔남사천〕 : 아냐, 그냥 거기 있든거지.
　〔한상화〕 : 아니 마구할머니가 마귀라 허만 나쁜 그 인제 그런 얘긴데, 마
　　　　　　　구할머니가 연평, 연평서 와가지구 하두 허리가 아파가지구선
　　　　　　　이렇게 쉬다가, 쉬어 손을 짚구 쉬어가지구선 했는데 그 자죽
　　　　　　　이 인제 손자죽이 났는데.
　〔박영주〕 : 애 그거라 인제 그랬는데 그 연평서 뭐 왔다그라든가, 뭐 어디
　　　　　　　서 왔다 그리든가 그랬는데….
　〔남사천〕 : 연평서 왔는지 그….
　〔한상화〕 : 그래 덮어놓구 그냥.
　〔남사천〕 : 아냐 덕적서 왔다, 그리든걸. 덕적. 〔조사자 : 덕적, 덕적이
　　　　　　　요?〕121)

　이 자료는 문면에 구체적으로 제시되지는 않았지만 마귀할멈이 산과
같은 지형물을 이동시키다가 쉬었는데, 그 곳에 마귀할멈이 쉬면서 짚었
던 손자국이 남아 있다는 것이다. 거인의 창조행위보다는 특정 지형물에
남긴 흔적에 초점이 맞춰져 있다.
　거인설화는 원래는 신화였기에, 그 증거물은 매우 포괄적인 것이 된
다.122) 분리된 천지라든가 산천과 같은 아주 포괄적인 증거물로 그 진실
성을 부여하고자 했으나, 거인설화의 신성성이 사라지고 진실성마저 크
게 약화되면서 구체적이고 실질적인 증거물 예컨대 거인의 행위와 관련
이 있다고 이야기되는 특정 산이나 바위들 같은 것을 들어 거인의 존재행
위를 입증하는 형태로 진행되었던 것으로 보인다. 이런 양상은 한층 더
진행되어 그나마 구체적인 지형물을 창조하던 모습마저 약화시켜 거인의

---

121) "마귀할멈 손자국 바위", 『대계』1-7 (경기 강화), 정문연, 212~214면.
122) 장덕순 외, 『구비문학개설』, 일조각, 1971. 18면.

흔적만 남아있다는 형태로 변모되어 간 것으로 보인다. 즉 거인의 흔적을 통해서 진실성을 부여하고자 했다는 것이다. 거인설화에서 구체적인 증거물을 통해 진실성을 부여하고자 하는 형태는 다양하다. 위의 자료에서 보듯이 거인의 손자국이나 발자국을 비롯해 오줌자국 등 무게나 힘을 바탕으로 하여 자국을 남기는 형태가 있고, 또 하나의 형태는 거인이 사용하던 솥이나 담뱃대, 장식물 등의 소도구가 바위로 남아있거나 그것을 이용하던 흔적이 남아있다고 하는 것이다.123)

이런 거인의 흔적 남김이 거인의 존재나 행위에 진실성을 부여하는 역할을 하는 것은 분명하지만 거인설화가 쇠퇴하면서 그 진실성에 대한 의문 때문에 결부되어 나타나는 것 또한 사실이다. 그럼에도 거인의 존재가 진실되다고 온당히 믿어지지는 않는다. 위의 예화에서 화자들이 모두 조작으로 만든 것이라고 하는데서도 확인할 수 있다. 거인의 흔적 남김 자체가 거인설화의 비현실성에 진실성을 부여하고자 하는 모색으로써 증거물을 가져오는 것이지만, 이것마저도 온당하게 받아들여지지 않기에 변화가 있어야 했다. 때문에 여성거인의 행위가 중심이 되었던 거인설화에서 남성인 장수의 흔적으로 변화시키고, 그 흔적 또한 지나치게 비현실적인 것이 아닌 형태로 변화시켜 나갔던 것으로 보인다. 이러한 변화과정을 통해 생겨난 것이 바로 장수흔적설화라는 것이다.

장수흔적설화에서 장수가 그 흔적을 남기는 과정이나 형태는 거인설화에서 흔적을 남기는 부분과 큰 차이가 없다.

우리 洞里에 東萊江이란 江이 있구 그 江 기슭에는 와우산이란 산이 있다.

---

123) 이런 모습을 보여주는 자료는 다음과 같다.
　　현용준, "선문대할망", 『제주도전설』, 서문당, 1977. 27~32면.
　　"노고할미바우이야기", 『대계』2-1 (강원 강릉, 명주), 정문연, 568~569면.
　　"마고할미가 만든 가마바위", 『대계』7-17 (경북 예천), 정문연, 384~385면.
　　최상수, "마고선녀바위", 『조선구비전설지』, 조선과학문화사, 1947. 12면. 등이 있다. 이외에 거인이 산을 옮기다가 멜빵 끈이 끊어져 산을 버리고 그 멜빵자국이 산에 남게 되었다는 이야기도 이와 같은 거인의 흔적 남김이다.

이 산은 넷날에 어니 왕이 신을 까구리 신구 피란와서 울어서 왕운산이라구
했드랬넌데 그것이 잘못돼서 와우산이라구 부르게 됐다구 한다. 이 산에는
피난 온 왕을 잡으레 왔던 장수에 발자죽, 손자죽, 劍자죽이 있다. 그 자죽은
모두 혹케 커서 발자죽만 하드래두 아마 洋尺 한자 半은 되는 것 같다.
　이 산에는 체네가 올라왔다가는 내리가디 못하구 돌에 티구 말라죽넌다구
한다. 그래서 그와 같은 모양을 한 돌이 많다.124)

이 자료에서는 발자국과 손자국, 검자국을 들어 장수의 흔적을 보여주
고 있는데, 거인설화적 면모는 전혀 찾아볼 수 없다. 하지만 이런 장수
흔적 남김은 보통 인간으로서는 가능한 것이 아니며, 거인설화에서 흔적
을 남기는 부분만 독립시켜 대비한다면 큰 차이가 없다. 이런 장수의 흔
적 남기는 모양도 손자국이나 발자국, 오줌자국을 남기는 형태의 것도 있
지만 장수가 담배를 넣던 자리라든가125), 장수가 사용하던 솥,126) 장수
가 공기를 하다가 얹힌 바위127)라고 하는 등 장수의 소도구가 흔적이 되
기도 해 거인설화와 같은 양상임을 보여주고 있다. 이런 장수 흔적 남김
은 다음과 같은 자료를 매개로 연결시켜 볼 때 거인설화와의 관계가 더욱
분명해진다.

　長水邑內서 東北쪽으로 130m쯤 떨어진 데에 壯士바우라고 허는 바우가
있는디 이 바우에는 사람 발자국이 두 개 박혀 있다. 이것은 옛날 어떤 장수
가 八公山 꼭대기서 長安山 꼭대기로 뛰다가 도중에서 장사바우에 잠깐 발을
디디다가 생겨난 자국이라고 헌다.128)

표면적으로 거인설화의 형상이기보다는 장수의 발자국이 남아있다고

---

124) 임석재전집3, "와우산", 『한국구전설화』, 평민사, 13~14면.
125) 임석재전집7 (전북편Ⅰ), "장군바위", 『한국구전설화』, 평민사, 1990. 면27.
126) 임석재전집12 (경북편), "큰 바위솥과 적은 바위솥", 『한국구전설화』, 평민사, 1993.
　　25면.
127) 『대계』7-4 (경북 성주), "농바우전설", 정문연, 118면.
128) "장사바우", 『한국민속종합조사보고서』, 문화재관리국, 1971. 586면.

하여 장수흔적설화의 모습을 취하고 있다. 하지만 팔공산 꼭대기에서 장 안산 꼭대기로 옮겨가는 장수의 행위는 거인이라야 가능하다. 거대한 몸 집을 지녀야 가능한 행위임에도 그런 거인성에 초점을 맞추기보다는 발자 국이라는 증거물이 생겨난 과정에 중심을 두어 거인설화적 면모가 크게 약화되어 있다. 곧 거인설화가 장수설화화되는 양상을 보여준다 하겠다.

울릉도의 「장군발자국」 같은 자료도 거인설화와 장수설화가 복합되어 있는 양상을 잘 보여주는 자료이다. 즉 성인봉에 장군 발자국이 있는데, 장군이 구름을 잡아타기 위해 성인봉에 한 발을 디디고 다른 한 발은 본 토에 디디면서 힘을 주어 생긴 바위라고 한다.129) 그리고는 바위가 파일 정도로 힘이 세고, 몸집도 컸음을 짐작할 수 있다고 했다. 한 발은 육지 에 있고 다른 한 발은 울릉도에 있었다고 하니 이것은 분명 엄청나게 거 대한 거인의 설정이며, 거인설화의 모습이다. 그럼에도 장군의 발자국이 생겨난 까닭에만 중심을 두면서 설화를 전개시키고 있어 장수흔적설화의 성격도 강하다. 즉 거인설화이면서 장수흔적설화이기도 한 복합적인 성 격의 자료라 하겠다.

거인설화에서는 거인의 거대한 몸집이나 창조행위를 하던 모습이 이야 기된다. 하지만 이런 본질적인 면보다는 「장군발자국」처럼 그 흔적이 생 겨난 과정을 이야기하는 데로 중심이동이 옮겨지면서 점차 장수흔적설화 의 형태로 옮아가게 된 것이 아닌가 생각된다. 여하튼 장수흔적설화는 그 자료가 거인성이 풍부하게 드러나는 자료에서부터 거인설화와는 그다지 관련이 없게 보이는 자료까지 다양한 모습을 보이는데, 이런 까닭은 거인 설화에서 장수흔적설화에 옮아갔기에 나타난 현상이라 보여진다.

장수설화는 내용도 단순하며, 복잡한 의미를 담고 있는 것도 아니다. 따라서 이런 자료를 거인설화와 비교해 공통점을 토대로 관련양상을 찾 는 것은 많은 설명을 요하지는 않는다. 오히려 차이점을 살펴 변이되면서 거인설화가 달라져 나타나는 양상을 살필 필요가 있다고 본다.

거인설화가 장수흔적설화로 변이되면서 나타나는 가장 큰 특징은 주체

---

129) 여영택, 『울릉도의 전설·민요』, 정음사, 1979. 108면.

의 남성화가 뚜렷하다는 점과 흔적 남김의 방향이 현실화되어 나타난다는 것이다.

먼저 주체의 남성화란 거인설화와는 달리 장수흔적설화에서는 그 흔적을 남기는 주인공이 모두 남성장수로 형상화되고 있음을 이르는 말이다. 거인설화에서는 설문대할망을 비롯해 마고할미나 노고할미 등 여성거인의 면모가 두드러진다. 물론 장길손과 같은 남성거인이 구체적으로 설정되기도 하지만 이런 경우는 드물다. 이외에 남성거인의 명칭으로는 마고할아범이나 설문대하루방과 같은 것도 등장하지만, 이것은 마고할미나 설문대할망의 설정을 토대로 나타나는 것이기에 여성거인에 수반되는 부수적 성격이 강한 인물이다. 이렇듯 거인설화에서는 여성거인이 중심이 되지만 장수흔적설화에서는 남성인 장수로 통일되는 모습을 보여준다.

거인설화는 약화되거나 소멸, 변이되면서 비현실적인 면을 제거하거나 현실화시키고자 하는 경향이 강하다. 여성거인의 모습이 두드러진데서 남성장수로 전환이 이루어졌다는 것은 비현실적인 측면을 다소나마 상쇄하고자 하는 의도가 보여지는 改變이라 할 수 있다. 여성에게 어떻게 그런 힘 또는 능력이 있겠는가 하는 사고에서 비롯된 변이양상일 수 있다는 것이다.

이러한 사고는 산이동설화에서 산을 옮기는 거인이 남성장수로 설정되는 경우가 많다는 것과도 맥이 닿아 있다. 산을 옮기는 행위는 마고할미와 같은 여성거인의 행위로 나타나기도 하지만 여기에는 남성장수의 설정도 적지 않다. 산을 옮기는 행위는 비록 거인일지라도 여성의 행위로는 적합하다고 여기지는 못한 것 같다. 때문에 여성거인은 돌을 치마에 싸서 옮기는 모습을 취하는 경우가 많고, 산을 옮기는 것은 힘이 센 장수의 몫으로 여긴 듯하다. 이 때의 장수는 막연히 힘이 센 사람이라는 의미가 강하기에 본래의 창조행위를 하던 거인으로서의 남성장수로 보기 어렵고, 그 역할을 하던 여성거인이 남성장수로 대치된 것으로 보인다. 이런 양상은 또한 여성거인설화까지도 영향을 미쳐 바위를 치마에 싸서 옮기던 여성거인이 장수의 마누라로 설정되는 자료도 찾아볼 수 있는 것이다.130)

장수혼적설화는 모두 남성장수가 남긴 혼적에 대한 이야기이다. 거인적 면모를 보이는 장수혼적설화이든 그렇지 않은 자료이든 모두 남성장수의 혼적으로 나타나는데, 이것은 남성거인의 이야기가 장수혼적설화로 변이되어간 때문만은 아니다. 이는 거인의 혼적 남김이 여성거인에게서 오히려 두드러지게 나타나는 데서도 알 수 있다. 즉 거인설화가 소멸되면서 현실화를 꾀하고 그 과정에서 여성거인이 남성장수로 전환된 것이라 할 수 있다.

다음으로 증거물인 혼적이 현실화되는 경향을 살필 수 있는데, 그것은 그 혼적이 지나치게 인간의 사고와 동떨어지지 않은 모습으로 나타난다는 것이다. 예컨대 「장군바위」와 같은 자료에서는 보통 사람의 3~4배 크기의 손자국이 남아있다고 한다.131) 또한 「장수깔래」 같은 자료에서는 장수가 힘이 세어 보통 열 사람이 힘을 합쳐야 움직일 수 있는 돌을 한 손으로도 깔래를 받았다고 한다.132) 이처럼 보통사람의 몇 배가 되는 크기나 힘이 소요되는 혼적이 남아있다는 형태로 현실화를 꾀하는 모습이 두드러진다.133) 거인성은 잔존시킨 채 현실과 동떨어지지 않게 변모시킨 양상이라 할 수 있다.

한편 이러한 거인성의 현실화는 한층 더 진행되어 이런 혼적을 남게 하는 장수가 구체적인 역사인물로 제시되기도 한다. 南怡라든가134) 김복선,135) 장오류136) 등 구체적 인물을 결부시킴으로써 장수혼적을 설명하여 진실성을 획득하고자 했던 것으로 보인다. 아울러 이처럼 막연한 장수가 아닌 구체적 인물과 결부되어 나타날 경우는 그 사람의 능력을 입

---

130) 유증선, "들고개(1)", 『영남의 전설』, 형설출판사, 1979. 252~253면.
131) 유증선, "장군바위", 『영남의 전설』, 형설출판사, 1979. 380~381면.
132) 김광순, "장수깔래", 『한국구비전승의 문학』, 형설출판사, 1983. 216면.
133) 거인의 혼적이 점차 작아지는 경향은 일본의 거인설화에서도 찾아볼 수 있다. (柳田國男, 같은 글 참조)
134) "오음산 혼들바위·범바위·마당바위전설", 『대계』2-6 (강원 횡성), 정문연, 657~658면.
135) "김복선이야기", 『대계』4-1 (충남 당진), 정문연, 61~62면.
136) 임석재전집7 (전북편 I), "장군바위", 『한국구전설화』, 평민사, 1990. 27면.

증하는 형태로 그 흔적이 나타나기도 하여 서사적 확장을 꾀하는 모습도 찾아볼 수 있다.

이상 두 각도로 변모되어 나타나는 양상을 살펴보았는데, 거인설화가 희화화되어 흥미 위주로 변이되지 않는다면 신성성이 사라진 마당에 비현실성을 극복하기 위해 이런 방향으로의 전환이 불가피하게 이루어질 수밖에 없으리라고 본다.

거인설화는 본래 창조적 성격을 중심으로 한다고 할 수 있다. 따라서 이런 성격을 계승한다면 창조적 행위와 관련된 증거물을 남기는 형태로 변이되고 전개될 뿐 대결의 요소가 없기에 서사적 전개는 빈약해질 수밖에 없다.137) 이 점은 산이동설화에서도 확인할 수 있었다. 장수흔적설화 또한 바위의 옮겨짐이나 바위에 흔적을 남기는 형태로 이런 창조적 성격을 미미하나마 계승하고 있어, 단순하고 빈약한 서사구조를 지닌 채 증거물을 중심으로 전승되는 양상을 보인다고 생각된다. 그럼에도 이렇게 장수흔적설화를 거인설화의 후대적 변이형으로 파악했을 때 장수흔적설화가 널리 분포되어 있는 광포설화임을 염두에 둔다면 많은 거인설화가 폭넓게 존재하고 분포하다가 소멸 기로에 접어들었다는 것을 알게 한다는 점에서 의미가 있다.

2. 문헌에 수용된 변이유형

거인설화는 대부분 구전으로 전한다. 우리나라에는 설문대할망이라든가, 마고할미, 장길손 등 거인설화의 자료가 적지 않지만 모두 구전되는 자료라 할 수 있다. 우리와 지리상으로 가까운 중국이나 일본의 경우는 일찍부터 거인에 대한 문헌기록이 보여진다. 중국의 반고신화가 담겨있는 『三五歷記』는 이미 3세기 경에 문헌에 기록 정착하였고, 일본에도 8세기 경의 문헌인 『風土記』에 다이도우보우시(太大法師)와 다이진야고

---

137) 조동일은 거인설화는 자아와 세계의 대결이 나타나지 않는 시련이 없는 신화임을 지적한 바 있다. (조동일, 같은 글, 85면.)

로(大人彌五郎)라는 남성거인 이야기를 담고 있어 기록화된 거인설화의 모습을 찾아볼 수 있지만 우리의 경우 거인설화가 뚜렷이 드러난 문헌자료는 찾기 어렵다.

그렇다면 우리에게는 문헌에 기록된 거인설화가 전혀 없는가? 그렇지는 않다고 본다. 원래부터 거인설화에 대한 기록을 싣고 있는 문헌자료가 없었는지, 아니면 원래는 있었지만 그 기록이 전해지지 않는 것인지는 확실하지 않다. 다만 거인설화적 흔적을 보이는 현전 자료 중『삼국유사』가 12세기 이전으로 거슬러 올라가지 않고, 또한 지나치게 비현실적으로 보이는 거인성이 윤색되어 그 흔적만을 남기는 형태이기에 거인설화의 면모가 두드러지지 않을 뿐이다.

문헌에 수용된 거인설화의 모습은 구전의 자료와는 큰 차이가 있다. 문헌에 수용된 거인설화는 거인의 비현실적인 면이 약화되고 현실과 지나치게 동떨어지지 않은 거인성을 보여주고자 한다. 거대한 거인의 외모를 강조한다거나 산천을 형성하는 창조신적 행위도 찾아볼 수 없다. 꿈을 통해 거인성을 표현한다거나 일반적인 인간보다 거대하다는 것을 보여서 그것으로 특별한 의미를 부여하는 형태이다. 즉 거인성에 대한 현실 가능한 형태로의 모색이 두드러진다는 것이다.

이런 문헌에 수용된 거인설화는 두 가지 형태로 나타난다. 하나는 꿈의 형태를 빌어 거인성을 표현하는 '旋流夢談 자료이다. 현실적이고 합리적 사고에 입각해 거인설화적 속성은 유지한 채 꿈의 외피를 입힌 형태라 할 수 있다. 그리고 다른 하나는 거인적 속성이 미약하나마 그대로 보여지는 자료이다. 거인설화가 문헌에 정착되면서 비현실적인 거인성을 현실에 가깝도록 형상화시켜 나타낸 것으로 판단되는 자료이다.

그런데 이런 두 가지 형태로 나타나는 문헌에 수용된 거인설화는 왕조나 왕계의 시작 및 멸망과 관련된다거나 왕의 신성한 능력과 결부되고 있어 그것이 지니는 의미 또한 적지 않은 것으로 여겨진다. 즉 거인설화의 창조신화적 성격을 왕권신화적 성격으로 수용하는 양상이라 볼 수 있기 때문이다 .

이런 시각에서 여기서는 문헌에 수용된 거인설화적 성격의 자료들을 검토하여 그것이 기록되면서 어떻게 형상화되어 나타나는지, 그리고 어떤 의미를 지니는지를 살펴보도록 하겠다.

2.1. '旋流夢'談

'旋流夢'138)이란 어떤 이가 山頂에 올라가 小便을 누었는데, 그것이 흘러내려 온 장안이나 나라를 잠기게 하는 꿈을 꾼다고 하는 화소이다. 이런 '선류몽'담에 대해서는 지금까지 선학들에 의해 몇 차례 논급은 되었지만 그다지 주목을 받지는 못하였다. 김열규139), 장덕순140), 임동권141), 김현룡142) 등에 의해 자료의 소개와 정리 및 간략한 해설 정도가 언급되었을 뿐이었다.

그런데 실상 이 선류몽은 그 자료가 지니는 의미가 단순하지 않다고 생각된다.

첫째, 선류몽은 비정상적인 상황에서 왕위를 계승하는 인물과 결부되어 그 당위성을 부여하는 것으로 나타난다는 점에서 건국신화보다는 못하지만 아주 중요한 신화적 성격을 지닌 자료로 판단되는 것이다. 둘째, 선류몽은 그 성격상 건국신화 이전의 신화형태였을 것으로 추정되는 거인설화와 밀접한 모습을 보여주고 있어 거인설화의 후대적 변모양상 또는 잔존양상으로 파악될 수 있다는 점에서 중요하다.

---

138) '선류몽'에 대한 용어는 지금까지 뚜렷하게 정립되지 못했다. 김열규는 '旋流溢國夢'이라 하여 살핀 바 있고, 장덕순은 '旋流夢', 임동권은 '放尿夢'이라 명명한 바 있다. 그런데 이 중 '방뇨몽'은 어린아이들이 흔히 꾸는 '오줌누는 꿈'과 구별되지 않기에 적절치 못하다고 여겨진다. 오줌이 흘러내려 세상을 잠기게 하는 꿈임을 염두에 둔다면 '선류몽'이나 '선류일국몽'이라 하는 것이 더 마땅할 것이다. 그리고 이렇듯 '방뇨몽'과 구별되는 의미로 '선류몽'을 사용한다면 굳이 '선류일국몽'이라 할 필요는 없기에, 본고에서는 '선류몽'이라는 용어를 쓰기로 한다.

139) 김열규, 『한국민속과 문학연구』, 일조각, 1985.

140) 장덕순, "꿈전설", 『국설화문학연구』, 서울대출판부, 1987.

141) 임동권, "방뇨몽고", 『한국민속논고』, 집문당, 1984.

142) 김현룡, 『한국고설화론』, 새문사, 1984.

따라서 여기서는 이처럼 중요한 의미를 지닌 선류몽 자료들을 살펴 그 양상 및 특징을 지적하고, 선류몽이 출현했던 시대적 배경을 살펴 그것이 지닌 의미를 찾아보고자 한다. 그리고 선류몽의 근원으로써 구전설화로 전하는 거인설화를 관련시켜 역사적 전이양상을 더듬어 보는 데 초점을 두고자 한다.

(1) '旋流夢'談에 대한 자료의 검토 및 특징

여기서 제시할 선류몽에 대한 자료는 이미 기존에 밝혀진 것이며, 더 이상 새로운 자료는 없다. 우선 이들 자료부터 제시하고, 그 양상 및 특징을 밝혀보도록 하겠다.

가) 寶姬의 선류몽 (『三國遺事』권1, 태종춘추공)
나) 寶育의 선류몽 (『고려왕세계』)
다) 寶育之女의 선류몽 (『고려왕세계』)
라) 獻貞王后의 선류몽 (『고려사』열전)

가)는 김유신의 누이인 보희가 西岳에 올라가 小便을 보았는데, 그것이 흘러내려 장안을 잠기게 하였다는 꿈이다. 그런데 이 꿈을 좋은 꿈이라 하여 동생 문희가 비단을 주고 사게 되고, 결국은 후에 왕이 되는 인물인 김춘추와 인연을 맺게 된다는 것이다. 이런 가)는 여타의 '선류몽'담에 비해 시대가 가장 앞서는 것이며, 그 담고 있는 내용도 풍부하여 후대에 형성된 선류몽들에게 적지 않은 영향을 주었던 것으로 보여진다. 이런 가)는 꿈을 꾸는 사람과 사는 사람이 따로 있어 買夢이 이루어지며, 그리고 이 꿈을 계기로 후에 왕이 되는 김춘추와 불가능한 상황에서의 결혼이 성립된다는 점에서 특징적이다.

나)는 강충의 둘째 아들인 보육이 지리산에서 수도하던 중 꿈에 송악에 올라 방뇨를 하였는데, 그것이 홍수가 나서 삼한을 잠기게 했다는 것이다. 이 꿈이야기를 들은 형은 장차 천하를 얻게 되는 자식을 낳는 꿈이라 하면서 딸인 덕주를 주어 혼인하게 한다. 이런 나)는 여타의 선류몽과는 적지 않은 차이가 있다. 첫째, 꿈을 꾼 인물이 남자라는 점, 둘째, 이 꿈의 바로 다음에 그의 딸이 동일한 꿈을 꾸고 있어 다음 부분과 중복되기에 어색한 모습을 보여주는 부분이라는 점, 셋째, 꿈을 꾼 장소가 지리산으로, 뒤에서 상세히 밝히겠지만 태조의 母인 위숙왕후가 지리산 산신으로 신성시되고 있다는 점과 무관하지 않을 것이라는 점, 넷째, 이런 꿈의 결과로 왕이 되는 인물과 결연 또는 왕이 될 자식을 낳는 것으로 나타나지는 않는다는 점 등이 특이하다고 하겠다.

다)는 나)의 보육이 선류몽을 꾸고서 낳은 그의 큰딸이 다시금 선류몽을 꾸는 것으로, 곡령에 올라 방뇨한 것이 삼한을 잠기게 했다는 것이다. 그리고 이 꿈을 동생인 진의에게 비단치마를 받고 파는 것으로 나타나 가)와 거의 유사한 모습을 보인다. 즉 꿈의 매매가 이루어지며, 그 매몽의 댓가도 비단옷이라는 점, 이 꿈을 사는 것으로 인해 황제가 되기 전의 당숙종을 만나게 된다는 점까지 일치한다. 이처럼 가)와 흡사하게 나타나는 것은 가)를 염두에 두고 다)의 선류몽이 형성되었기 때문일 가능성이 있음은 물론이다. 그렇다고 하더라도 여기서 특히 주목되는 것은 왜 이처럼 『고려왕세계』에 이런 선류몽이 연이어 나타나는가 하는 것이다. 나)와 다)에서 보이는 선류몽의 중복은 분명 부자연스러운 모습이며, 따라서 의도적인 흔적마저도 보인다. 그리고 라)에서 살펴볼 헌정왕후의 선류몽까지 합친다면, 고려의 형성기와 초기에 집중적으로 이 선류몽이 문제가 되고 있음을 알 수 있다. 그러면 이 선류몽이 어떤 의미가 있기에 고려 초에 이처럼 중요하게 나타나고 있는가가 해명되어야 된다고 본다. 이에 대해서는 뒤에서 구체적으로 검토하기로 한다.

라)는 『고려사』열전에 전하는 이야기로, 고려 5대 경종의 비인 헌정왕후가 경종의 薨後 王輪寺 남쪽 私家에 살았는데, 어느 날 곡령에 올라가 방뇨하여 나라가 잠기게 하는 꿈을 꾼다. 그 후 이웃에 살던 安宗과 몰래 사통하여 8대 임금인 현종을 낳게 된다는 것이다. 이런 라)는 꿈을 꾸는 이를 과부로 설정하고 있다는 점에서 여타의 것과 큰 차이가 있으며, 불륜을 저지르고 이를 해결하는 과정에 있어서는 가)의 김춘추와 문희의 이야기와 동일하게 불을 피워 성종의 눈에 띠게 한다는 점이 특징적이라 하겠다.

이상 네 가지 선류몽 자료에 대해서 개괄적으로 검토하였다. 이 중 가장 포괄적이고 풍부한 내용을 지닌 것은 가)이며 시대적으로도 가장 앞서는 것이다. 이것은 기존의 연구의 주장처럼 고려의 왕조설화가 이전에 전해지던 설화를 모아 형성되었기 때문에, 이 과정에서 가)의 설화를 여러모로 차용한 까닭에 기인한다고 본다.

그러면 이러한 '선류몽'담들의 자료에서 파악할 수 있는 공통점들을 토대로, 이들 선류몽이 지닌 특징적인 면을 지적하기로 하겠다.

첫째, 선류몽을 꾼 사람이 대체로 여성이라는 점이다. 물론 나)에서는 남자인 보육이 선류몽을 꾸는 것으로 나타나지만, 이것은 장덕순의 지적처럼 마땅한 설정이라고 보기는 어렵다. 그 이유는 첫째, 女性이 남성을 상징하는 산에서 旋流하여 자식을 낳는다는 논리가 훨씬 신화적 합리성이 있으며,143) 둘째, 가), 다), 라)에서 볼 때 우선 父系가 선명치 못한 상태에서 꿈의 예시대로 결혼을 하여 아들을 낳고 있어 모계사회의 계승 흔적이 있다는 점,144) 셋째, 나)는 다)와 중첩되는 부분으로 여타의 자료에 견주어 볼 때, 나)가 지나치게 이질적인 성격을 보여 억지로 부회시킨 면이 없지 않기 때문이다.

둘째, 이 꿈은 王이 될 인물을 낳거나 만나는 의미가 있는 神聖現示의 신화소라고 할 수 있다. 그런데 한편 이 선류몽을 통해 신성현시를 받은 인물은 공통적으로 원래 정당하게 왕위계승을 할 인물이 아니었다는 공통점이 있다. 가)의 김춘추는 진골로서 최초로 왕위에 오르게 되는 인물이고, 다)의 진의와 인연을 맺은 당 숙종도 당의 귀인이라는 정도만 알 뿐 후에 마땅히 왕이 될 인물이라고는 의식되고 있지 않다. 뿐만 아니라

---

143) 장덕순, 같은 글. 126면.

144) 『고려왕세계』에서는 보육의 딸인 辰義가 唐 貴姓과 결혼하는데, 이 부분에서 모계 계승이 나타난다. 한편 장덕순은 이 꿈이 귀인과 결혼하는 단서가 되는 꿈이기에 부계가 뚜렷하지 않다고 하면서 '선류몽'설화가 모계사회의 유산이라고 하고 있다. (같은 글, 126면)

라)의 헌정왕후 자식인 현종의 경우는 헌정왕후가 과부였기에 특히 그렇다고 할 수 있다. 때문에 이 꿈은 정상적으로 왕위에 오르는 인물에 대한 신성성을 보여주는 꿈이라기보다는 오히려 이런 선류몽의 형식을 빌어 새로이 나라를 다스릴 인물이 된다는 것을 암시하는 점에서 신성현시인 것이다. 때문에 이들이 왕위에 올라야 한다는 당위성을 설명하는 것이기도 하다.

셋째, 가)와 다)에서 특징적으로 보여지는 면모로 매몽이 나타난다는 것이다. 그런데 이 매몽의 댓가는 모두 비단 또는 비단치마로 나타나 옷과 밀접한 관련이 있을 것이라는 점이다. 이처럼 매몽의 댓가로 비단 또는 옷이 사용되었다는 데서 우선 생각할 수 있는 것은 당시에는 화폐경제가 발달하지 않았기에 귀하게 생각되던 비단이 화폐의 역할을 하는 대체물로 나타났을 수 있다는 것이다. 그런데 한편 각도를 달리해서 본다면 비단이 반드시 매매수단으로 나타난 것만은 아닌 듯하다. 왜냐하면 가)와 다)에서 꿈의 매몽 행위가 모두 자매들 사이에서 나타나고 있어, 이 때의 비단이 꼭 화폐의 개념으로 쓰이지는 않았을 것으로 생각되기 때문이다.145) 그런데 이런 선류몽의 근원으로 생각되는 巨人說話에도 거인에게 옷을 만들어주는 것이 중요한 모티프가 되고 있어 이 점과 관련하여 주목된다. 이러한 관련성에 대해서는 뒤에서 자세히 살피기로 한다.

넷째, 선류를 하는 장소가 모두 山上으로 나타난다는 점이다. 이것은 山上에 올라가서 선류를 해야 온 세상이 잠길 수 있기 때문에 세상을 다스릴 인물의 탄생이라는 의미를 부연한다는 점에서 이렇게 설정한 까닭도 있겠지만, 다른 한편 이들 꿈의 결과가 불가능한 상황에서 왕이 되는 인물에게서 보인다는 점을 생각해 볼 때 산상이라는 선류하는 장소는 국조신화와 山神信仰이 밀접하게 관련된다는 것과 결부하여 생각해 볼 여지가 있다. 국가시조는 물론 천강하는 경우가 많지만 한편으로 산신과의 관련성이 중요하다. 단군은 죽어서 산신이 되었다고 하며, 신라의 二聖인

---

145) 우리의 일상생활에서도 꿈을 사고 팔 때는 돈이 아닌 옷 또는 옷감을 준다는 점도 이와 관련지어 생각할 수 있을 것이다.

혁거세와 알영은 仙桃山聖母에게서 태어났다고 한다. 그리고 가야의 시조인 김수로왕도 구전되던 자료를 기록했을 『신증동국여지승람』에서는 가야산신 正見母主의 자식으로 나타나고 있다.146) 이처럼 건국시조와 산신과의 관련성이 민중들에게 중요하게 의식되고 있었기에 비정상적인 상황에서 나라를 새로 다스리게 될 인물임을 밝히는데 있어 의식적이든 무의식적이든 간에 작용했을 가능성이 없지 않다.147)

다섯째, 이들 선류몽은 근원은 가)에 있으며, 가)의 영향이 크게 작용하여 여타의 것들이 만들어졌던 것으로 보인다. 나), 다), 라)는 모두 가)의 특징적인 부분 중에 필요한 것들을 추출하여 수용하고 있다고 하겠다. 특히 나)와 다)는 연이어 나오는 것이기에, 나)는 단지 산상에 올라 선류했다는 것과 이것이 귀한 자식을 얻게 될 꿈이라고 하는 것만 간략하게 언급될 뿐이다. 그리고 뒤의 다)부분에 와서 보육의 二女를 설정하고, 買夢이 있으며, 당의 귀인의 옷깃을 달아줄 때 長女가 코피가 나서 동생인 진의가 대신한다는 것 등 자세하게 '선류몽담'이 그려지고 있다. 이것이 가)부분과 거의 유사함은 물론이다. 한편 라)는 나)와 다)의 『고려왕세계』와는 다소 시간상 차이가 있는 것이지만 나)와 다)를 염두에 두면서 가)의 선류몽담을 가져온 것으로 보인다. 그 이유는 라)도 물론 선류몽이 중심이 되어 있지만, 이런 선류몽을 꾼다는 것 이외에는 나), 다)와 중복되는 부분이 없기 때문이다. 대신 가)의 구성요소 중 나)와 다)에 차용되지 않은 부분 즉 정상적인 결연이 아닌 상태에서 잉태를 하고 그것을 인정받기 위해 장작을 쌓아 놓고 불을 질러 그것이 왕의 눈에 띠어 왕이 처분을 내리게 된다는 부분이 나타나고 있다.

결국 나), 다), 라)는 선류몽을 꾼다는 것이 중심이 된다는 점만 공통되어 나타날 뿐, 그 외의 구성요소는 가)의 것들이 나), 다), 라)에 중복되지 않도록 각기 적절하게 배분되어 있는 양상인 것이다. 때문에 고려

---

146) 『신증동국여지승람』 권29, 고령현.
147) 김상기는 보희의 선류몽이 西岳을 무대로 하고 있다는 점을 들어 서술성모 즉 신라의 성모신앙과 관련이 있다고 한다. (김상기, "국사상에 나타난 건국설화의 검토", 『동방사논총』, 서울대출판부, 1986. 18~19면.)

초에 집중된 선류몽은 세 번이나 되풀이하여 나타나면서도 서로 다른 모습의 선류몽을 보여주는 것이다. 그리고 한편 이런 나), 다), 라)의 화소들이 가)의 범위를 넘어서지 않는데, 이는 물론 나), 다), 라)가 가)를 차용했기 때문이라 볼 수 있다. 가)는 배경시대가 가장 앞설 뿐 아니라 정상적인 왕위계승의 상황이 아님에도 왕위에 오르는 것에 대한 정당성을 보여주는 전시대의 적절한 범례였기 때문일 것이다.

(2) '旋流夢'談 출현의 시대적 배경

'선류몽'담의 출현은 앞에서 간략하게 언급하였듯이 정상적인 상황이 아닌 상태에서 왕위를 계승하게 되는 인물에게 당위성을 부여하는 것과 밀접하게 관련이 있다. 때문에 이것은 왕조신화의 성격까지도 지닌 話素라 할 수 있다. 건국신화가 국가창건의 군주에 대한 신성성과 당위성을 보여주는 것이라면, 이것도 국가창건과는 직접적인 관련은 약하지만 새로운 王祖 또는 王系가 서는 것을 합리화시키고 타당화시키는 방편으로 쓰이기에 신화적 성격이 인정되는 것이다.

그러면 '선류몽'이 출현했던 시대적 배경이 어떠했기에 이처럼 '선류몽'을 들어 새로운 왕조나 왕계의 당위성을 부여하고 있는가? 이 문제를 살펴보는 것이 '선류몽'이 지닌 의미를 부각시키는 데 적지 않은 도움이 될 것이다.

'선류몽'은 김춘추가 왕위를 계승하던 시기와 고려가 창업되던 시기, 그리고 고려의 8대 임금인 현종이 왕위를 계승하던 시기 등에 보여진다고 했다. 그런데 이 중『고려왕세계』에 보이는 두 편의 '선류몽'은 고려국조신화의 일부이기에, 이 꿈을 통해 고려 왕조창업의 필연성과 당위성을 보이고자 했을 것임은 물론이다. 때문에『고려왕세계』소재의 선류몽은 왕조교체라는 시대배경이 뚜렷하다. 그런데 여타의 것들도 이것과 시대배경이 크게 다르지 않아 흥미롭다. 선류몽과 함께 왕위에 등극하는 김춘추나 현종도 왕조의 교체는 이루어지지는 않지만 왕조교체에 못지 않은 시대적 상황이 전개되고 있는 것이다. 김춘추는 진골로서 그리고 폐위된 진지왕계의 왕손으로서 왕위계승이 불가능한 상황이었으나 왕위를 계승하며, 현종은 부모의 부도덕적인 행각으로 인해 출생하고 前王인 목종이 폐위되어 죽음을 당한 뒤 왕위에 오르는 것으로 나타난다.

　그러면 우선 시대가 앞선 김춘추부터 살펴보기로 한다. 김춘추는 신라 29대 왕으로, 진지왕의 손자이며 伊飡이었던 김용춘의 아들이다. 김춘추는 52세가 되어서야 비로소 왕위에 올랐으며, 성골만이 가능했던 왕위계승을 진골로서는 최초로 이루었던 인물이기도 했다.148) 이런 김춘추였기에 그의 왕위계승을 둘러싸고는 적지 않은 문제가 있었음을 쉽게 짐작할 수 있다. 김춘추는 진골이었기에 왕위를 계승하는데 적합한 인물이 아니었다. 뿐만 아니라 그는 문란한 정치를 하다 폐위된 진지왕의 증손자였다. 『삼국유사』에는 진지왕에 대해 "나라를 다스린지 4년만에 政事가 어지럽고 음란한 짓이 많아 나라사람들이 그를 폐위시켰다"라고149) 기록하고 있어, 이 또한 그가 왕위를 계승하기에 적지 않은 결함으로 작용했을 것임을 알 수 있다. 그럼에도 김유신의 누이동생인 문희와 정략적인 결혼을 하고, 김유신의 정치적·군사적 협조를 얻어 왕위에 오를 세력기반을 다지고자 했던 것으로 보인다. 그가 왕위에 오르기 전인 647년에는 구귀족 세력의 대표격인 상대등 毗曇 등이 김춘추가 중심이 된 신귀족세력에 반란을 일으키기도 하는데, 이는 곧 김춘추가 기존세력에게 인정받지 못하고 있음을 보여주는 것이 된다.150) 이처럼 그가 왕위를 계승하는 데는 적지 않은 문제점이 있었다. 때문에 이런 상황에서 그가 왕위를 계승하기 위해서는 민심을 수습할 필요가 있었고 또한 그가 왕위에 올라야 할 인물이라는 당위성을 설명할 필요성도 있었던 것으로 보인다. 이에 세상을 다스릴 인물이라는 의미가 상징적으로 표출되는 선류몽을 그의 왕위계승에 있어 강력한 협조자인 김유신의 누이가 꾸는 것으로 하여, 김춘추가 왕위에 오를 인물임을 합리화시킴과 동시에 김유신과의 밀접한 관계를 자연

---

148) 『三國史記』 권5 진덕왕, "國人謂 始祖赫居世至眞德 二十八王謂之聖骨 自武烈王至永　　王 謂之眞骨"
149) 『三國遺事』 권1 도화녀비형랑, "御國四年 政亂荒婬 國人廢之"
150) 김영하, 「태종무열왕」항목, 『한국민족문화대백과사전』, 한국정신문화연구원, 1991.

스럽게 드러내고 있는 것이다.151)

한편 선류몽이 나타나는 고려 8대 임금인 현종의 왕위계승 상황도 극도로 혼란한 시기였음을 알 수 있다.

현종의 母인 獻貞王后 皇甫氏는 景宗의 비로 경종이 薨하자 王輪山 남쪽 私弟에 나와 살다가 경종의 동생인 安宗과 상간하여 현종을 잉태하게 된다.152) 때문에 현종이 등극하면서는 어떤 형태로든 이런 문란한 행태를 합리화시켜야만 했다. 뿐만 아니라 현종의 왕위계승도 선왕인 목종에 의해 자연스럽게 양위된 것이 아니었다. 목종은 어린 나이에 왕위에 올라 그의 母인 獻哀王后가 섭정을 하였다. 그런데 그녀는 외척인 김치양을 궁궐로 끌어들여 음탕한 짓을 일삼다가 김치양의 소생을 보아 목종을 시해하고 그 소생을 왕위에 등극시키고자 음모하였다. 이에 康兆가 군사를 이끌고 와서 김치양 부자를 죽이고 태후를 귀양보냈으며, 목종도 결국 폐위시켜 살해하고 현종을 왕위에 오르게 했던 것이다. 그리고 이것이 빌미가 되어 거란이 "고려 강조는 임금을 죽였으니 大逆인지라 마땅히 군사를 일으켜 죄를 물을 것이다"라는153) 명분으로 고려를 침략하게끔 되기도 했다.

이처럼 시대상황이 혼란하였기에 현종이 왕이 되면서는 왕위계승의 당위성을 부여하면서 민심을 수습할 필요가 있었을 것이다. 현종 부모의 부도덕성과 목종의 폐위 및 현종의 등극이 강조의 군사력에 의한 것이었다는 점 등을 나름대로 합리화시켜야 했던 것이다. 이에 과부였던 헌정왕후가 선류몽을 꾸는 것으로 하여 현종이 왕위에 등극하는 것을 정당화시켰으며, 아울러 부모의 비윤리적인 행각에 대해서도 왕위에 등극할 인물을 낳기 위한 필연적인 행위였음을 보여주고자 했던 것이다.

이상과 같이 볼 때 '선류몽'담은 모두 비정상적인 상황에서 왕위를 계승할 때 출현한다는 시대적 배경을 가지고 있다.

---

151) 김상기도 溺夢說話는 그 여자의 所産이 국내에서 세력을 펴는 것을 상징하는 바로, 신라 진골계의 元朝인 太宗武烈王의 配偶에 이런 설화가 결부된 것은 우연이 아니라고 하고 있다. (김상기, 같은 글, 18면)

152) 『고려사』 권88, 열전 제1후비.

153) 『고려사』 세가 권4 현종 (김상기, 『고려시대사』, 서울대출판부, 57~60면)

그런데 여기서 고려되어야 할 문제는 '선류몽'담이 실제로 꿈을 꾸었던 사실을 기록한 것인가 그렇지 않으면 왕위를 계승할 인물에게 당위성을 부여하기 위해 의도적으로 이런 '선류몽'담을 만들어 결부시킨 것인가 하는 점이다. 물론 이것은 후자일 것이다. '선류몽'담은 실제 꿈의 기록이기보다는 비정상적인 상황에서 왕이 되는 것을 암시하기 위해 의도적으로 가져왔을 것이다. 그렇다면 '선류몽'담이 왕조나 왕계의 시작과는 어떤 필연적인 관련성이 있었음을 상정할 수 있는데, '선류몽'담이 이처럼 왕조 또는 왕계의 시작의 의미를 지니면서 계속해서 차용되는 까닭은 무엇인가? 표면적으로 드러난 것처럼 많은 양의 배설물이 이 세상을 잠기게 한다는 내용의 꿈이기에 이처럼 왕조나 왕계의 시작이라는 의미를 상징하는 것이라고 보기는 어렵다.

여기에서 '선류몽'담을 거인설화와 관련지어 생각해 볼 필요가 있다. 그 이유는 첫째, '선류몽'담에서 문제가 되는 많은 양의 배설물이 거인설화에서도 중요한 화소로 나타나고 있다는 점, 둘째, 이 세상의 창조에 관여하는 거인신격 및 그 신화가 오랫동안 중요한 신격 및 신화로 자리잡고 있었을 가능성이 큰데 이런 기존에 이어져 내려오던 신성관념을 왕조나 왕계의 시작과 관련시키고자 했을 가능성이 있다는 점, 셋째, 뒤의 기타 문헌에 수용된 거인설화에서 밝히겠지만 실제로 거인성이 왕조나 왕계의 시작 및 멸망에 관련되고 있어 호국신적 성격을 지닐 뿐 아니라 왕의 신성성을 부여하는 의미로 나타난다는 점 등이다. 그러면 '선류몽'담을 거인설화와 어떻게 연결시킬 수 있는지 그 관련성을 찾아보도록 하겠다.154)

---

154) 김열규는 '선류몽'을 大洪水說話와 관련된 것으로 파악하여 재생의 상징 및 신생아 탄생의 징후라 보고 '原水'의 재현으로서 生産力 象徵으로 파악하고 있다. (김열규, 같은책, 214~215면) 선류몽이 이와 같은 의미를 지녔기에 왕조나 왕계 교체기에 중요하게 나타났을 가능성은 물론 있다. 하지만 홍수설화가 건국시조와 관련된다든지 문헌에서 신성한 의미로 나타나는 것이 있는지에 대해서도 고려해 볼 필요가 있다. 이에 반해 거인설화는 구전에서 건국시조와 밀접하게 나타날 뿐 아니라 문헌에서도 그 면모를 찾아볼 수 있기에, 선류몽을 거인설화와 관련지어 생각하는 것이 더 타당하리라고 본다.

(3) '旋流夢'談의 근원과 역사적 전개

'선류몽'담은 비정상적 상황에서 왕조나 왕계가 교체할 때, 그것의 당위성을 부여하고자 나타난다고 했다. 그러면 이런 선류몽이 어떤 의미를 지니고 있기에, 이처럼 중요한 의미로 차용되었는가? 우선 생각할 수 있는 것이 그 꿈의 내용 때문이다. 즉 山上에 올라 방뇨한 것이 세상을 잠기게 했다는 것이기에, 이런 내용 자체가 단순히 이 세상을 다스리는 것을 상징한다고 해석된다는 것이다. 그러나 여기에는 의문의 여지가 없지 않다. 선류몽이 이런 단순한 상징적인 의미를 지녔다는 이유만으로 이것을 통해 왕조나 왕계 교체의 당위성을 보이고자 했을까 하는 점이 석연치 않다는 것이다. 때문에 이런 표면적인 면으로 '선류몽'담이 차용된 이유를 찾기보다는, 보다 본원적인 데서 그 실마리를 찾는 것이 마땅할 것이다.

'선류몽'담에서 가장 핵심적인 부분은 산상에 올라 방뇨를 한다는 점과 그것이 세상을 잠기게 했다는 점이라 할 수 있다. 이것은 결국 배설물이 중요하게 작용하는 것이며, 아울러 그 배설물의 많은 양이 문제가 되는 것이다. 그런데 이런 배설물이 중요한 의미를 지니는 것으로는 거인설화가 있어 주목된다.

거인설화는 현재 신성성을 거의 상실하고 파편적인 형태로 전설 또는 민담화되어 전승되고 있지만, 이것이 원래 건국신화 이전의 신화였을 것으로 보는 것이 일반적인 견해이다. 이 점은 이 세상이 창조되게 된 내력이 미륵 또는 청의동자라는 거인의 행위에 따른 결과라고 하는 創世神話를 보아서도 알 수 있다.155) 뿐만 아니라 거인설화에서 거인의 행위 결과로 나타나는 것이 국토창생이나 산천형성과 밀접하다는 점도 이와 무관하지 않으리라 본다. 거인설화의 이러한 면모는 곧 신화적 성격에 다름 아니기 때문이다.

그러면 이런 거인설화를 근원으로 삼아 이것이 역사적으로 전이되는 양상을 살피고, 그것이 선류몽과는 어떻게 관련되는지를 검토하도록 하겠다. 우선 대표적인 거인설화의 모습을 보여주는 「장길손」의 내용부터 요약

---

155) 김헌선, 『한국의 창세신화』, 길벗, 1994. 49~53면.

해서 소개하기로 한다.

> 오랜 옛날 장길손이라는 거인이 살았는데 키와 몸집이 아주 컸다. 때문에
> 항상 먹을 것이 모자라 조선 팔도를 헤맸다. 그러다가 남쪽에 와서 배불리
> 밥을 먹을 수 있었다. 장길손이 좋아서 춤을 추니 그 그림자 때문에 곡식이
> 익지 않아 흉년이 들게 되었다. 그러자 사람들이 장길손을 북쪽으로 쫓아냈
> 고, 장길손은 먹을 것이 없어 흙이나 나무 같은 것을 닥치는 대로 먹었다. 장
> 길손이 배가 아파 토해낸 것이 백두산이 되었으며, 양쪽 눈에서 흘린 눈물이
> 압록강과 두만강이 되고, 설사를 하여 흘러내린 것이 태백산맥이 되었다 한
> 다. 그리고 오줌을 눈 것이 홍수를 지게 해 북쪽사람은 남쪽으로 가서 살게
> 되고, 남쪽사람은 일본으로 밀려가서 살게 되었다.156)

이처럼 배설물이 중요한 의미를 지닌다. 이 점은 비단 장길손에만 국
한되는 것은 아니다. 제주도 여성거인인 설문대할망에게도 단편적이지만
배설물에 의해 지형을 형성시켰다고 하는 몇몇 이야기가 전해지며, 육지
의 마고할미, 노고마고할미설화 등의 거인설화에서도 이런 모습은 쉽게
찾아볼 수 있다.157) 거인설화는 외모를 묘사하는 내용이 중심이 되기도
하지만, 한편 거인의 행위에 있어서는 이와 같은 많은 양의 배설물이 핵
심적으로 이야기되는 경우가 많다. 그리고 이런 배설의 행위가 자신의 능
력을 과시하기 위해 의도적으로 행해지지 않는다는 점도 기억할 필요가
있다.

선류몽을 꾸는 주체는 평범한 인간이다. 하지만 그의 행위에 따른 결
과는 분명 거인적 면모를 보였다. 비록 꿈의 형태를 빌렸지만 산상에 올
라 방뇨한 것이 이 세상을 잠기게 했다는 것은 평범한 인간의 행위로 보
기 어렵다. 세상이 잠길 정도의 배설은 배설한 사람이 거인적 속성을 지
녀야 가능한 것이기 때문이다. 선류몽은 배설행위와 배설물의 양이 문제
된다는 점에서 거인설화에 그대로 대응된다. 또한 이런 방뇨에 의해 홍수

---

156) 한상수, 『한국인의 신화』, 문음사, 1986. 188~190면 요약.
157) 김영경, "거인형 설화의 연구", 이화여대 석사논문, 1990. 13면.

가 나는 것이 의도한 바가 아니었다는 점도 동일하다.

때문에 '선류몽'담의 근원을 거인설화에서 찾을 수 있는 근거가 마련된다. 그럼에도 남는 문제가 있다. 즉 거인설화가 왕이 되는 설화와는 어떤 관련이 있기에, 이처럼 비정상적인 상황에서 왕이 되는 인물의 당위성을 보이는데 거인설화적 면모가 차용되는가 하는 점이다. 그런데 여기에는 건국시조에 대해 구전으로 전하는 설화가 시사하는 바가 적지 않다. 즉 구전설화에서는 건국시조가 거인의 모습으로 형상화되고 있는 것이다. 다음의 「단군」이라는 설화가 그것의 적절한 예이다.

> 옛날 밥나무서 밥 따서 먹고 옷나무서 옷 따서 입을 시절 하늘에서 사람이 하나 떨어졌는데, 그의 腎이 예순 댓발이 될 정도로 길었다. 그래서 모든 동물이 마다하는데, 곰이 굴속에 있다가 그 腎을 맞아 단군을 낳았고 다시 여우가 받아서 箕子를 나았다.158)

이것은 단군의 출생 부분에 초점이 맞춰져 있는 설화로, 『삼국유사』 등 문헌에 기록되어 있는 설화의 내용과는 판이하다. 특히 단군의 출생이 희화화되어 한낱 우스갯소리에 불과하게 나타난다. 그럼에도 이 설화는 단군신화에서의 단군의 출생 부분과 일정하게 대응되는 양상을 보여준다. 天帝의 서자인 환웅에 대응하는 인물로 하늘에서 하강한 腎이 큰 인물이 설정되고 있으며, 곰이었다가 인간으로 화한 熊女에 대해서도 그 腎을 받아 단군을 낳는 동물이 곰이라고 하여 일치되게 나타나는 것이다. 그런데 여기서 특히 흥미로운 점은 단군이 天降한 거인에게서 탄생한다고 하는 점이다. 巨根은 巨人의 면모를 보여주는 대표적인 양상 중의 하나로, 이런 모습이 단군의 父에게서 나타나는 것이다.

한편 이러한 巨根을 지닌 巨人說話의 형태는 가야의 시조인 김수로왕과 허황후에게서도 보인다. 김수로는 巨根으로 낙동강에 다리를 놓았다고 하며, 허황후는 나라사람들이 잔치에서 앉을 자리가 없자 陰席을 깔아

---

158) 임석재전집3, 『한국구전설화』, 평민사, 1988. 230면.

앉게 하였다고 한다.159)

이처럼 建國始祖를 두고는, 문헌설화와 달리 구전설화에서는 희화화된 모습이기는 하지만 巨根을 지닌 거인으로 형상화되고 있음을 알 수 있다.160) 이는 建國神話가 국가적인 기반을 바탕으로 하여 신성시되는 것과는 달리 민중들에게는 그 이전의 신화 형태였을 거인설화와 관련된 양상으로 전승되었을 가능성을 추정케 한다. 그리고 이렇던 것이 후대로 내려오면서 오늘날 문헌으로 전해지는 기록된 형태의 것과 같은 건국신화의 위세에 눌려 점차 쇠퇴하고 그 자리를 잃으면서 희화화되어 결국 이와 같은 형태로 남아있게 되지 않았나 여겨지는 것이다. 어쨌든 건국시조가 구전되는 설화에서는 巨人의 모습으로 비춰지고 있음을 일단 주목할 필요가 있다. 그리고 이들 구전자료는 거인설화가 민간에서는 왕조설화와 관련되어 전승되었을 가능성을 보여주는 것이기에, 왕조설화와 거인설화의 연결고리가 된다는 점에서도 의의가 크다 하겠다. 즉 이처럼 구전되는 설화에서 왕조설화가 거인설화와 밀접하게 연결되어 있기에, 거인설화를 시대에 맞도록 보다 현실적으로, 그리고 합리적으로 형상화시켜 비정상적인 상황에서 왕위를 계승하는데 당위성을 부여하고자 차용하고 있다는 것이다.

그런데 여기에도 의문이 하나 제기된다. 이런 건국시조의 거인적 면모는 巨根의 형태로 나타나는데 반해, 선류몽은 배설의 형태로 거인적 면모가 나타나 그 차이가 인정된다는 점이다. 巨根은 外形的 묘사라면 배설은 행위적 묘사라 할 수 있기에 더욱 그렇다.161)

하지만 『삼국유사』 지철로왕 조에는 巨根과 배설이 별개의 것이 아님을 보여주는 기록이 있다. 때문에 우선 그것을 간략하게 요약하여 살펴보

---

159) 손진태, 『조선의 민화』, 岩崎美術社, 1959. 50~51면.
160) 김영경은 이러한 거근의 거인설화에 대해 "이 설화는 거인배설의 생산적 기능이 회의되거나 관심을 잃으면서, 전승의 관심이 거인의 성기쪽으로 옮아간 것으로 보인다. 배설의 생산적 성격이 희화화되고 있다"고 주장한다. (김영경, 같은 글, 14면.)
161) 김영경, 같은 글. 이 논문에서는 거인설화 자료를 외모중심형과 행위중심형으로 구분하고 있다.

기로 하겠다.

> 智哲老王은 陰長이 一尺五寸이나 되어 배필을 구하기 어려웠다. 그래서 使者를 三道에 보내 구하게 하였는데, 사자가 牟梁樹 아래에 이르렀을 때 개 두 마리가 큰 북만한 똥덩어리의 두 끝을 물고 다투고 있는 것을 보았다. 村人에게 물으니 相公의 딸이 빨래를 하다가 수풀 속에 눈 것이라 하였다. 그 여인을 찾아가 보니 키가 七尺五寸이나 되어, 궁중으로 맞아 배필로 삼았다.162)

상기한 이 설화는 세 가지 점에서 시사하는 바가 크다고 본다.

첫째, 巨根과 많은 양의 배설물이 동일시되고 있다는 점이다. 지철로왕이 巨根을 지녔기에 그 배필이 될 여인 또한 거근을 지녀야 할텐데 이런 여인을 찾는 기준이 바로 배설물의 양이 되고 있는 것이다. 이것은 곧 배설물의 양이 많다는 것은 巨根을 지녔다는 것으로 인식되었음을 의미한다고 하겠다. 따라서 배설물의 양이 문제가 되든 거근이 문제가 되든, 그것은 결국 거인적 면모를 달리 표현한 것에 불과함을 알 수 있다.

둘째, 구전설화뿐만이 아니라 문헌설화에서도 왕의 거인적 면모를 찾아볼 수 있게 한다는 점이다. 이처럼 문헌과 구전 모두에서 왕이 거인의 모습을 띠고 나타나는 것은 왕조 또는 왕계가 거인설화와 일정한 관련이 있었음을 보여주는 증거가 된다. 때문에 왕조 또는 왕계의 시조가 비롯됨을 의미하는 '선류몽'에서 많은 양의 오줌 즉 배설물을 문제삼고 있는 것은 바로 거인설화와 관련시키고자 하는 의식이 저변에 깔려 있었음을 추정케 한다.

셋째, 지철로왕의 거인적 면모가 여타의 거인설화보다 훨씬 현실적인 모습을 띠고 나타난다는 점이다. 지철로왕은 음장이 一尺五寸이라 했으니, 현실과 지나치게 동떨어진 상상력의 소산은 아니다. 또한 배필이 되는 여인의 배설물의 양도 산천을 형성하는 거인설화와는 다소 간격이 있다. 그러면 지철로왕설화에서는 이처럼 신화적 상상력이 보다 현실을 지향하는 양상을 보이는 이유는 무엇인가? 이것은 두 가지 각도에서 생각

---

162) 『삼국유사』권1 기이 제1. 지철로왕.

해 볼 수 있다. 우선 여타의 거인설화는 구전으로 전하는 것이기 때문이라는 점이다. 구전설화는 구비전승되면서 흥미를 위해서 아무래도 과장을 하기 마련인데, 지철로왕설화는 문헌에 정착되면서 이런 과장이 제외되었을 가능성이 있다는 것이다. 또는 비교적 일찍 문헌에 기록됨으로써 여타의 구전설화와 달리 과장되어 나타날 기회를 잃었을 수도 있다. 다음으로 거인설화는 역사가 아주 오래된 것으로 처음에는 구전설화처럼 거대한 거인이었을 것이나 그것이 변모된 후대적 양상으로 이처럼 현실에 가깝게 형상화되어 나타났을 수 있다는 점이다. 시대가 흐르고 인간의 인지가 발달되면서 점차 인간이 현실적이고 합리적인 사고를 하게 되어, 거인설화도 이러한 사고에 따라 변이되었다고 보는 것이다.

그런데 이 중 전자보다는 후자의 타당성이 더 크다고 본다. 그 까닭은 첫째, 이 세상의 시원을 밝히는 창세신화의 주체가 되는 인물이 거인이라는 점이다. 「창세가」와 같은 내륙지방의 창세신화에서는 물론 제주도의 「천지왕본풀이」에서도 거인에 의해 이 세상이 창조되고 있다는 것이다. 뿐만 아니라 중국의 반고를 비롯해서 중국소수민족인 부미족의 력가, 沖繩의 아만츄 등 세계 도처의 창세신화가 거인설화로 나타나고 있어, 그 원초성이 인정된다.163) 둘째, 우리나라의 구전거인설화와 거의 흡사한 모습을 보여주는 가까운 일본의 거인설화들이 이미 8세기에 문헌에 기록들과 관련된다는 점이다. 즉 일본 『風土記』에는 다이다라보오시(太大法師)와 오오비도야고로(大人彌五郎)라는 남성거인의 이야기를 담고 있는 것이다. 柳田國男은 이들 설화를 비롯한 일본 곳곳의 여러 거인설화를 살피면서, 『風土記』의 이런 기록이 그 이전부터 있었던 거인신의 공경과 신력이 이어지면서 연유되는 것이라 밝히고 있다.164) 이와 같은 일본의 경우에 비추어 우리나라의 거인설화를 생각해 보더라도 다만 기록이 나타나지 않을 뿐 구전 거인설화의 연원이 깊다는 것을 알 수 있다.

---

163) 大林太良은 거인설화의 분포가 세계 전역에 걸쳐 있음을 지도에 표시하고 있다. (大林太良, 『神話學入門』, 中央公論社(동경), 72~73면.
164) 柳田國男, 『一目小僧その他』, 小山書店(동경), 1941. 367~407면.

그리고 이외에도 장주근이 구전 거인설화를 천지창조신화로 보아 人類創造神話보다 신화적 서열에서 앞서는 고형의 신화 형태라고 주장한 점이라든가,165) 조동일이 건국신화가 나타나기 전의 신화형태로 이런 거인설화를 다루고 있다는 점166) 또한 후자의 타당성을 뒷받침하는 주장이라 하겠다. 이렇게 볼 때 지철로왕설화는 거인설화가 현실화되고 있는 모습을 잘 보여주는 설화로 주목할 필요가 있는 것이다.

한편 거인설화의 이러한 후대적 변이양상과 관련지어 생각해 볼 것이 '선류몽'담에서의 꿈이다. '선류몽'담에서는 거인설화가 꿈의 형태를 빌어 현실성을 띠게 되는 것으로 보여지기 때문이다. 물론 여기에는 인간들이 보편적으로 경험하는 방뇨몽을 단순히 설화화한 것에 지나지 않는데, 이것을 지나치게 비약해서 해석하는 것이 아닌가 하는 의문을 제기할 수도 있다. 하지만 보편적인 인간이 경험하는 방뇨몽은 이처럼 많은 양의 배설물이 문제가 되지 않는다는 점, 그리고 만약 단순한 방뇨담에 근거한다면 비정상적인 상황에서 왕위를 계승하는 것을 합리화시키는 상징적 의미를 지니지는 못할 것이라는 점을 고려할 필요가 있는 것이다.

거인설화는 인간의 인지가 발달되고 합리적인 사고를 하게 되면서 현실화의 방향을 추구해 나갔을 것이다.167) 거인설화의 비현실적인 측면을 보다 현실에 가깝게 기술하기 위한 모색이 있었을 것이고, 이런 모색의 일환으로 지철로왕설화와 같은 형태가 형성되었을 것이다. 그리고 또 한편으로는 선류몽처럼 꿈의 형태를 빌림으로써 자연스럽게 현실에서 일탈되지 않고 거인설화를 받아들일 수 있도록 했다고 본다.168)

---

165) 장주근,『韓國口碑文學史(上)』, 한국문화사대계5, 고려대출판부, 1978. 657~659면.
166) 조동일,『한국문학통사』1 제3판, 지식산업사, 1994.
167) 거인설화에 대한 신성성이 사라지자 거인설화에 대해서는 그 진실성에 대한 의문이 적지 않게 제기되었으리라 본다. 이 점에 대해서는 산이동설화를 다루면서 비현실적인 면을 부정하는 전승자나 현실 가능한 형태로 설명하려고 노력하는 채록자의 관점(박춘식,『서산의 전설』, 태안여상 향토문화연구소, 1987. 217면.)을 통해 구체적으로 검토한 바 있었다.
168) 비현실적인 존재나 특별한 능력을 부여하는 신비스런 물건을 가진 것에 대해 후대에

이렇게 볼 때 지철로왕설화는 물론 '선류몽'담도 거인설화의 후대적인 변이양상으로 파악하는 것이 바람직한 것이다. 한편 '선류몽'담에서는 이 외에도 거인설화와 관련지어 주목되는 부분이 있다. 즉 '선류몽'담의 매몽 부분이 그것이다.169) '선류몽'담에서는 매몽이 중요하게 등장하고, 그 댓가로 지불하는 것이 옷 또는 비단이었다는 것은 이미 언급한 바 있다. 그런데 선류몽에서의 이런 매몽이 거인신에 대한 숭배의 한 단면이 아닌가 여겨지는 것이다. 거인설화가 원래 신화였다면 어떤 모습이든 제의적 형태가 존재했을 것이다. 그러면 거인신에 대한 제의는 어떠했을까? 신화의 신성성마저 사라진 마당에 제의의 형태를 밝혀낸다는 것은 거의 불가능하다. 다만 설화에 그 흔적이 남아있다면, 그것을 통한 일부 추정은 가능할 수 있을 것이다.

거인설화에서는 거인의 大食性이 문제가 된다. 거인이기에 큰 체구를 지녀 먹을 것의 해결이 시급하다고 인식했기 때문일 것으로, 이런 大食性은 결국 많은 양의 배설물에 의한 산천형성과도 관련될 수 있어 거인설화의 중요한 면모를 차지한다. 한편 거인설화에서는 이외에 大衣話素가 중요하게 나타남을 주목할 필요가 있다. 이것은 거인의 외모를 묘사하기 위한 것으로, 먹을 것만큼 절실하게 거인이 필요로 하지는 않는다. 거인은 덩치가 큰만큼 자신에게 맞는 온전한 옷을 원하며, 사람들이 이러한 희망에 부응해 옷을 만들어주는 것으로 나타난다. 제주도의 설문대할망은 명주 백 필을 모아 속옷을 만들어주면 육지까지 다리를 놓아주겠다고 하나 한 필이 모자라 다리를 놓다가 말았다고 한다. 여기서 설문대할망을 거인신격으로 상정한다면, 제주도민들은 거인신격에게 육지까지 다리를 놓아 달라는 기원을 하고 그 神物로서 옷을 바쳤다고 볼 수 있다. 하지만 그 명주가 백 필이 아니고 한 필이 모자랐다는 것은 정성이 부족해 그 기원

현실 가능한 쪽으로 이야기를 전개하기 위해서 꿈 속에서의 사건을 빌어와 설명하는 형태로 변모되는 양상은 강진옥이 「金尺」설화를 들어 밝힌 바 있다.(강진옥, "구전 설화 유형군의 존재양상과 의미층위", 이화여대 박사논문, 1985. 15~17면)

169) 김현룡은 비단치마로 이런 꿈을 사는 행위를 무격사상이나 토속신앙에서 관념하는 제수 의식과 상통한다고 지적한 바 있다. (김현룡, 같은 책, 208면)

을 신격이 제대로 들어주지 않은 모습이 반영된 것으로 이해할 수 있는 부분이다. 여하튼 거인신격인 설문대할망이 옷을 갈망하고 사람들이 명주를 모아 옷을 해서 바쳤다는 것은 제의와 관련해 주목할 수 있는 부분임은 분명하다. 이런 양상은 남성거인인 '장길손'에서도 그대로 보이는 양상이다. 장길손은 배불리 먹을 것을 갈망하는 자료도 있지만 여타의 각편에서는 먹을 것보다 입을 것을 갈망하다 그 소원이 이루어지자 좋아서 춤을 추다가 그 그림자 때문에 곡식이 익지 않아 농사를 망쳐서 사람들에게 쫓겨나는 것으로 나타난다. 비록 앞의 설문대할망보다 희화화되면서 거인신격의 성격이 추락된 모습을 보이지만 옷을 간절히 원하는 거인의 모습은 일치하고 있음을 알 수 있다. 그리고 사람들이 거인에게 옷을 바치는 모습이 없는 거인설화의 경우에도 옷 또는 베를 짜는 것과 관련이 되는 경우가 많다. 예컨대 「창세가」에 나오는 거인신격인 미륵은 옷을 만들어 입는 일을 가장 먼저 하며,170) 거인인 지리산성모신도 베를 짜서 사랑하는 반야에게 줄 옷을 장만하고 있다.171) 이외에도 마고할미가 입던 옷의 조각이 남아 큰 바위가 되었다는 등,172) 적지 않은 거인설화가 옷 또는 옷감과의 관련성이 두드러진다. 여기에서 거인신에 대한 제의가 옷을 바치는 행위와 연관이 있지 않을까 조심스럽게 추정해 본다.

옷을 바치는 제의 형태는 거인설화와는 거리가 있지만 적지 않은 신화에서 그 모습을 찾아 볼 수 있다. 「수로왕신화」에서는 허황후가 육지에 올라 가장 먼저 하는 일이 높은 언덕에 올라 입고 온 비단바지를 벗어 산신령께 바치는 것이고, 그리고 제주도의 「세경본풀이」에서도 하늘에 바칠 비단을 자청비가 짜는 부분이 나타난다. 뿐만 아니라 「연오랑세오녀」에서는 잃어버린 일월의 정기를 되찾기 위해 세오가 짠 비단으로 하늘에 제사를 지냈다고 한다. 이처럼 많은 신화에서 비단이 신에게 바치던 중요한 물품으로 나타나고 있는 것이다. 그런데 특히 「연오랑세오녀」에서 일

---

170) 손진태, 『조선신가유편』, 향토문화사, 1930. 2~8면.
171) 한상수, 앞의 책, 1986. 228~231면.
172) 최상수, 『조선구비전설지』, 조선과학문화사, 1949. 12면.

월의 정기를 찾기 위해 비단으로 제사를 올렸다는 것은 우리나라의 창세
신화에서 일월을 조정하고 있는 인물이 거인으로 나타난다는 점을 염두
에 둔다면 거인설화와 관련이 있는 것이 아닌가 여겨지기도 한다. 한편
이보다 더 구체적인 자료는 이성계가 조선 개국을 돕는 산령께 비단으로
보답한다는 「錦山」에 대한 설화이다. 이성계가 나라를 세움에 있어 여러
산신들의 반대로 어려움을 겪는데, 산신이 적극적으로 도와 나라를 개국
하게 되고, 이에 대한 보답으로 비단 또는 비단치마를 그 산에 입히고자
하는 뜻에서 「錦山」이라는 이름을 주었다는 것이다.173) 이는 곧 나라의
창건과 관련해 비단으로 제를 올렸음을 보여주는 자료로, 거인신격이 산
신과도 무관하지 않음을 볼 때 거인신에 대한 제의를 추정케 한다. 그리
고 앞서 지적한 바대로 거인설화의 후대적 양상인 선류몽이 국가의 왕조
나 왕계 교체에 대한 당위성을 부여하는 것과도 상통되는 것이다.

다음으로 주목되는 자료는 임석재가 조사한 「다자구할망」설화이다. 이
설화에서 다자구할망은 거인으로 나타나지는 않는다. 하지만 거인설화의
후대 양상의 한 형태로 추정되는 자료이다. 그 내용을 요약하면 다음과
같다.

> 경주 북쪽의 산 아래 富山城을 백제군이 공격했으나 성이 함락되지 않았
> 다. 어느날 한 할미가 그 성에 들어와 아들인 더자구와 다자구를 찾는다고
> 했다. 그러나 신라군이 깨어있을 때는 더자구, 깊이 잠들었을 때는 다자구를
> 외쳐 백제군이 쉽게 승리할 수 있었다. 백제군은 이 성에 할미를 위해 누각
> 을 짓고 옷과 밥을 바쳐 위했다.174)

거인설화는 역사적 변모과정에서 본래 거인적 성격을 지녔던 존재가
할미 또는 표모의 모습으로 변모해 적에게 정보를 제공하는 인물로 나타

---

173) 임석재전집4 (함남북, 강원편), 『한국구전설화』, 평민사, 1989. 98면. 임석재전집
  10 (경남편Ⅰ), 『한국구전설화』, 평민사, 1993. 21면. 등 적지 않은 자료가 채록
  되어 있다.
174) 임석재전집12 (경북편) , 『한국구전설화』, 평민사, 1993. 30면.

나기도 하는데,175) 이 설화는 신라군의 정보를 백제군에게 전해줌으로써 백제군에 의해 제항을 받는다고 되어 있다. 그런데 여기서 특히 흥미로운 점은 이 다자구할미에 대한 제의에서 옷을 바친다고 하는 것이다. 이것은 비록 직접적인 거인설화는 아니지만 거인설화의 후대적 자료로 추정되는 자료에서 옷을 바치는 제의 형태가 있었음을 보여준다는 점에서 시사하는 바가 크다.

그러면 이처럼 거인신에게 옷을 바치는 행위와 선류몽은 어떤 관계가 있는가? 선류몽이 거인설화의 후대적 잔존양상이라면 이런 거인설화의 제의적 면모가 남아있을 가능성도 없지 않다. 즉 매몽 부분에서 선류몽을 꾸는 인물에게 비단 또는 비단치마를 주며 꿈을 사는 행위가 바로 이런 면을 보여주는 것으로 여겨진다. '선류몽'담에서 선류몽의 주체가 되는 인물은 거인적 존재라 했다. 온 세상이 잠길 정도의 배설물은 꿈이지만 거인이라야 가능하다고 했다. 이런 거인신적 존재의 역할을 하는 인물에게 비단옷을 주며 선류몽을 사는 행위는 곧 거인신에게 옷 또는 비단을 바치고 소원을 비는 것에 다름 아닌 것이다. 지나친 논리적 비약이 있을지 모르나 거인신에 대한 제의에는 옷 또는 옷감을 바치는 제의 형태가 있었을 가능성이 있고, 이런 제의적인 면모가 거인설화의 후대적 변모양상인 선류몽에 와서는 이처럼 매몽의 모습으로 잔존하게 되었다고 보는 것이다.176)

이상과 같이 볼 때 '선류몽'담은 거인설화에 근원을 둔다. 그런데 거인설화에서의 산천형성과 같은 원초적인 사건이 후대에도 계속해서 나타날 수 있는 것이 아니기에, 시간이 흐르면서 현실적인 측면으로의 모색이 필요했다. 즉 후대로 내려오면서는 황당한 성격을 지닌 거인적 존재를 바라기보다는 인간이면서 거인적 속성을 지닌 인물을 설정하고자 했을 것이다. '선류몽'담은 본질적으로는 거인설화적 면모를 유지하면서도 한편으로 현실화를 꾀하고자 하여, 그 외피를 꿈의 형태로 씌움으로써 인간사에

---

175) 강진옥, "마고할미설화에 나타난 여성신 관념", 『한국민속학』25집, 36~45면.
176) 김헌선도 창세신화의 거인적 성격을 밝히면서 옷이 신성하게 여겨졌다고 밝히고 있다. (김헌선, 앞의 책, 52~53면.)

서 일어날 수 있는 일로 바꿔놓은 형태라 하겠다.

(4) 고려초 '선류몽'담과 지리산성모신

'선류몽'담이 나타나는 자료들에 대한 검토에서 중요하게 거론되어야
할 또 하나의 문제는 고려 초에 선류몽이 집중적으로 나타나고 있다는 점
이다. 이미 앞에서 살펴보았듯이 『고려왕세계』에 두 편의 선류몽이 연이
어 보이고, 왕건의 손자에 해당되는 현종에게도 선류몽이 다시금 나타나
는 것이다. 그러면 이처럼 고려 초에 선류몽이 집중되어 있는 까닭은 무
엇인가? 이 점에 대한 해명 또한 거인설화 및 성모신설화의 관련 속에서
밝힐 수 있을 것이다. 이와 관련하여 주목할 자료는 지리산성모에 대한
기록이다. 지리산성모는 고려의 개국에 있어 가장 큰 기여를 한 것으로
나타나는 신격이다. 우선 이에 관련된 기록부터 살펴보기로 하겠다.

가) 聖母智異山天王也命詵師 指此謂明堂 (『帝王韻記』, 本朝篇)

나) 昔開國祖師道詵 因智異山主聖母天王密囑 曰若創立三嚴寺 則 三韓合爲
　　一國 戰伐自然息矣 於是創三嚴寺 則今仙嚴雲嚴與此寺是也 故此寺之
　　於國家 爲大裨古今人之所共知也 (『東文選』 卷68)

다) 祠宇二 一在智異山天王峰上 一在郡南嚴川里 高麗李承休 帝王韻記云
　　太祖之母 威肅王后 (『新增東國輿地勝覽』 卷31 咸陽 祠廟條)

라) …… 又問聖母 世謂之何神也 曰釋迦之母 摩耶夫人也 …… 余嘗讀李承
　　休帝王韻記聖母命詵師 註云 今智異山天王 乃指高麗太祖之妃 威肅王
　　后也 高麗人習聞仙桃聖母之說 欲神其君之系 創爲是談 承休信之 筆之
　　韻記 (『占畢薺集』 文卷之2 遊頭流山)

마) …… 屋下有石婦人像 所謂天王 紙錢亂掛屋樣 …… 作鎭湖嶺 二南之界
　　環其下數十州 必有巨靈高神 興雲雨 儲精英 以福于民無窮已矣 …… 問
　　諸居民 以神爲摩耶夫人者誣而 占畢齊金公 五東之博通宏儒 微諸李承
　　休之帝王韻記 以神爲麗祖之妃威肅王后者信也 提甲烈祖 以一三韓 免
　　東人於紛爭之苦 立祠巨岳 而永享千民 順也 (『濯纓集』 卷5 頭流紀行錄)

가)는 『제왕운기』 기록으로 성모가 도선에게 명하여 도읍을 정할 명당을 알려 주었다고 한다. 이 기록은 고려의 창건과 관련하여 지리산성모가 결정적인 역할을 하는 것으로 믿어지고 있음을 알게 한다. 그런데 이런 가)의 『제왕운기』기록이 근거가 되어 다), 라), 마) 등이 기록되는 것으로 나타나는데, 이들 기록에 다소 차이가 보이는 것이다. 특히 다), 라)에서는 이승휴의 『제왕운기』에 기록되어 있다고 하면서 고려 태조의 母인 위숙왕후가 바로 지리산천왕이라 하고 있는데, 바로 이 부분이 없는 것이다. 그러면 이러한 차이는 어디에 기인하는 것인가? 김상기는 다), 라)가 근거로 삼고 있는 가)에 위숙왕후가 지리산천왕이라고 하는 기록이 없음과 "今智異山天王 乃指高麗太祖之妃"라고 된 『제왕운기』의 註를 적은 부분이 本朝가 아닌 고려 태조로 되어 있음을 지적하면서 점필재 스스로의 의견이 기록된 것이라 주장한다.177) 그런데 이 주장은 동의하기 어려운 점이 있다. 첫째, 「遊頭流山」뿐만이 아니라 『신증동국여지승람』까지도 계속해서 이렇게 잘못 기록하지는 않았을 것이라는 점, 둘째, '本朝 太祖'라 하지 않고 '高麗 太祖'라 한 것은 김종직이 조선조 사람이기에 '本朝 太祖'라 한다면 혼동이 될 수 있기에 구별하고자 했기 때문일 것이라는 점 때문이다. 그렇다면 오늘날 전해지는 가)의 『제왕운기』기록에 전적으로 의존하여 생각할 것이 아니라 오히려 상세한 註가 있고 널리 유포되던 異本이 있었을 가능성이 있다고 보는 것이 마땅할 것이다. 아무튼 가)는 고려의 건국에 있어 지리산성모가 밀접하게 관련되어 있다는 사실만은 분명히 알게 한다.178)

나)는 가)와 마찬가지로 고려 건국에 있어 지리산성모천왕이 절대적인 기여를 하는 것으로 나타난다. 즉 성모천왕이 도선에게 절을 짓게 하여 삼한을 통일하게 되며, 이 때문에 절이 국가로부터 도움을 받는다고 하였다. 이 기록은 성모천왕을 모시는 절을 국가에서 섬겼다는 것을 보여주는

---

177) 김상기, 같은 글, 22면.
178) 이능화도 그의 『조선여속고』에서 "성모천왕은 곧 지리산신이니, 이것은 朴全의 「龍巖寺 重創記」에도 보인다"고 언급하고 있다. (김상기 역, 『조선여속고』, 동문선, 1990. 65면.)

자료로서 중요하다.

다)는 비록 『제왕운기』를 토대로 하고 있음을 밝히고 있지만, 지리산 천왕이 곧 고려 태조의 母인 위숙왕후임을 밝히는 기록이다. 이런 다)는 지리산성모가 왜 이처럼 고려의 건국에 큰 도움을 주는 신격으로 설정이 되었는지, 그리고 왜 고려 때부터 특히 지리산성모를 숭배하게 되었는지를 해명하는 것이기도 하기에 가)의 막연한 기록보다 훨씬 설득력이 있어 보인다.

라) 또한 『제왕운기』를 근거로 하여 태조의 妃(母)가 위숙왕후라고 밝히고 있다. 그런데 이런 라)에서는 첫째, 지리산천왕이 고려 태조의 母로 인식되었을 뿐 아니라 석가의 母인 마야부인으로까지 인식되고 있다는 점, 둘째, 고려인들이 신라 시조인 혁거세를 낳았다고 하는 선도성모처럼 지리산천왕을 고려 태조의 母로 믿고 숭배했다는 점을 알 수 있다. 그리고 이 중 특히 후자는 聖母信仰이 건국신화와는 별개로 신성시되면서 계속 유지되고 있음을 보여준다 하겠다.

마)는 라)의 기록을 근거로 하고 있지만 특히 두드러진 점은 지리산천왕이 사람들에게 어떻게 섬겨지고 있는가를 보여준다는 것이다. 지리산천왕은 石像으로 屋內에 모셔졌으며 비구름을 일으키는 신령스런 신이기에 많은 사람들이 지전을 붙이면서 기원하여 복을 비는 모습을 보여준다. 이런 모습은 비록 조선조 중기에 본 것을 기록한 것이지만, 이를 통해 고려 시대에는 사람들이 얼마나 대단하게 숭배하였는지 미루어 짐작하게 한다.

이상 고려 건국과 관련하여 지리산성모에 대한 기록들을 검토하였는데, 이들 기록에서 다음 몇 가지 사실을 알 수 있다.

첫째, 고려 개국에 있어 성모천왕이 절대적인 기여를 한 것으로 믿어진다는 것이다. 도선을 시켜 절을 짓게 하여 삼한을 통일하게 한다든가, 고려가 도읍할 명당을 알려주는 등 고려를 건국하는 데 결정적인 역할을 하고 있는 것이다. 때문에 지리산성모는 고려의 호국신으로 숭배되기까지 했던 것으로 보인다. 이런 점은 이성계가 조선을 건국함에 있어 지리산신만이 반대하여 귀양을 보낸다는 설화가 널리 퍼져 있는 데서도 알 수 있다.179) 이런 설화는 지리산신이 곧 고려의 호국신으로 믿어졌기에 가능했던 것으로 보인다.

둘째, 이런 지리산성모가 태조의 母인 위숙왕후로 믿어진다는 사실이다. 이미 앞에서 언급한 것처럼 신라의 仙桃聖母, 가야의 正見母主 등 문헌에 기록된 건국신화와는 다른 형태의 개국시조와 관련된 성모신에 대한 이야기가 전해지는데, 고려의 개국에서도 지리산성모가 이와 같은 개국시조의 母神으로 나타난다는 것이다.

셋째, 지리산성모에 대한 성모신앙이 고려시대에 크게 성행하였다는 점이다.180) 지리산성모를 나라에서 섬기고 있으며, 그 영험한 능력에 대한 기록도 적지 않다.

그러면 이런 지리산성모는 여타의 자료에서는 어떤 모습으로 형상화되고 있는가? 구전자료에서 지리산성모는 長身이고 大力을 가진 여성거인의 신격으로 나타나고 있다. 한상수가 1968년 채록한 자료에 의하면, "지리산산신은 여성으로 거인이었다. 키가 36척에 다리가 15척이나 되었다. 그는 성모 또는 마야고, 마고 등으로 불리었다."181) 라고 되어 있다. 그런데 여기서 특히 흥미로운 점은 이처럼 여성거인으로 나타나는 지리산성모에게서 '선류몽'담과 흡사한 양상이 꿈이 아닌 형태로 기록되어 나타나는 자료가 있다는 점이다.

世傳 智異山古嚴川寺 有法祐和尙者 頗有道行 一日閑居 忽見山澗不雨而張 尋其來源 至天王峰頂見一長身大力之女 自言聖母天王 謫降人間 與君有緣 適用水術以自媒耳 遂爲夫婦 構室居之 生下八女 子孫蕃衍 敎爲巫業 (『朝鮮女俗考』)

---

179) 이성계가 지리산을 귀양보내는 설화는 『대계』3-4 (충북 영동), 『대계』5-1 (전북 남원), 『대계』7-1 (경북 경주, 월성) 등에 적지 않은 자료가 채록되어 있다.
180) 이에 대해서는 김상기가 『동문선』, 『고려사』 등의 기록을 살펴, 이 점을 자세히 밝히고 있다. (김상기, 앞의 글, 20면.)
181) 한상수, 같은 책, 228면.

상기한 기록은 지리산성모의 거인적 면모가 그대로 나타나면서도 선류몽과 관련해 특히 주목되는 자료이다. 이 기록은 지리산성모가 법우화상과 결연하여 팔도 무녀의 조상이 되었다는 내용으로, 그 기록의 원전이 명확하지 않고 지리산성모와 관련된 인물이 도선이 아닌 법우라는 차이가 있음에도 불구하고 선류몽과 비슷한 양상을 보이는 내용이 지리산성모에게도 보여짐을 알 수 있다.

이 기록에서는 우선 구전되는 지리산성모설화처럼 성모천왕이 '長身大力之女'라 하여 구체적으로 묘사되지는 않았지만 거인의 모습이 분명하게 나타나고 있다. 또한 비도 오지 않았는데 계곡물이 넘쳐흘렀고, 그 내려오는 근원지를 찾아 천왕봉에 오르니 성모천왕이 있었다고 한다. 비도 오지 않았는데 계곡물이 넘쳐흘렀다는 것은 곧 성모천왕이 선류를 했다고는 되어 있지 않지만 여성거인인 성모천왕의 많은 양의 배설물에 의해 생겨난 현상일 가능성이 크다. 비가 오지 않았음에도 계곡물이 넘친 것은 어떤 요인으로 산정에서 많은 물이 한꺼번에 내려왔다는 것이고, 그 근원지에 성모천왕이 있었다는 것으로 보아 많은 물이 성모천왕에게서 비롯되었다는 것은 분명하다. 비록 성모천왕의 水術에 의한 것이라고 하고 있지만, 그 水術은 성모천왕의 배설을 이처럼 미화시켜 표현한 것이 아닌가 생각된다.182) 이에 앞에서 언급했듯이 거인설화에서는 거인의 배설화소가 중요하게 나타날 뿐만 아니라, 여성의 下門을 水門이라 하는 데서도 알 수 있듯이 성모천왕의 배설을 이처럼 水術이라 한 것으로 생각된다. 그렇다면 이처럼 계곡물이 넘쳐흐른 것은 결국 성모천왕의 방뇨 때문일 가능성이 크며, 선류몽과 마찬가지로 그것의 많은 양이 문제가 되고 있는 것이다. 또한 이런 선류를 통해 배필을 만나고 위업 즉 무업을 행할 巫祖들을 낳았다는 점 또한 선류몽과 상통한다. 필자는 이미 앞에서 선류몽이 비록 꿈의 형태를 빌었지만 이처럼 많은 양의 배설은 곧 거인이라야 가능

---

182) 강진옥은 이 부분을 많은 양의 오줌을 매개로 법우화상과 결연을 맺는다고 해석하면서, 강력하고 풍부한 오줌줄기는 거인성이며 여덟 명의 딸을 낳는 생산력 곧 다산의 능력을 암시한다고 보고 있다. (강진옥, 같은 글, 33면)

하다고 했다. 그런데 이 자료에서는 꿈이 아닌 형태로 여성거인에 의한 유사한 모습이 나타나고 있는 것이다. 따라서 이 자료를 통해서도 선류몽의 근원이 거인설화에 있음을 파악할 수 있다고 본다.

이상과 같이 볼 때 고려 초에 선류몽이 집중되는 까닭은 지리산성모와 무관하지 않다고 본다. 지리산성모는 고려 개국에 있어 결정적인 기여를 한 신격이며 고려 태조의 母인 위숙왕후로 믿어지기도 한다. 뿐만 아니라 민중들에게 깊이 침잠되어 신성시되던 聖母神이며 거인신격이기도 하기에, 고려의 건국신화를 구성하는 데 있어, 그리고 비정상적인 상황에서 왕위에 등극하는 현종의 당위성을 획득하기 위해서는 이런 지리산성모와의 결부가 필요했으리라고 본다. 하지만 숭불정책을 표방하던 고려에서 이런 지리산성모를 표면에 내세우면서 신화화하거나 숭배하기는 어려웠을 것이다. 때문에 지리산성모의 속성 즉 거인적 면모를 현실적인 측면에서 계승한 선류몽을 받아들였던 것으로 보인다. 아울러 지리산성모는 巫俗에서 전해지는 巫祖說話에서 선류를 하는 모습이 나타나기에, 이런 점 또한 선류몽의 형태로 고려 초 왕조나 왕계 교체의 타당성을 설명하기 위해 사용되는 한 요인이 되었을 것으로 보인다.

2.2. 기타 문헌에 수용된 거인설화

'선류몽'담은 꿈의 형식을 빌어 거인설화가 지닌 비현실성을 합리적이고 현실 가능한 형태로 바꿨지만, 이와는 달리 거인적 속성을 축소시키고 약화시키면서 그 현실화를 꾀하고 있는 거인설화 자료들이 있다. 이들은 주로 왕권설화이거나 왕조의 멸망과 관련이 있는 자료들이기에 주목된다.

그러면 우선 이런 면모를 보이는 자료들을 제시하여 그 양상을 살피고는, 이런 자료들이 지니는 특징이 어떤지, 그리고 앞의 '선류몽'담과는 어떤 관계를 맺고 있는지를 검토하도록 하겠다.

현실화된 거인성을 보이는 자료들은 다음이다.

　　가) 「탈해왕」 (『삼국유사』 기이편 1)

나) 「지철로왕」(『삼국유사』 기이편 1)
다) 「천사옥대」(『삼국유사』 기이편 1)
라) 「태종 춘추공」(『삼국유사』 기이편 1)
마) 「문호왕 법민」(『삼국유사』 기이편 2)
바) 「경덕왕 충담사 표훈대덕」(『삼국유사』 기이편 2)
사) 「問異形洛江逢圃隱」(『靑邱野談』)

가)의 탈해왕은 신라의 4대왕으로 昔氏 왕조의 시조가 된다. 이런 석탈해에게서도 거인성을 찾아볼 수 있다. 석탈해는 生時에는 거인적 면모가 드러나지 않지만 死後의 모습에서 거인성이 잘 확인된다.

석탈해신화에서는 탈해의 사후에 그 혼령이 나타나 내 뼈의 매장을 삼가라는 명을 하여 그 능을 파헤쳤더니, 해골의 둘레가 석자 두치, 몸뼈의 길이가 아홉자 일곱치인 천하무적 力士의 골격이었다고 한다. 이런 석탈해의 거인성은 「駕洛國記」에서 수로와 경합을 벌이는 탈해의 모습과는 너무도 판이하다. 「가락국기」에서는 탈해의 신장을 불과 석자이고 머리통의 둘레는 한자밖에 되지 않는다고 하여 난쟁이로 묘사하고 있는 것이다. 어떤 것이 옳은 것인가에 대한 진위 여부를 떠나서 이러한 외모의 거대함이 곧 그가 지닌 능력과 밀접하게 결부된다고 인식되었음을 확인할 수 있는 것이다. 즉 탈해의 거대한 골격은 외모의 거대함을 들어 신성인물임을 의도적으로 부각시키고자 했던 것으로 보인다. 한편 석탈해신화에 나타난 탈해의 거인성은 탈해가 시조신적 성격을 지닌다는 점에서 여타의 문헌에 수용된 거인설화와 관련되어 주목된다. 앞으로 살펴보겠지만 문헌에 수용된 왕의 거인성을 보이는 설화는 왕의 신성성을 나타내는 것인 한편 주로 王系의 시조적 성격을 지닌 왕에게서 주로 나타난다는 것을 알 수 있는데, 석탈해신화에서도 이 점이 확인되는 것이다.

따라서 가)는 신라의 시조왕적 성격을 지니는 석탈해에게서 거인성을 보인다는 점과 그런 거인성이 왕의 뛰어난 능력과 신성함을 드러내기 위해 결부되었다는 점에서 중요하다고 하겠다.

나)의 지철로왕 또한 신라 22대 왕이기는 하지만 새로운 왕계가 시작되는 성격을 지닌 왕이다. 지철로왕은 奈勿王의 曾孫으로 前王이 돌아가고 아들이 없어 64세에 비로소 왕위에 오른 인물로 18대 실성왕에서부터 21대 소지왕까지와는 다른 왕계를 보이는 왕임을 알 수 있다. 이런 지철로왕은 法制를 체계화시켜 나라의 기틀을 잡히게 했던 왕으로 보인다. 殉葬을 금지하고 國號를 신라로 통일시켰으며, 喪服法을 제정 반포했다. 또한 농사에 牛耕을 처음 사용하였고 우산국을 정벌했으며, 諡法이 시작되기도 하는 등 문물제도를 정비하고 있는 것이다.183)

이런 지철로왕은 음장의 길이가 一尺五寸이나 되어 배필을 구하기 어려웠다고 한다. 때문에 사자를 三道에 보내어 큰 북만한 똥덩어리를 배설한 여인을 찾아보니 키가 七尺五寸이나 되어 배필로 맞이했다고 한다. 이런 지철로왕설화는 현실과 지나치게 동떨어진 모습은 아니지만 구전되는 거인설화와 동일한 모습으로 형상화되어 있음을 알 수 있다. 지철로왕의 거근이나 왕비의 많은 양의 배설물은 거인설화에서 거인성을 나타내는 중요한 요소로 나타나기 때문이다.

거인설화는 크게 외모중심형과 행위중심형으로 구분할 수 있다.184) 나)에서 보이는 지철로왕의 거근성은 외모중심형 거인설화에서 가장 흔하게 보여지는 성격이라 할 수 있고, 왕비의 많은 양의 배설물은 행위중심형 거인설화에서 많은 양의 배설물로 산천을 형성하는 데서 알 수 있듯이 아주 특징적인 면이다. 이런 지철로왕의 설화는 무엇보다도 왕과 왕비 모두에게서 거인성이 보여진다는 점에서 구전 거인설화로 전하는 김수로왕설화와 닮아 있다. 구전되는 자료에 의하면 김수로왕은 거근으로 낙동강에 다리를 놓았다고 하며, 허황후는 나라사람들이 잔치에 앉을 자리가 없자 陰席을 깔아 사람들을 앉게 하였다고 전한다.185) 이것은 지철로왕설화와 비교하여 볼 때 지나치게 비현실적으로 거인성이 설정되어 있고 허황후 또한 거근의 형태로 거인성을 보여 배설의 양으로 거인성을 보여

---

183) 이병도 역주, 『삼국사기』(상), 을유문화사, 1983. 68~69면.
184) 김영경, "거인형 설화의 연구", 이화여대석사논문, 1990.
185) 손진태, 『조선의 민화』, 岩崎美術社(동경), 1959. 50~51면.

주는 지철로왕의 妃와는 차이가 있지만, 왕과 왕비 모두에게서 거인성이 보여진다는 점은 주목할 만하다.

한편 지철로왕의 비는 배설의 형태로 거인성을 보이고 있는데, 거인설화에서 배설이 산과 강을 형성하는 생산적 성격임을 염두에 둔다면 여성에게 이런 배설에 의한 거인성이 설정된 것도 유념할 만하다. 아울러 선류몽이 배설물에 의한 거인성을 꿈으로 형상화한 것이라 할 수 있는데 이런 선류몽을 꾸는 주체가 주로 여성이라는 점과 관련지어 본다면, 많은 양의 배설물이 태초의 창세과정으로서 산천형성과 같은 생산적인 면에서 풍요를 상징하는 것으로 전환되었고 남성거인과 여성거인 모두에게 나타나던 이러한 면모가 여성의 생산성 상징과 결부되면서 여성에게로 고정되어 가는 과정이 아닌가 여겨진다.

다)는 天使玉帶 條에 보이는 진평왕에 대한 거인성이다. 진평왕은 키가 11尺이었다고 하고, 내제석궁에 거동할 때 돌 사다리를 밟으니 돌 세 개가 한꺼번에 부러져서 이 돌을 치우지 말고 후대에 보여주라 했다고 한다. 진평왕은 우선 키가 11자라 했으니 거인에 걸맞은 외모를 지녔다. 또한 한꺼번에 돌다리 세 개를 부러뜨릴 정도의 용력이 있으니 거인설화에서 큰산이나 바위를 들어 이동시키는 것과는 다르더라도 거인의 면모를 엿볼 수 있다. 그런데 여기서 주목할 점은 이것을 치우지 말고 후대에 보여주도록 한 점이다. 이것은 곧 왕이 지닌 신성능력으로 여겨졌기에 이렇게 한 것으로 판단되며, 왕의 용력이 대단함을 기록한 것이기도 하겠지만 이처럼 거인성을 신성능력으로 인지하고 있음을 알게 하는 것이기도 하다. 한편 왕의 이런 거인성은 나라의 안녕 및 번창과 관련이 있지 않나 여겨진다. 진평왕은 하늘로부터 천사옥대를 받아 나라를 지키는 보물을 갖게 되는데, 이것은 마)와 사)에서 거인의 죽음이 곧 나라의 멸망이라는 점과 관련지어 본다면 거인성이 온전히 강조될 때는 이처럼 나라가 안정되고 평온하게 나타나는 것이 아닌가 여겨지는 것이다.

라)의 태종 춘추공에서 보이는 거인성은 곧 大食性이라 할 수 있다. 왕의 식사는 하루에 밥쌀이 서말이요 수꿩이 아홉 마리였는데 경신년에 백제를 멸망시킨 후부터는 점심을 없애고 저녁만 먹는데 그래도 이를 합치면 하루 쌀 엿말, 술 엿말, 꿩 열 마리였다고 한다. 이런 대식성은 장길손과 설문대할망 등과 같은 거인설화에서 흔히 볼 수 있는 면모로 몸집이 거대하기에 먹을 것도 많이 필요로 하는 것으로 나타난다. 비록 김춘추에 대해 거인적 외모를 묘사하고 있지는 않지만 이것을 거인성으로 파악해도 무리가 없을 듯하다. 한편 그의 아내인 문희도 거인적 면모가 꿈의 형태로 나타난 선류몽을 사서 김춘추와 결합하고 있음을 볼 때 김춘추와 관련된 기록은 여러모로 거인성이 두드러진다고 할 수 있다. 김춘추가 이처럼 거인성을 강조했던 까닭은 첫째 그가 진골로서 왕위계승에 적합한 인물이 아니었고, 둘째 문란한 정치를 하다 폐위된 진지왕의 증손자였다는 점 등을 들어 이미 논급한 바 있다.

한편 라)에서도 다)와 마찬가지로 거인성을 지닌 왕의 다스림이 곧 나라의 안녕과 번영으로 일관되게 나타나고 있음을 알 수 있다. 곧 김춘추는 삼국을 통일하여 통일신라를 형성한 인물이고, 왕의 통치 당시는 도성 가운데 저자의 물가가 베 한 필에 벼가 30석 혹은 50석으로 백성들은 태평성대라 일렀다고 한다. 아울러 김춘추와 문희를 통해 보여주는 거인성은 자손의 번성으로 나타난다는 것도 염두에 둘만하다. 태자 法敏을 비롯해 仁問, 文王, 老且, 智鏡, 愷元 등이 모두 문희의 소생으로 꿈을 산 징험이 여기서 나타난다고 하고 있으며, 서자 또한 다섯이라고 밝히고 있어 거인성이 이처럼 多産의 면모로도 나타나고 있다고 하겠다.186)

마)의 文虎王 法敏 條의 기록은 가장 거인적 면모가 두드러진 자료라 할 수 있다. 그 기록을 보면 "王初卽位 龍朔辛酉 泗批南海中 有死女屍 身長七十三尺 足長六尺 陰長三尺 或云身十八尺 在封乾二年丁卯"라 하여, 사비수 남쪽 바다에 시체로 떠오른 여성거인의 몸길이가 73자이고 발길이가 6자, 생식기 길이가 3자나 되었다고 한다. 이 기록에는 이런 여성거

---

186) 제주도 설문대할망설화에서는 거인신격인 할망의 다산성이 보인다. 즉 설문대할망이 5백 장군을 낳았고 이들을 먹이기 위해 큰 솥에 죽을 끓이다가 빠져죽었다는 설화가 전하는 것이다. (진성기, 『제주도전설』, 백록, 1992. 26~27면)

인이 어떤 성격을 지니고 어떤 행위를 했는지, 그리고 왜 죽음을 당하였
는지는 전혀 언급되어 있지 않지만, 여러모로 시사하는 바가 적지 않다.

첫째, 거인성이 확연하다는 점이다. 외모중심형의 거인설화에서 보면
키가 얼마나 큰 지를 보여주는 행위를 한다든가 생식기가 거대함을 보여
주는데, 이 기록도 이러한 면을 잘 보여주고 있다는 점이다. 둘째, 이런
여성거인의 행위나 성격이 어떠했는지는 알 수 없으나 백제의 호국신적
성격을 지닌 여성거인이 아닌가 추정케 한다.187) 무엇보다도 용삭 신유
년 즉 백제 멸망 다음 해인 661년에 사비수 남쪽 바다에서 시체로 떠올
랐다는 점은 백제의 멸망과 관련지어 볼 수 있다.

그 시기가 백제가 완전히 멸하게 된 시점이라는 것과 백제의 수도를
감싸도는 사비수 남쪽 바다라는 것은 곧 백제의 상징적 표현이면서 이 곳
에 나타난 여성거인의 죽음은 백제를 지키던 호국신격의 죽음으로 받아
들일 수 있다는 점이다. 이는 바)에서 禹라는 거인의 죽음이 고려의 멸망
을 보이는 것에 대응되는 양상이면서 아울러 왕계나 왕조의 시작이 거인
설화와 관련된다는 점, 그리고 고려의 경우는 여성거인인 지리산성모가
국가를 창건하는데 절대적인 공헌을 하는 것으로 보아 원래 창세신적 성
격의 거인신격은 삼국이 건국되면서 건국신화에 밀려 그 기능이 뚜렷하
지 못하다가 민중들을 중심으로 한 숭앙의식을 토대로 민간에서의 호국
신적 기능을 했던 것인데, 백제의 멸망 부분에도 이런 호국신적 성격의
여성거인신격이 죽은 것으로 표상화되어 나타난 것으로 보인다. 한편 백
제왕들에 대한 신이한 모습을 살피는 기록이 거의 없기에 이런 거인적 면
모가 신라와 마찬가지로 백제의 여타 왕에게 연결되어 나타나는지는 확

---

187) 曺壽鶴은 이 기록을 兆朕이라는 각도에서 살피면서 "문무왕대의 巨屍兆는 삼국통일
의 조짐이라 할 수 있다. 이에 비해서 고려말에 나타난 禹兆는 통일신라의 멸망을
경고하는 天地運氣의 凝集으로 나타난 조짐이라고 한다면 兆의 이치가 맞는 셈이
다." (조수학, "「文虎王法敏 條의 巨屍兆 研究', 『삼국유사연구(상)』, 영남대출판부,
1983. 102면)라고 하여, 이 巨屍兆의 기록을 백제가 아닌 신라의 입장에서 보아
삼국통일의 조짐이라 하고 있다. 그러나 이 기록을 백제의 멸망 조짐 중의 하나로
볼 수 있기에 신라가 아닌 백제의 입장에서 그 상징하는 바를 살피는 것이 마땅하다.

인할 수 없다.

바)는 경덕왕의 거근에 대한 이야기로 여타의 문헌에 기록된 거인설화에 비해 거인성이 두드러진 것은 아니다. 경덕왕은 "王玉莖長八寸"이라 하여 음경의 길이를 소개하고 있는데, 지철왕의 一尺五寸에 비교해 보더라도 그다지 거대한 것은 아니지만, 보통사람과는 분명 크게 차이가 나는 거근을 강조하여 기록하고 있음은 분명하다.

그런데 이런 경덕왕설화는 두 가지 점에서 흥미로운 사실이 발견된다. 첫째, 거근을 지녔음에도 불구하고 자식을 얻지 못한다는 점이다. 거근은 성기숭배의 한 형태일 수 있으며, 그 바탕에는 풍요신앙이 내재되어 있다고 할 수 있다. 그럼에도 자식이 없어 표훈대덕에게 시켜 하늘에 자식을 기원하는 것은 거근임에도 그 능력을 발휘하지 못하고 있음을 보여주는 것이다. 아울러 뒤에서 구체적으로 언급하겠지만 거인성이 나라의 흥망과 밀접한 관련이 있음을 볼 때 경덕왕이 지닌 이런 거인성이 제대로 기능을 하지 못했다는 것은 곧 나라가 쇠퇴하게 될 조짐을 보여주는 것이라 하겠다. 이것은 실제로 하늘의 이치를 어겨 얻게 된 그의 아들 혜공왕이 김양상에게 죽임을 당하는 것으로 나타나고 큰 난리가 일어나 결국 무열왕계가 종식되면서 신라가 멸망하는 계기가 되고 있다는 것과도 무관하지 않다고 본다. 둘째, 거근을 지닌 경덕왕의 탁월한 능력이 곳곳에서 보인다는 점이다. 5악과 3산의 신령이 때로 대궐 마당에 나타나서 왕을 모신다든가, 비루한 모습의 충담사를 알아보고 또 그에게 미륵세존에게 달여 올리던 차를 얻어먹기도 한다. 또한 하늘을 왕래할 수 있는 표훈대덕을 곁에 두고 있다는 점도 눈여겨볼 만하다.

그러면 이런 왕의 뛰어난 능력이 거근을 지닌 거인성에 기인하는 것인지를 검토해 볼 여지가 있다. 뒤에서 구체적으로 언급하겠지만 문헌에 수용된 거인설화의 뚜렷한 특징 중의 하나는 꿈으로 형상화되는 '선류몽'담을 제외하면 거인의 행위가 중심이 되는 형태는 거의 나타나지 않는다는 점이다. 비록 지철로왕의 妃가 많은 양의 배설물로 거인성을 보여주지만 이것은 행위를 통해 거인이 어떤 일을 했다는 것을 보여준다기보다는 단순히 지철로왕의 거근에 알맞은 상대로 형상화하고자 하여 이런 모습이 나타난 것이라 할 수 있다. 즉 지철로왕의 비에 보이는 많은 양의 배설물은 이런 행위로 어떤 결과를 얻기보다는 단순히 거인성을 보이는 것에 불과하기에 단순한 외모묘사와 크게 다르지 않다. 그렇다면 거인설화에서 거인의 행위는 어떤 의미가 있었는가? 거인의 행위 중 가장 본질적인 것은 역시 창조행위이다. 「창세가」에서 거인신격인 미륵이 하늘과 땅을 분리한다든가 배설물이나 흙덩이를 옮겨 놓아 산천을 형성하는 것과 같은 인류가 살고 있는 이 땅의 지형형성이 거인의 주된 행위이며, 신격으로서 숭앙받게 되는 의미이기도 하다. 그런데 이렇던 거인의 행위가 시간이 흐르고 인간의 인지가 발달하면서 원초적 창조행위의 재생산이 불가능해지자 다른 방향으로 모색이 있어야 할텐데, 거인설화가 왕조설화의 형태로 수용되면서 외모는 현실과 지나치게 동떨어지지 않게, 그리고 행위는 이처럼 왕의 뛰어난 능력으로 받아들여진 것이 아닌가 여겨진다.

사)는 조선 후기의 문헌설화인 『청구야담』에 나오는 기록으로 『동야휘집』에도 동일한 내용의 이야기가 「津路逢人間異形」이라는 제목으로 실려 있다. 그 내용을 간략하게 요약하면 다음과 같다.

白川의 포수가 묘향산에 사냥하러 가서 한 사슴을 쫓다가 심산에서 날이 저물었다. 포수는 열두 칸 초막을 발견하고 들어가 한 미인으로부터 저녁대접을 받고 동침하였다. 밤중에 長人이 들어왔는데, 머리부터 누우니 길이가 열한 칸 방에 달했다. 長人은 포수가 여인과 교합했음을 알고도 관대했다. 아침에 長人은 자기가 客을 오게 했다면서 여인과 짐승가죽을 가져가게 하였다. 長人은 安州 포구까지 가죽을 옮겨준 뒤, 포수에게 5일마다 소 두 마리와 소금 백 석을 싣고 오라 하니 포수가 그대로 하였다. 포수가 永別하려는 長人에게 정체를 묻자, 明年 단오일에 낙동강가에 가서 검은 말을 탄 초립청포의 미소년에게 물어보라고 일러주었다. 포수는 돌아와 미인을 첩으로 삼았으며, 가죽을 팔아 關西의 갑부가 되었다. 포수가 다음해 長人이 일러준 소년을 만나 연고를 물으니, 長人의 이름은 禹로 국태민안하면 영웅이 되지 않고 깊은 산에 숨었다가 액운이 오면 소금을 먹은 뒤 사라져 그 기운이 많은 영웅을 낳게 된다고 하였으며, 生肉을 먹는 것은 기운의 衰盡을 늦추기 위한 것이라 하였다. 童子가 "이 나라가 30년이 못되어 한나라 말처럼 영웅이 일어 위태하게 되나, 그대는 福力이 많고 처도 정결하다"고 하였다. 소년은 자신을 정몽주라고 한 뒤 떠나갔다. 30년이 못되어 나라에 난이 일어나 많은 영웅 생명이 죽었으나, 포수의 일문은 무사하였다.188)

우선 이 설화에서 禹의 거인성부터 검토해 보면 다음과 같다.

> 1) 키가 하도 커서 지붕 위로도 8-9길이나 솟아 있어 방안에서는 얼굴을 볼 수 없고, 방에 누우니 11칸 방이 꼭 맞았다.
> 2) 지고 온 보퉁이가 집 한 채 크기였다.
> 3) 소 두 마리를 그 자리에서 먹어치웠다.

1)은 거인의 외모로 거인성을 표현한 것이고, 2)는 그의 행위가 거인에 걸맞고 3)은 巨食性을 보여주는 것이다. 거인설화에서 거인의 외모를 묘사하는 것이나 대식성을 보여주는 점, 산과 같은 큰 것을 옮기는 행위들이 나타나고 있음과 같은 양상을 보여주고 있는 것이다. 그런데 이런 거인의 성격이 흥미롭다. 禹는 단순한 거인이 아니다. 나라의 흥망이 禹와 직접적인 관련이 되고 있기 때문이다. 그러면 먼저 禹의 본성을 설명하는 부분을 옮겨놓고 논의를 계속하도록 하겠다.

> 대개 천지의 순수한 陽의 정기가 화하여 영웅호걸이 되는데 나라에 임금이 착하고 신하가 곧아서 국태민안하면 큰 인물이라도 세상을 구제할 공을 세울 기회를 얻지 못하게 된다. 따라서 그 정기는 영웅호걸이 되지 못하고 뭉쳐서 禹가 되어 심산궁곡에 숨어 있다가 급기야 세상이 어지러워져 액운이 장차 일게 되면 禹는 스스로 자진하는데 소금이 아니면 안되는 것이다. 자진한 후에는 온 천지에 흩어져 허다한 영웅으로 태어나는데, 이들의 출현이 어찌 실없는 것이겠는가? (중략) 앞으로 30년이 못가서 우리나라에 영웅호걸

---

188) 서대석 편저, 『조선조문헌설화집요』, 집문당, 1991. 478~489면. 이 책에서 요약된 부분을 인용했다. 하지만 끝의 "嗟呼 不三十年 左海之英雄豪傑 無異於漢季 麗國其殆矣哉"에 해당되는 부분이 "이 나라는 영웅이 없어 30년 이내에 위태하게 되니"라고 잘못 해석되어 있어 바로 잡았다.

들이 마치 중국 漢나라 말년과 같이 될 것이니 고려가 장차 위태롭겠구나189)

이것은 고려의 멸망에 대한 당위성을 부여한다는 점에서, 그리고 이런 것을 알려주는 인물이 고려의 충신인 정몽주로 나타난다는 점에서 일정한 역사의식이 개입된 것이라 할 수 있다. 그러나 무엇보다도 이 글의 본질적인 면은 나라의 흥망이 禹라는 거인신격과 밀접하게 결부되어 있다는 점이다.

禹는 지리산성모신처럼 개국을 돕는 것도 아니고, 호국신적 성격을 지녔다고 보기도 어렵다. 지리산성모는 거인신격으로 고려가 개국하는데 있어 중요한 역할을 한 것으로 믿어졌고, 이성계가 나라를 세우기 위해 여러 산신의 도움을 청할 때에도 지리산신만이 반대하여 귀양을 갔다고 전하는 설화에서도 볼 수 있듯이 고려의 호국신으로 숭앙받는 신격이라 할 수 있다. 반면 禹는 거인적 면모만 보일 뿐이지 신격으로서 주체적 행위를 했다거나 숭앙의 대상이 된 것은 아닌 듯하다. 禹는 스스로의 의지에 따라 뭉쳐서 숨어있기도 하고 자진하여 어지러운 세상에 쓰일 영웅으로 출현하기도 한다. 따라서 이 글에 드러난 것으로 보아서는 거인신격으로 보기는 어렵다. 그럼에도 禹와 지리산성모는 모두 거인으로 형상화되고 있다는 점과 나라의 멸망과 운명을 함께 한다는 점에서 완전히 일치한다. 특히 禹의 거인성은 구전 거인설화에 나타나는 특징을 그대로 지니고 있음을 볼 수 있었다. 그렇다면 여기에서 고려시대의 거인설화가 상층과 하층으로 달리 수용되어 전해졌을 가능성을 상정해 볼 수 있겠다. 즉 상층에서는 禹의 설화같은 형태로 기록화되어, 그리고 하층에서는 지리산성모와 같은 형태로 구전되면서 단편적인 모습만『제왕운기』를 비롯한 문헌에 기록된 것으로 보인다는 것이다. 유학자들에 의해 문헌에 거인설화가 받아들여지면서 거인적 면모와 나라의 흥망이 거인과 함께 한다는 본질만 남겨둔 채 거인으로서의 행위나 기능은 사라지고 이처럼 철학적 사고를 바탕으로 하는 것으로 변질되어 나타났을 가능성이 있다는 것이다.

---

189) 조수학이 번역한 것을 가져왔다.(조수학, 같은 글, 98~99면)

　반면 지리산성모는 주로 하층에서 숭배되면서 그 본질이 많이 변하지 않은 채 전승되었던 것으로 판단된다. 지리산성모가 엄청난 여성거인이 었다든가,190) 신라의 선도성모처럼 인식되며 고려의 개국에 깊이 관여했다든가,191) 지리산성모가 영험하여 잘못 모시면 재앙을 받는다든가,192) 그리고 조선 개국시 지리산신이 끝까지 반대하다가 귀양을 갔다고 한다든가193)하는 등 구전이나 숭배되는 단면을 기록한 자료에서 보듯이 거인설화가 호국신적 성격을 지니면서 다양하게 여전히 신성성을 유지한 채 전파전승되었던 것으로 보인다.

　한편 이런 사)는 마)와도 밀접한 관련성이 보여진다. 거인의 죽음이 나라의 멸망을 보여준다는 점에서 동일함을 알 수 있고, 거대한 외모의 묘사도 여타의 것보다 확연하다. 그런데 사)는 마)와는 달리 구체적으로 거인신격이 나라의 흥망과 직접적인 관련이 있음을 보여주고 있어, 미루어 보건대 마)의 여성거인 또한 지리산성모와 같은 여성거인으로서 백제의 호국신적 기능을 한다고 믿어지던 신격이었는데 구체적인 기록으로 남지는 못하고 하층에서 섬겨지던 것이 부분적으로 기록된 양상이 아닌가 여겨진다.

　이상 문헌에 나타난 거인설화적 면모를 보이는 자료들을 살펴보았다. 그러면 이들 특징을 정리하고, 이를 토대로 꿈의 형태로 거인설화가 문헌에 수용된 형태인 '선류몽'담과 비교하도록 하겠다.

　첫째, 이들 자료에 나타난 거인성은 행위보다는 외모에 치중되었다고 할 수 있다. 거인설화에서 거인의 행위는 배설을 통한 지형형성이나 산이

---

190) 한상수, 『한국인의 신화』, 문음사, 1986. 228면.
191) 今智異山天王 乃指高麗太祖之妃 威肅王后也 高麗人習聞仙桃聖母之說 欲神其君之
　　系…(『占畢薺集』 文卷之2 遊頭流山)
　　聖母 智異山天王也 命詵師 指此謂明堂(『帝王韻記』 本朝篇)
192) 屋下有石婦人像 所爲天王 紙錢亂掛屋樑……必有巨靈高神 興雲雨 儲精英 以福于民
　　無窮已矣(『濯纓集』 卷5 頭流紀行錄)
193) 이성계가 지리산을 귀양보내는 설화는 『대계』3-4 (충북 영동), 『대계』5-1 (전북
　　남원), 『대계』7-1 (경북 경주, 월성) 등의 자료를 비롯하여 적지 않은 자료가 채록
　　되어 있다.

나 바위의 이동, 성기로 사냥하기 등인데,194) 이런 성격을 현실화시키면서 문헌에 수용하기는 어려웠던 것으로 보인다. 따라서 왕이 거인적 행위를 하기보다는 단순히 보통사람 이상의 유난히 큰 신체적 특징을 내세워 거인성을 나타내고 있는 것이다. 그런데 이런 외모를 통한 거인성의 표현은 독자적인 것이 아니라 구전 거인설화와 동일하게 키나 생식기의 크기를 묘사하는 것으로 한정되어 나타남도 주목할 만하다. 이는 구전 거인설화가 수용된 것임을 보여주는 한 단면으로 판단된다.

한편 거인설화에서의 거인의 행위적 측면은 문헌에 그대로 수용될 수 없기에 거인성을 보이는 왕의 신성능력을 발휘하는 것으로 변모되어 나타났을 가능성이 크다. 거인의 행위에 따른 산천 형성과 같은 창조행위는 더 이상 현실적으로 형상화하기는 불가능해졌고, 따라서 거인신격으로서 숭앙받게 되는 창조신적 성격은 필연적으로 변모될 수밖에 없었는데 이것이 곧 거인적 외모에 따른 신성능력의 발휘라는 측면으로 나타나게 되었다고 보는 것이다. 이는 진평왕이나 무열왕, 경덕왕 등 거인성을 보이는 왕과 그들의 능력 및 나라의 안정됨 등을 결부시켜 볼 때 확인되었던 바이다.

둘째, 거인성이 지나치게 비현실적으로 묘사되지는 않는다는 점이다. 문헌에 수용된 거인설화의 모습 중에서 가장 두드러진 특징은 외모의 크기가 구체적인 척도를 통해 제시되고 있다는 것이다. 구전 거인설화에서는 비근한 자연물들을 끌어와 거인의 엄청난 외모를 상상하도록 한다. 예컨대 마고할미는 온 바다를 다 돌아다녀도 발목물밖에 차지 않았다고 한다든가195) 설문대할망은 한라산과 산방산을 딛고 서서 태평양에 빨래를 했다고 한다.196) 이러한 외모묘사가 문헌에 수용되면서는 철저하게 몇

---

194) 김영경은 거인설화의 행위형을 다시 산천형성형, 대결형, 사냥형 등 세 가지 형태로 나누고 있다.(김영경, 같은 글) 하지만 산이나 바위를 이동하다가 두고 가는 것을 대체로 대결형이라 하여 포함시키고 있는데, 구체적인 행위는 주도권 다툼의 행위라기보다는 산이나 바위를 이동시켜 지형을 형성시키는 형태가 대부분이기에 대결형이라는 명명은 마땅하지 못하다.

195) 『대계』8-1 (경남 거제), 정문연, 342면.

척인가 하는 도량형 단위로 설명되면서 지나치게 비현실적인 거인성은 배제하고 있는 것이다. 그럼에도 보통 인간과는 확연히 구분되는 거대한 외모임은 분명하다.

셋째, 이런 거인성은 국가의 흥망성쇠와 밀접한 관련이 있다는 점이다. 거인의 죽음은 곧 나라의 멸망을 상징하고 있다. 또한 왕의 거인성이 온전히 발휘되면 나라가 평온하고 안정되며 왕의 거인성이 잘못 발현되면 국가의 멸망조짐으로 이어짐을 볼 수 있다. 이는 단군이나 김수로왕 등 건국시조가 거인으로 형상화되고 있어 국가의 시원에 있어 거인신의 관련성을 상정하게 하는 점,[197] 그리고 거인설화가 꿈으로 형상화된 '선류몽'담이 새로운 왕조나 왕계의 시작에 당위성을 부여하는 의미를 지녔다는 점[198] 등을 염두에 둔다면 왕조의 흥망성쇠가 거인성의 표현으로 상징화되고 있음을 알게 한다. 한편 이러한 면모는 거인신격이 호국신적 기능을 하였던 것으로 믿어졌기 때문인 것으로 보인다.

이상과 같은 거인적 속성이 미약하나마 그대로 보여지는 문헌자료는 꿈의 형태를 빌어 거인성이 형상화된 '선류몽'담과는 문헌에 거인설화가 수용되는 두 가지 양상이면서, 서로 상보적 관련성을 맺고 있다고 할 수 있다.

이런 두 가지 형태에서 기타 문헌화된 자료는 있는 사실을 그대로 기록하는 형식을 취하고, '선류몽'담은 꿈의 형식을 빌리고 있기에 거인성이 서로 달리 나타날 수밖에 없다. 거인성을 그대로 기록하고자 하는 자료는 현실적이고 합리적으로 표현해야 한다는 한계 때문에 현실과 지나치게 동떨어진 거인성을 보이지 못하는 반면 '선류몽'담은 꿈의 형식을 빌고 있기에 거인성을 보이기 위해 거인의 행위를 가져올 수도 있었고 아울러 그런 형태로 나타난 배설물의 양이 엄청나더라도 아무런 문제가 되지 않는다.

따라서 외모로 묘사되는 거인성은 문헌에 그대로 거인성이 나타나는

---

196) 『제주도전설지』, 제주도 문공실, 68면.
197) 권태효, 같은 글. 181면.
198) 권태효, 같은 글, 184면.

자료에 적합하고, 행위의 형태로 나타나는 거인성은 현실적인 제약을 받지 않는 선류몽의 형태가 적합했다고 할 수 있다. 그런데 '선류몽'담은 그 행위를 받아들였으면서도 꿈의 형태이기에 거인의 행위 결과로 나타나는 창조행위를 받아들이기에는 무리가 있어서, 새로이 나라를 다스릴 인물을 낳는다는 신성현시와 당위성을 부여하는 형태로 신성한 의미만이 주어지고 있는 것이다. 반면 거인성이 그대로 문헌화된 형식은 거인의 외모적 측면을 현실화하여 받아들이면서 아울러 거인이 지닌 능력을 거인성을 지닌 왕의 신성하고 탁월한 능력으로 변모시켜 수용하고 있다고 하겠다.

이것을 종합적으로 정리하면 '선류몽'담은 꿈의 형태이기에 거인의 배설이라는 행위를 가져올 수도 있었고 그 양이 많음도 문제가 되지 않는다. 다만 꿈의 형상을 하였기에 거인의 행위 결과로 나타나는 창조행위를 받아들이지는 못하고 새로이 나라를 다스리는 인물을 낳는다는 신성현시와 당위성을 부여하는 형태로 신성한 의미만 주어지게 된다. 반면 거인성이 그대로 문헌화된 형식은 거인의 외모적 측면을 현실화하여 받아들이면서 아울러 거인이 지닌 능력을 거인성을 지닌 왕의 신성하고 탁월한 능력으로 변모시켜 수용하고 있음을 볼 수 있다는 것이다.

이상 문헌에 수용된 거인설화의 양상을 꿈의 형식을 빌린 '선류몽'담과 현실화된 거인성으로 변모시켜 문헌설화화한 두 형태로 나누어 검토해 보았다.

이런 문헌에 수용된 거인설화에서 무엇보다 두드러지는 점은 이들 자료가 모두 왕의 신성한 능력과 결부되거나 왕조 또는 왕계의 시작 및 멸망과 밀접한 관련을 맺고 있다는 점이다. 그렇다면 이것은 거인설화가 지닌 창조신화적 성격을 변모시켜 왕권설화적 성격으로 수용한 양상이라 하겠다. 곧 거인설화에 대한 신화적 성격의 새로운 모색이며, 왕의 신성함이나 호국신적·시조신적 성격을 지닌다는 점에서 구전 변이형과는 달리 긍정적 계승인 셈이다.

그러면 왜 왕권설화에서 거인설화를 받아들여 왕의 신성능력을 표상화시키고, 거인성이 나라의 흥망과 관련을 맺게 되는가? 이는 거인신격에 대한 신화적 신성성이 민중들에게는 여전히 유효했기 때문이 아닌가 생각해 볼 수 있다. 지배층이 의도적으로 창작하여 신성성을 부여하던 신화와는 달리 하층에서는 그 이전부터 믿어오던 거인신격에 대한 신성성이 강하게 남아있었던 것으로 보인다. 그렇기에 왕권설화의 신성성을 부여하는데 있어 의도적으로 민중들이 믿어오던 신화형태를 적극적으로 수용했던 것이 아닌가 여겨진다.

하지만 한편으로 민중들은 그들의 입장에서 지배층의 신화마저 그들이 믿던 신화 형태에 부합되게 재창조시키면서 의도적으로 부여하는 신성성과는 다른 형태의 신화적 면모를 창출했던 것으로 보인다. 이런 것으로는 앞에서 인용한 바 있던 「단군」이라는 구전설화가 그 적절한 사례라 할 수 있다. 하늘에서 떨어진 사람의 腎이 예순 댓발이 될 정도로 길어 모든 동물이 피하다가 굴 속의 곰이 맞아 단군을 낳았고, 여우가 받아서는 기자를 낳았다고 한다.199)

이 자료는 단군의 출생 부분에 초점이 맞춰져 있는 설화로,『삼국유사』등 문헌에 기록되어 있는 단군신화의 내용과는 판이하다. 특히 단군의 출생이 희화화되어 한낱 우스갯소리에 불과하게 나타난다. 그럼에도 이 설화는 단군신화에서의 단군의 출생 부분과 일정하게 대응하는 양상을 보여준다고 했다. 천제의 서자인 환웅에 대응하는 인물로 하늘에서 하강한 腎이 큰 인물로 설정되고 있으며, 곰이었다가 인간으로 화한 웅녀에 대해서도 그 腎을 받아 단군을 낳는 동물이 곰이라고 하여 일치되게 나타난다. 단군이 이렇게 天降한 거인에게서 탄생한다고 하는 것은 건국시조의 출생이 거인설화화되어 나타나는 양상인 것이다.

이 설화가 비록 고조선 시대에 형성되어 단군신화와 함께 계속 전승되었다고는 할 수 없지만, 민중들의 의식 속에는 건국시조가 거인신격과 결부되었을 것이라는 생각이 있었다는 점과 이런 거인성을 토대로 단군신화를 수용하고 있다는 점은 염두에 둘만하다. 그리고 이런 사고는 고려시대에도 선명하게 보여진다. 여성거인신격인 지리산성모가 고려 개국에

---

199) 임석재전집3 (평북Ⅲ, 평남, 황해편), "단군",『한국구전설화』, 평민사, 1988. 230면.

있어 절대적인 공헌을 하는 것으로 믿어진다든가 고려 태조의 母인 위숙왕후를 지리산성모에 결부시켜 믿었다는 것은 민중들이 고려개국신화와는 다른 거인신격에 기대어 그 신성성을 획득하고 있다는 것을 방증하는 것이 된다.

이렇게 볼 때 상층에서는 하층에서 믿던 거인신격의 거인성을 가져와 왕들의 신성함을 획득하고자 하였고, 아울러 하층에서는 의도적으로 신성성이 부여된 상층의 신화를 가져다 그들의 신성관념에다 결부시키는 형태를 보이는 것이라 할 수 있다. 그리고 이렇듯 민중들의 신성관념에 중요한 작용을 했던 거인신격이기에 나라의 흥망을 좌우하는 호국신격으로서 자리잡게 되고, 나라의 멸망이 곧 거인신격의 죽음이라는 형태로 구체화되어 나타나게 되는 것이다.

여기에서 문헌에 수용된 거인설화가 지니는 의미가 명백해진다. 희화화된 거인설화 자료라든가 구전되는 변이형 자료들은 거인신격의 창조신적 성격이 본래 의미를 잃으면서 부정적으로 계승되거나 쇠퇴하면서 잔존양상을 보이는 것이라 할 수 있다. 그에 반해 문헌에 수용된 거인설화 형태는 새로운 신화적 신성성을 모색하여 왕권설화에서 거인성으로 왕의 신성성을 부여하는 역할을 하며 거인신격이 왕조의 시작 및 멸망과 관련된 호국신격으로 인식되고 상징된다는 점에서 거인설화가 긍정적으로 계승되는 양상이며 발전된 모습이라 할 수 있겠다.

제5장

거인설화의 역사적 전개양상

1. 거인설화의 인식체계에 대한 변이양상

거인설화는 구전운문과 구전산문 형태로 전승되고 있다. 구전운문 자료는 미약하나마 무속에서 제의적 기반을 바탕으로 전승되고 있기에 다소 신성성이 남아있지만 구전산문 자료는 신성성은 찾아보기 어렵고 희화화되거나 소멸되면서 다른 전설 형태를 파생시키는 양상이 뚜렷하다. 이렇듯 거인설화는 그 전승양상에 따라 신성성의 정도가 차이가 있지만, 현존자료들을 두고 볼 때, 거인설화에 대한 자료가 다양한 존재양상을 보여주는 만큼 거인설화의 인식도 여러 단계를 거치면서 많은 변모를 거쳐왔을 것으로 생각된다. 창조신화적 본질을 잘 간직하는 설화에서부터 거인적 면모가 거의 사라져가는 설화까지의 자료를 염두에 둔다면 거인설화는 다음 몇 단계의 인식체계에 대한 변이를 겪었던 것으로 보인다. 물론 이것은 단계적으로 이런 거인설화가 나타났다가 사라지면서 다음 단계로 전이되었다는 것을 뜻하는 것은 아니며, 거인설화 자료를 놓고 볼 때 거인설화에 대한 인식이 점차 이런 방향으로 변모되었을 것으로 본다는 것이다.

> 가) 신화로서의 신성성이 절대적으로 유지되던 단계
> 나) 주술적 신성성이 의심받던 단계
> 다) 신성성이 사라지면서 희화화되던 단계
> 라) 새로운 변이형으로 변모되거나 변이형을 형성시키는 단계

가)는 거인설화의 원래 모습으로 추정되는 단계로, 거인신격을 숭배하고 신성시하면서 거인설화의 신화성이 두드러지는 단계라 할 수 있다. 거인신격에 대한 신성한 행위와 기능만 강조될 뿐이며, 따라서 신화로서의 면모를 뚜렷이 갖춘 거인창조신화였을 것이다. 하지만 이에 해당되는 거인설화를 우리의 자료에서는 마땅히 찾아보기 어렵다.

巫儀에서 전승되는 구전운문자료는 신성성을 어느 정도 지니고 있지만 많은 변모가 개입된 형태여서 신화로서의 절대적인 신성성을 유지한 채 지금까지 전승되었다고 보기는 어렵다. 다만 중국의 반고신화나 일본『고사기』의 이자나기 이자나미신화에 나타난 거인신적 면모는 이런 성격을 어느 정도 보여주는 자료라 하겠다. 즉 반고신화는 반고의 천지분리와 천체형성 및 산천을 생성시키는 신화적 행위와 성격만이 보여질 뿐이다.[1] 또한 이자나기 이자나미신화에서도 이들 신격이 天浮橋에서 창으로 바닷물을 감아올려 혼돈을 정리하면서 아울러 그 창에서 떨어진 바닷물로 섬을 생성시키기도 하고, 이자나기 이자나미가 신적인 결합을 통해 일본의 중심이 되는 섬을 생성시키기도 한다.[2]

이들 신화에서는 거인신격으로서의 창조행위만 두드러질 뿐이며, 이들 신격에 대한 의구심이나 그 행위에 대한 의심같은 것은 전혀 찾아볼 수 없다. 곧 창조신으로서의 거인신의 성격과 기능이 두드러진 단계라 할 수 있다. 이처럼 중국과 일본의 거인신화가 가)단계와 같은 온전한 거인성을 보일 수 있는 까닭은 일찍 문헌에 정착되면서 그 신화가 구전되면서 생기

---

1) 袁珂(전인초 外 역),『중국신화전설』I, 민음사, 1992. 154~156면.
2) 노성환 역,『고사기』(上), 예전사, 1987.

는 마멸이나 변이를 최소화시켰기 때문으로 판단된다.

　나)는 거인신격에 대한 신성성은 그대로 유지되면서도 거인의 면모나 거인성에 대해 부분적인 의구심을 드러내는 단계라 할 수 있다. 이 단계에서의 거인신격은 가)와 마찬가지로 창조행위와 같은 신화적 행위를 하지만 그것이 절대적 신성성을 획득하고 있는 것만은 아니다. 구전운문의 무가 형태로 전승되는 김쌍돌이本「창세가」를3) 예로 들어 살펴본다면, 미륵은 천지를 분리하고 일월을 조정하며, 인간을 창조하고, 물과 불의 근원을 찾는 문화영웅적 면모까지도 보여준다. 그럼에도 거인신격인 미륵은 옷이 없고, 먹는 것이 문제가 되는 결핍의 관념이 보여진다. 거인신격의 신화적 창조행위만이 보이는 것이 아니라 大衣와 大食에 따르는 먹을 것과 입을 것을 해결해야 하는 인간과 다를 바 없는 신격의 모습이 보여지는 것이다. 즉 거인신격의 절대적 신성성에 다소나마 문제가 생긴 것이며, 따라서 거인신격의 신성성이 의심받기 시작하는 단계라고 할 수 있다.

　이런 나)의 단계는 구전산문의 경우는 심각하게 훼손되어 희화화되는 양상이 뚜렷하다. 장길손이나 설문대할망과 같은 거인신격에게서 이런 양상을 잘 확인할 수 있는 것이다. 명주 백동을 모아 옷을 만들어주면 육지까지 다리를 놓아주겠다며 인간과 약속하는 설문대할망의 모습이나 옷이나 먹을 것을 갈망하는 장길손의 모습은 산천이나 지형을 형성시키는 창조신으로 나타나기는 하지만 신성시되는 신격으로서의 온전한 면모로 보기는 어렵다. 뿐만 아니라 장길손이나 설문대할망은 이보다 한 단계 더 나아가 그런 창조행위마저도 배설을 강조하는 형태로 희화화시키는 양상을 보이고 있다. 이것은 이들 거인설화가 창조신화적 성격을 지녔음에도 이미 다)의 단계로 이행되고 있음을 보여주는 것이다. 이런 희화화의 양상은 창조신격으로서의 신성성을 강조하던 형태에서 그 신성성이 약화되면서 거인신격을 인간이라는 측면에서 인식하게 되는 단계로 접어들었음을 의미한다고 하겠다. 이러한 인식은 거인에 대한 존재 자체에 대한 의문으로 이어지고 거인설화를 비현실적이고 불합리한 것으로 받아들여지

---

3) 손진태, 『조선신가유편』, 향토문화사, 1930.

게 해 거인설화의 새로운 존재방식을 모색케 한다고 볼 수 있다.

다)의 단계는 거인성은 어느 정도 유지되지만 거인의 창조신적 성격이나 거인신격에 대한 신성성 등은 대부분 사라진 단계라 할 수 있다. 이 단계에서 거인은 더 이상 신격적 존재가 아니라 평범한 인간의 모습이며, 거인에게서 보여지는 거인성은 단지 인간적 비정상으로 인식될 뿐이다. 따라서 이런 거인성은 거인신격의 설정 자체에 대한 의문을 바탕으로 하고 있기에, 긍정적으로 인식되기보다는 부정적으로 인식되면서 배설이나 거근 등 사람들에게 흥미를 끌 수 있는 거인성의 특징적인 면을 중심으로 희화화되거나 음담패설의 형식을 띠게 된다.

「金首露王의 根」과 같은 설화가 이런 모습을 보여주는 대표적인 자료로 생각된다. 이 설화에서 김수로왕은 낙동강에 다리를 놓을 정도로 거근을 지녔고, 허황후도 잔치에서 자리를 마련하기 위해 음석을 깔아줄 정도로 거대한 성기를 지닌 것으로 나타난다.4) 여기서 특징적인 점은 거인성이 巨根의 형태로만 한정되어 있다는 점이고, 이런 거인성이 신화적 성격을 갖는다기보다는 흥미를 위한 우스갯소리로 전락되고 말았다는 점이다. 하지만 이런 거근을 이용해 인간에게 이로운 행위를 하고자 했다는 점은 거인신격의 행위와 부분적이나마 인식이 닿아있는 점이라 하겠다. 여하튼 거인신격의 창조성이 사라지면서 풍요신적 성격으로 변모되면서 나타난 거근의 강조 형태가 풍요성마저 탈락시킨 채 흥미 위주로만 전개시켜 나가는 양상임을 알 수 있다.

다)는 이처럼 거인설화가 부정적으로 계승되어 나가는 모습임에 분명하다. 그럼에도 거인에 대한 흥미 위주의 희화화가 거인설화가 존속되기 위한 한 모색이었다는 점에서 그 의의가 있다.

라)의 단계는 그나마 희화화되어 나타나던 거인성마저 사라지고 새로운 설화형태를 모색하거나 형성시키는 단계이다. 이 단계에서는 거인의 행위로 나타나던 것에서 거인의 존재만을 생략한다든지 또는 거인성을 현실 가능한 형태로 변모시키는 모습을 찾아볼 수 있다. 거인설화가 쇠퇴

---

4) 손진태, 『朝鮮の民話』, 岩崎美術社(동경), 1959. 50~51면.

하면서 나타난 변이형 구전자료나 문헌에 수용되면서 꿈이나 현실적인 거인성으로 변모된 자료들이 이런 단계의 모습을 보여주는 것들이라 할 수 있다.

그러면 거인설화에 대한 인식체계가 이처럼 변이되어 나갔던 까닭은 무엇인가? 그것은 다음 몇 가지 각도에서 이해할 수 있다.

첫째, 신이면서 인간이라는 일원론적 사고의 최초 신관념이 붕괴되면서, 신이기보다는 인간의 관점에서 거인신격을 이해함으로써 그 존재나 행위를 인정하지 못하게 되었을 것이라는 점이다.5) 인류의 초기 신관념은 인간의 모습을 한 거인신격이라든가 인간이면서 동물이기도 한 동물신과 같은 일원론적 사고에서 출발했을 것으로 생각된다. 거인신격의 모습이 그렇고 단군신화에서 웅녀는 곰이면서 사람이기도 한 동물신이라는 점에서 이 점은 확인된다. 하지만 건국신화에 나타난 천신숭배에서 볼 수 있듯이 추상적인 신관념 및 최고신에 대한 사고가 생겨나면서는 신은 신이고 인간은 인간인 채로 신과 인간의 엄격한 구분이 있게 된다. 즉 인간의 모습을 한 구체적인 신격에서 추상화된 신격의 관념이 도입되면서, 인간화된 신의 모습을 더 이상 신성시하지 않게 된 것으로 보인다. 신이면서 인간이기도 했던 신격은 신이라는 본래의 면모를 잃고 인간의 입장에서 그 신격을 보게 되어 비현실적이고 불합리한 존재로 인식하게 되었다. 따라서 어떤 형태로든 변이를 모색할 수밖에 없었던 것으로 생각된다.

둘째, 거인신격을 섬기던 의례를 상실했다는 점이다. 거인설화가 신화로서 신성성을 유지하기 위해서는 제의를 기반으로 전승되어야 한다. 하지만 구전산문 거인설화는 제의에서 일찍부터 탈락되면서 일반인들에게 구비전승되어 왔던 것으로 보인다. 구전운문의 경우는 거인신격인 창세신을 섬기는 제차가 현재도 부분적으로 있으나 제주도를 제외한 지역에서는 거의 사라진 단계이고, 제주도의 초감제도 거인신격의 창세행위가

---

5) 조동일, "신화유산의 변모양상", 『우리문학과의 만남』, 1978. 84면.
   이 글에서는 신이면서 인간이라는 일원론적 사고가 우리의 거인설화에 있음을 지적하고 있다.

두드러지게 나타나는 것은 아니다. 또한 본토에서 거인신적 면모를 보이는 창세신에 대한 제차가 「삼태자풀이」나 「제석본풀이」에 얹혀 전승된다는 것도 제의적 기반이 되는 무속에서조차도 거인신격의 숭배가 사라진 단면을 보게 하는 것이다.

셋째, 우주창조라든가 산천형성과 같은 인류의 본원적인 관심사에는 무관심해지고 그들의 생활터전이 되는 공간의 형성이나 조형물의 조성에 관심을 갖게 되었다는 점이다. 이러한 관심의 전이는 거인신격의 창조신적 성격을 특정 지역을 형성시키는 존재로 한정시키며, 따라서 거인신격의 기능을 크게 약화시키는 계기가 된다.

2. 거인설화의 소멸과정

거인설화는 소멸되는 과정에서 새로운 변이형을 형성시키는 모습을 찾아볼 수 있는데, 이런 양상을 가장 잘 보여주는 것이 산이동설화이다. 이는 산이동설화의 자료를 검토해 볼 때 많은 설화가 거인에 의한 지형창조와 겹쳐져서 나타나는 양상을 보여주기 때문이다. 특히 이렇게 산이동설화와 거인설화의 복합양상을 보이는 자료는 그 수효도 많아서 자료의 면면에 따라 변이되어가는 과정을 알게 해준다는 점에서 산이동설화는 거인설화의 소멸과정을 밝히는 중요한 자료로 판단된다. 따라서 여기서는 산이동설화를 통해 거인설화가 소멸되면서 어떻게 산이동설화로 변이되어 나가는지를 살펴보도록 하겠다.

산이동설화는 구전으로만 전해지는 자료이다. 따라서 이런 자료를 통시적 관점에 두고 자료의 선후를 가리고 또 그것이 어떻게 변모되었는지를 파악하는 것은 상당히 위험한 작업일 수 있다. 그러나 산이동설화는 현재까지 채록된 그 편수가 200편이 넘고, 이들 자료들의 특징적인 면을 서로 비교하여 검토할 때 설화에 반영된 일정한 의식의 흐름을 어느 정도 파악할 수 있기에 그 가능성이 없지는 않다고 본다.

산이동설화를 이처럼 통시적 관점에서 살피기 위해서는 시간의 흐름에 따른 변모가 어떻게 진행되었는지를 추정할 수 있는 기준이 필요할 것이다. 그 기준을 정리하면 다음이다.

첫째, 거인의 창조적 행위보다는 인간의 일상사에 초점이 맞춰진다는 것이다. 이 세상의 산천이 어떻게 생겨나게 되었는가 하는 인류보편의 관심사보다는 그들의 삶과 밀접한 공간이 설화의 배경이 되겠고, 산이 만들어졌다거나 옮겨왔다는 것보다는 그런 산의 이동 때문에 그들의 생활이 어떤 영향을 받게 되었는가 하는 것이 주된 관심사가 된다. 예컨대 산이 자리를 잘못 잡음으로써 서울이 되지 못했다고 인식한다든가, 떠온 섬 때문에 고기가 잡히지 않아 그 곳에 당집을 짓게 되었다든가, 그 산 때문에 산세를 물게 되었다는 것 등 거인의 창조행위보다는 그들의 생활상이 설화에서 중요하게 다뤄진다는 것이다.

둘째, 거인신의 능력보다는 인간의 능력에 관심을 갖는다는 것이다. 산이동설화는 무엇보다도 산이 어떻게 옮겨지게 되었는가 하는 것이 가장 핵심적인 문제이고, 따라서 그 산을 옮기는 거인의 능력이 중요하게 다루어질 수밖에 없다. 그러나 이런 거인신은 후대로 내려오면서 그 존재조차 모호해지고 산세다툼과 같이 아이가 기지를 발휘하여 산세를 내지 않게 되는 곧 인간의 능력이 강조되는 형태로 변모되었을 것으로 본다는 것이다.

셋째, 비현실적인 면이 사라지고 현실적인 면이 강조되는 양상을 보인다는 것이다. 인간의 인지가 발달되면서 점차 과학적이고 논리적인 사고를 하게 되고, 따라서 설화에서 지나치게 비현실적이라고 여기는 부분은 끊임없이 의심을 받아왔을 것이다. 이미 앞의 '산이동설화' 부분에서 살펴보았듯이 거인의 설정 자체나 거인의 창조행위는 전승자들이 특히 비현실적인 것으로 받아들이고 있다. 때문에 이런 거인의 존재가 사라지고 서답하는 여인을 설정하며, 그 행위 또한 산을 의인화시켜 걸어온다고 한다든가 홍수에 의해 떠내려온다고 하는 양상을 보이게 된다. 아울러 산세다툼과 같은 요소를 끌어와 비현실적인 측면을 사실적이 되도록 꾀하고 있다.

이들 세 가지 기준은 다소 중복되는 점이 있기는 하지만 산이 창조되거나 이동하여 새로운 지형을 형성시키는 자료에 대한 선후와 변모양상을 어느 정도 가늠하는 잣대가 될 수 있으리라고 본다. 그러면 이들 기준을 토대로 그 특성이 잘 드러나있는 설화를 예화로 들어 거인설화에서 산이동설화로 변이되어가는 양상을 살펴보기로 하겠다.

가) 옛날에 노고할미가 있었는데 손이 크고 힘이 좋아 평평한 곳에 줄을 그어 산천을 만들었다. 할미가 넓은 바위를 들어 올려놓았는데 그 바위에 할미의 손과 담뱃대 자국이 남아있다.6)

나) 마고할미 내외가 있었다. 할미가 산을 치마에 싸서 가다가 치마의 한 쪽 끝이 풀려 산을 버렸는데 그것이 땅뫼산이다. 그리고 영감이 짊어지고 가다가 부러져서 버린 것이 건지산이다.7)

다) 옛날 어떤 장수가 마을에 있는 백이산을 들고 가려는데 서답하는 여인이 손가락질을 하며 산이 가고 있다고 말하여 산을 두고 갔다. 그 산이 없어 그 곳이 넓어졌으면 서울이 되었을 것이다.8)

라) 옛날 앞산이 뒷산 있는 곳으로 걸어가는데 서답하던 여인이 산이 걸어 간다고 소리쳐 산이 그 자리에 멈췄다. 그 산이 뒷산 있는 곳까지 갔으면 서울이 되었을 것이라 한다.9)

마) 孔岩나루 있는 곳에 있는 바위섬은 廣州에서 떠내려왔다고 한다. 그래서 광주 원에서 땅세를 받아갔다. 새로 陽川에 원님이 부임해서 땅세를 받는 것을 부당하게 여겨 섬을 가져가라 하여 땅세를 내지 않게 되었다고 한다.10)

가)는 이 세상의 산천을 창조하는 여성거인의 이야기이다. 이것은 그 곳에 산이 처음 형성된다는 점에서 산이동설화와 궤를 같이 한다고 할 수 있다. 가)에서는 무엇보다도 노고할미라는 여성거인의 산천형성이라는

6) 『대계』2-1 (강원 강릉, 명주), 정문연. 568~569면 요약.
7) 『대계』8-8 (경남 밀양), 정문연. 565~566면 요약.
8) 임석재전집10 (경남편 I), 『한국구전설화』, 평민사, 1993. 22면 요약.
9) 임석재전집12 (경북편), 『한국구전설화』, 평민사, 1993. 21면 요약.
10) 임석재전집5 (경기편), 『한국구전설화』, 평민사, 1989. 28면 요약.

창조행위에 초점을 맞추고 있다. 이 세상의 산천이 어떻게 생겨나게 되었는가 하는 인류의 보편적인 관심사가 이야기되고 있는 것이다. 처음에는 이 세상이 진흙이었으나 천상계에서 떨어뜨린 반지를 찾고자 땅을 파헤친 것이 산과 바다가 되었다는 것이나[11] 장길산과 같은 거인의 배설물로 인해 우리나라 북쪽의 산맥과 강이 형성되었다는[12] 설화들이 같은 형태의 것으로 이런 인간의 원초적인 관심사가 설화의 중심에 놓여있는 것이다. 따라서 거인의 능력과 행위만이 주된 관심사가 될 뿐 인간의 능력이나 행위는 전혀 개입되어 있지 않다. 다만 할미의 손과 담뱃대 자국이라는 증거물을 들어 거인에 의해 세상이 창조되었다고 하는데 대한 비현실적인 면을 다소나마 해소하고자 하고 있다.

나)도 산을 옮길 수 있는 거인의 능력과 그 행위가 중심이 되고 있다는 점에서 가)와 크게 다르지 않다. 그러나 이들 사이에는 중요한 변이가 나타나고 있음을 볼 수 있다. 가)는 거인의 산천형성이 이 세상과 같은 막연한 공간임을 보여주고 있는 데 반해 나)는 전승자들의 생활공간인 주변의 땅뫼산과 건지산이 구체적으로 산이동의 대상이 되고 있는 것이다. 이는 인류보편의 관심사에서 그들의 생활터전에 있는 특정 산으로 그 관심이 전이되었음을 의미하는 것이라 할 수 있다. 또한 가)가 거인에 의한 지형창조라는 창조작업의 온전한 수행을 보인다면 나)는 의도했던 바대로 지형을 형성시키지 못하고 치마끈이 풀려서 또는 지고 가던 산이 뿌러져서 형성된 지형이라고 해서 거인의 창조행위를 흥미 위주로 설명하고 있음을 알 수 있다.

다) 또한 거인에 의한 산이동을 잘 보여주는 자료이다. 하지만 여기에는 두 가지 주목할만한 사실이 있다. 첫째, 산을 형성하는 창조행위에 인간의 개입이 보여진다는 점이다. 산을 들고 가던 거인의 행위가 서답하는

---

11) 손진태, 같은 책, 15~16면. 『대계』8-6 (경남 거창), 정문연, 213~214면. 한상수, 『한국인의 신화』, 문음사, 1986. 185~187면. 이문현, 『한국민화1』, 일진서적출판사, 1992. 173~174면.
12) 손진태, 같은 책, 16~17면. 한상수, 같은 책, 188~190면. 임석재전집4 (함남북, 강원편), 『한국구전설화』, 평민사, 1989. 17면. 이문현, 같은 책, 175~176면.

여인에 의해 방해를 받고 있는 것으로, 이 점은 거인의 행위 중심에서 인간의 행위 중심으로 전환되고 있는 양상이라 할 수 있다. 비록 서답하는 여인이 여성거인의 후대적 모습이라 하더라도 여성에 대한 부정함 때문에 거인의 행위가 멈췄다는 인식은 거인신 위주의 사고에서는 분명 벗어난 것이라 할 수 있다.

둘째, 전승자들의 관심이 거인에 의해 산이 이동했다는 사실보다는 그 산이 제대로 자리를 잡지 못해 생기는 결과에 모아지고 있다는 점이다. 거인의 창조행위는 그들에게 더 이상 어떤 의미가 있는 것이 아니며, 그들의 삶과 밀접한 공간이 왜 이렇게 되었는가 하는 것이 주된 관심사가 된다. 이러한 관심의 전이는 거인의 존재와 그 행위에 대한 의문으로 이어지고, 결국 거인에 의한 산이동이 비현실적으로 인식되는 계기가 된다고 본다.

라)에서 가장 특징적인 점은 거인의 존재가 산이동설화에서 완전히 사라져서 나타나고 있다는 것이다. 거인에 의한 창조행위라는 산이동설화의 본래적 성격이 변모되어 산이 스스로 걸어가거나 홍수에 의해 떠내려오는 형태를 취한다. 따라서 이런 산의 이동 부분은 약화될 수밖에 없고, 어떻게 해서 산이 멈추게 되었는지 그리고 산이 이동하다 멈춘 결과가 어떠한지가 확장되는 양상을 보여준다.

마)에서는 섬이 이동해왔다는 사실만 간략히 언급될 뿐 땅세다툼이 설화의 중심에 놓여 있다. 섬이동은 단지 땅세다툼이 어떻게 해서 생겨나게 되었는가 하는 것을 설명하는 부수적인 요소에 지나지 않는다. 따라서 설화의 관심사는 완전히 인간의 생활사에 국한된다. 땅세를 더 이상 물지 않게 된 내력이 이야기되며, 그 과정에서 이것을 해결하는 원님이나 소년의 뛰어난 기지와 수완에 초점이 맞춰지게 된다. 즉 인간의 능력이 강조되는 양상이다. 산이동설화에서 이제 더 이상 거인의 행위나 능력은 문제가 되지 않으며, 그 결과물과 관련해 그들의 생활공간에서 어떤 일이 일어나는지 또 그 문제를 어떻게 해결하고 있는지가 중요시되는 인간 중심의 설화로 변모되어 있는 것이다.

이상 다섯 편의 例話를 들어 거인설화가 산이동설화로 어떻게 변모되고 있는지를 살펴보았다. 그렇다고 이들 설화가 가)에서 나)로, 나)에서 다)와 같은 순으로 시간의 흐름에 따라 단계적인 변이를 거쳐왔다는 것을 의미하는 것은 아니다. 단지 산이 이동하여 지형을 형성하는 모습이 드러난 자료의 樣態가 이처럼 다단하며, 자료 중 가)의 형태가 가장 고형으로 보이며 마)의 형태가 가장 후대적 모습으로 판단되기에 이와 같은 순차적인 변모양상을 찾아볼 수 있다는 것이다.

한편 이러한 변모양상은 前章에서 살폈던 산이동설화의 구성요소가 결합되면서 발전되는 양상과도 일정한 관련이 있다. 즉 산이동만 있는 자료형태가 근원적인 면모이고, 여기에는 거인에 의한 산이동 성격이 강하다. 하지만 여기에 산멈춤과 산세다툼이 각기 결합됨으로써 거인의 행위는 약화되고 상대적으로 이동해왔다는 사실에 대한 진실성과 현실성이 강조되는 방향으로 진행되어 나가는 것과 동일한 양상을 보여주고 있다는 것이다.

이상과 같이 볼 때 거인의 창조행위로서의 산 형성이었던 것이 거인의 존재가 사라지면서 산이 스스로 이동하는 모습을 취하고, 산을 멈추게 하는 여인이 설정되며, 산세다툼을 첨가하는 형태로 변모되어 새로운 설화를 창출해내는 양상을 볼 수 있었다. 인간 위주의 사고와 사실성을 강조하는 형태로 산이동을 설명하게 되면서 거인에 의한 지형형성으로서의 산이동은 그 본질을 잃어버리고, 산이 이동했다는 사실만 간략히 언급되거나 의인화되어 스스로 이동하는 모습을 취한다. 아울러 원래 설화에서 가장 핵심적이었던 산이동 부분은 크게 약화되고 오히려 산멈춤이나 산세다툼 등에 중심점을 두어 진실성을 확인하는 모습으로 변모되면서 거인의 행위가 탈락된 형태의 산이동설화를 생성시켰던 것이다.

이렇듯 거인설화는 거인의 창조행위에 대한 의문과 거인존재에 대한 비현실적이라는 인식, 그리고 인간 중심적 사고 등으로 인해 점차 소멸기로에 접어들었고, 이에 새로운 형태의 설화를 모색하면서 산이동설화를 비롯한 거인설화의 변이형을 파생시켰던 것으로 보인다.

제6장

거인설화의 세계적 보편성

1. 세계 거인설화의 유형양상

세계 곳곳에는 많은 거인설화가 분포되어 있다. 그 형태도 다양하여, 거인적 면모가 뚜렷한 것에서부터 인간의 모습으로 형상화되고 그 행위만 거인적인 면모를 보이는 것도 있다.

지금까지 거인설화에 대해서는 유형별로 묶어 정리하는 작업이 없었다. 단지 이 세상의 창조에 대한 신화라는 측면에서 거인설화를 그 한 측면으로 포함시켜 다룬 것이 대부분이다. 이런 연구 중 주목되는 것을 살펴보면, 먼저 장주근은 세계창조신화를 우주창조형과 천지개벽형으로 나눈다. 우주창조형은 절대신이 우주만물을 차례로 만들어가는 과정을 이야기하는 형으로, 기독교의 「창세기」를 들고 있다. 이것은 거인설화적 성격을 지니는 것은 아니다. 그리고 천지개벽형은 태초의 혼돈에서 천지가 분리되면서 만물이 생겨난다고 하는 유형으로 희랍의 신화가 대표적이라 한다. 북구라파신화를 혼합형이라 보고 중국의 반고나 우리의 거인설화를 천지개벽형에 포함시키고 있다.1) 즉 거인설화를 천지개벽형 유형에 가깝다고 본 듯하다.

다음으로 大林太良은 우주기원신화를 펫타죠나나 헤겔의 분류를 참조하면서 창조형과 진화형으로 구분하고 있다. 즉 창조형은 창조신이 어떤 방법으로 세계를 창조하였다고 하는 형식이라 하고, 진화형은 창조신의 개입없이 어떤 종류의 원초적인 물질이나 胚素에서 우주가 자발적으로 발달한 형식이라고 한다.[2] 이것은 장주근의 우주창조형과 천지개벽형의 구분과 다르지 않다. 이런 우주기원에는 거인신화가 중심이 되지만 우주가 창조되는 과정에 초점을 맞춰 살핀 것이기에 거인설화에 대한 유형 검토는 이루어지지 못했다. 다만 창조되는 형태에 따라 거인의 모습이 다양하게 나타나는 것은 확인된다.

한편 현용준은 제주도의 개벽신화를 살피면서 개벽신화의 계통으로 천지분리신화와 射陽神話를 구분하고 있다. 그리고 천지분리신화는 다시 ① 거인·신인이 밀어올리는 형, ② 女人의 언동 또는 절구로 쳐올리는 형, ③ 불 또는 태양에 의해 분리되는 형이 있다고 했는데,[3] 이중 ①과 ②는 거인설화라 할 수 있고, 사양신화도 거인설화에 포함시킬 수 있다.

이상의 연구들은 이 세상이 창조되는 기원이 어떻게 설명되고 있는가에 초점을 두어 살핀 것이기는 하지만, 거인이 이런 창조행위의 주체자가 되는 경우가 많기에 거인설화의 존재양상과도 밀접하게 관련되는 면이 있다. 따라서 이러한 연구들이 세계 거인설화의 유형을 검토하는데 밑바탕이 된다. 그럼에도 거인설화의 유형분류는 만만치 않다. 그 이유는 자료가 다양한 양상을 보이고 또한 복합적인 자료 양상을 보이는 자료도 적지 않기 때문이다. 따라서 거인설화를 명확히 구분하는 유형 설정은 사실상 불가능하다. 때문에 이 글에서는 편의상 그 성격에 따라 다음 여섯 가지 형태로 나누어 살펴보기로 하겠다.

---

1) 장주근, 같은 책, 2~3면.
2) 大林太良, 같은 책, 71~72면.
3) 현용준, "제주도 개벽신화의 계통", 『제주도 연구』5집, 제주도연구회, 1988. 36면.

가. 天地分離型
나. 死體化生型
다. 球體形成型
라. 大地生成型
마. 日月調整型
바. 地形移動型

그러면 이런 유형적 양상을 보이는 자료들을 들면서 정리하도록 한다.

가) 천지분리형 거인설화

천지분리형 거인설화는 세계적으로 널리 분포되어 있는 거인설화 형태로 하늘과 땅이 거인에 의해 분리되는 과정을 이야기하고 있는 것이다. 이런 유형에는 두 가지 형태가 있다고 본다. 하나는 거인에 의해 직접 하늘을 밀어올리는 과정이 보여지는 형태이고, 다른 하나는 인간의 모습으로 나타나는 거인적 성격의 인물이 기구로 하늘과 땅을 분리하는 형태이다.

① 거인이 밀어올리는 형

거인이 나타나 붙어있던 천지를 분리시키거나 하늘을 밀어올리는 신화 형태로는 다음과 같은 것들이 있다.

a. 반고 : 계란과 같은 혼돈 속에서 잉태된 반고가 1만 8천년 동안 잠만 자다가 어느 날부터 하루에 한 길(一丈)씩 자라 하늘을 떠밀어 9만리의 간격이 되게 한다. (중국)4)

b. 아만츄 : 태초에 천지가 붙어있어 사람들이 개구리처럼 기어다녔다. 아만츄가 바위를 발판으로 삼고 하늘을 받쳐올렸다. (오끼나와)5)

c. 타네마후타 : 하늘인 탕기와 대지인 타다가 포옹하고 있었는데, 아들인 타네마흐타가 머리를 대지에 묻고 다리를 하늘에 걸어 밀어올렸다.

---

4) 袁珂, 같은 책, 154면.
5) 大林太良, 같은 책, 80면.

(뉴질랜드 마오리족)[6]

d. 슈 : 남신 슈와 여신 테프네트 사이에서 남신 게브와 여신 누트가 태어
났다. 게브는 대지의 신이고 누트는 하늘의 신으로, 이 두 신이 처음에
는 껴안고 있었는데 아버지인 슈가 그들을 떼어놓았다. 누트는 하늘을
높이 들어올리고 누트는 땅에 눕혀놓았다.(이집트)[7]

② 기구로 밀어올리는 형

이 형태는 여성 혼자서 절구공이와 같은 기구로 분리시키기도 하지만
여러 사람이 힘을 합쳐 분리시키는 모습을 보이는 경우도 적지 않다.

a. 옛날 하늘이 지상에서 닿을 듯한 높이에 있고 신도 그 곳에 살았는데,
한 여인이 곡물을 찧다가 신의 눈을 호되게 쳐서 신이 노하여 하늘이
멀어지게 되었다. (서아프리카 기니아만 연안)[8]

b. 옛날 하늘이 낮고 신도 그 곳에 살고 있어 인간들은 절구공이를 제대로
휘두르지 못했다. 신은 인간에게 하루에 한 줌의 곡식만 먹게 했는데,
허락된 양보다 많이 먹기 위해 그때까지 사용한 것보다 긴 절구공이를
치켜들어 그것이 신을 쳐서 신이 노해 높이 올라가고 하늘도 높아졌다.
(수단 딘커족)[9]

c. 태초에는 하늘이 낮아 키 큰 사람들은 머리가 하늘에 받친다고 불평이
대단했다. 푸켓 사운드(Puget Sound) 지방의 여러 종족들이 하늘을
높이 밀어올리기로 합의하고 모든 종족, 동물과 새들이 참여하여 하늘
을 밀어올렸다. 이후로는 아무도 하늘에 올라가지 못했다. (아메리카
snohomish족)[10]

---

6) J. F. 비얼레인(현준만 역), 『세계의 유사신화』, 세종서적, 1996. 91~92면.
7) 최현 편, 『이집트신화』, 범우사, 1989. 19면.
8) 하선미 편, 『세계의 신화전설』, 혜원출판사, 1994. 346면.
9) 같은 책, 347면. 이외에 필리핀 바고보족의 설화에는 도우구리봉구라는 여인이 쌀을 찧
는데 하늘이 너무 낮아 방해가 된다고 하늘에게 높아지라고 말을 하여 높아지게 되는 자
료도 있다. 이것도 같은 성격의 자료로 판단된다. (大林太良, 같은 책, 79~80면)
10) 알폰소 오티즈 외 엮음(백승길 역), 『무엇이 그들의 신화이고 전설인가』, 이가책,

> d. 옛날 하늘과 땅 사이가 석자세치밖에 떨어져 있지 않아 절구질이나 호
> 미질을 할 때면 하늘에 닿았고, 사람들도 허리를 구부리고 다녔다. 키
> 가 열 자나 되는 장수 력가가 하늘을 들어올리려 했으나 실패하고, 사
> 람들에게 밀대와 호미를 장만하게 해서 뭇사람들의 도움을 받아 하늘
> 을 밀어올렸다. 그리고 하늘이 다시 내려오는 것을 막기 위해 이빨을
> 뽑아 하늘에 박았는데, 그것은 별이 되었다. (중국 부이족)11)

태초의 혼돈 상태에서 천지가 분리되는 과정을 거인에 의한 것으로 설
명하는 설화들로, 특히 거인의 모습이 아닌 인간의 형상을 한 인물의 절
구질이나 호미질과 같은 일상적 행위에 의해서 천지가 분리된다는 사고
가 있는 것은 주목할만하다. 원초적인 거인의 설정에 따라 우주가 정리되
던 것이 거인신격은 인간화되고 그 행위만 남아있게 된 형태로 보이기 때
문이다. 특히 력가의 천지분리같은 것은 거인이 단독으로 천지를 분리하
는 것이 아님에도 하늘과 땅을 떠받친다든가 뒤에 사체화생에 의한 만물
창조가 보이는 것으로 보아 거인에 의한 천지분리에 합리화시키고자 하
는 의식이 반영된 것으로 보인다.

한편 이런 형태에 속하는 우리의 자료로는 「창세가」의 미륵을 들 수
있다.

나) 사체화생형 거인설화

사체화생형 거인설화는 거인의 사체로부터 해와 달, 산천을 비롯한 우
주만물이 생겨났다고 하는 설화이다. 이런 사체화생형 거인설화 또한 세
계 곳곳에 널리 분포되어 있으며, 천지분리형과 연결되어 나타나는 경우
도 적지 않다. 그리고 거인의 사체로부터 만물이 생겨난다는 설정이 일반
적이지만 거대한 동물의 사체로부터 이 세상이 형성된다는 형태도 있어
흥미롭다.

이런 형태에 해당되는 자료를 간략히 정리하도록 하겠다.

1993. 89~92면.
11) 박연옥 편, 『중국의 소수민족설화』, 학민사, 1994. 272면.

a. 반고는 죽을 때 그의 몸에 큰 변화가 일어났다. 입에서 나온 숨결은 바람과 구름이 되고, 목소리는 천둥, 왼쪽 눈은 태양, 오른쪽 눈은 달이 된다. 그리고 손과 발, 몸은 대지의 四極과 五方의 산이 되었고, 피는 강물, 핏줄은 길, 살은 밭, 머리카락과 수염은 별, 피부와 털은 화초와 나무, 이와 뼈는 珠名, 땀은 이슬과 빗물이 된다. (중국)12)

b. 력가가 하늘을 고정시킬 때 흘린 땀은 비가 되고, 가쁜 숨은 바람, 기침 소리는 우뢰, 눈을 깜박인 것은 번개, 흰적삼은 구름, 오른쪽 눈은 해, 왼쪽 눈은 달, 입은 우물, 무릎과 손목은 산기슭, 머리카락은 樹林, 눈썹은 풀, 힘줄은 큰길, 발가락은 짐승, 손가락은 갖가지 날짐승이 된다. (중국 부이족)13)

c. 몇 만년 전 미뤄터가 스님의 비막이 모자로 하늘을 만들고 스승의 손발로 네 기둥을 만들어 하늘의 네 귀를 받쳤으며, 스승의 몸으로 큰 기둥을 만들어 하늘의 중앙을 받쳐서 하늘과 땅을 만들고, 큰 강이며 시냇물, 화초, 수목 및 물고기, 새우, 소, 말, 돼지, 닭, 오리 등을 만들어 낸다. (중국 요족)14)

d. 땅이 세 신소(神牛)들을 낳았는데, 둘째인 라마쒀부가 죽은 뒤 그의 털은 땅 위의 들과 산맥이 되었으며, 그의 피는 땅 위의 강물이 되고, 내장은 피와 살이 있는 동물과 벌레가 되었다. (중국 러바족)15)

e. 숫오리가 공기의 여신 딸인 푸오나 타프의 무릎에 둥지를 틀고 알을 낳았는데, 고통스러워 알을 바다에 빠뜨리자 알의 노른자는 해가 되고, 흰자위는 달, 알 껍질에 돋아있던 돌기들은 별, 검은 반점은 구름이 된다. (핀란드의 서사시 「칼레발라Kalevala」)16)

---

12) 袁珂, 같은 책, 155면.

13) 박연옥 편, 같은 책, 274~275면.

14) 같은 책, 78면. 이런 사체화생형 설화는 중국 소수민족설화에 특히 많다. 바이족과 아창족 등에게서도 비슷한 거인사체화생설화가 전해지는데, 세부적으로 중국 반고신화와 일치되는 것이 많아 반고신화의 영향이 아닌가 생각된다. 한편 따이족은 거인의 사체가 아니라 몸의 때로 하늘과 땅, 코끼리, 황소 등을 만들어내고 있어 우리의 배설형과 관련지어 생각할 수 있는 특이한 모습을 보여준다. (같은 책, 176면)

15) 같은 책, 154면.

f. 태초에 천지만물이 생겨나지 않았을 때 거대한 그메이야신이 12명의
   자식과 창조작업을 하려고 재료를 찾아다녔다. 그들은 리라라는 거대
   한 짐승을 만나 껍질을 벗겨 천공을 만들고, 양쪽 눈알로 별을 만들었
   으며, 살로는 대지를, 뼈로는 암석, 피는 물로 바꾸고, 털로는 풀과 나
   무, 뇌수로는 인류, 골수로는 짐승과 새, 물고기, 곤충 등을 만들었다.
   (중국 포랑족)17)

g. 대지인 크쥼·찬도는 머리, 달, 다리, 올챙이배를 한 인간 형상이었다.
   태초에 인류는 그녀의 배 위에서 살고 있어 그녀가 일어나면 사람들이
   떨어져 죽을 것이 염려되어 그녀는 자살을 한다. 그녀의 사체 중 머리
   는 눈 덮인 산이 되고, 등뼈는 언덕, 가슴은 계곡, 엉덩이는 앗삼평원,
   눈은 태양과 달이 된다. (북앗삼 아파타니족)18)

h. 태초에 프루샤라는 거인이 있었는데 신들이 희생으로 삼아 죽였다. 프
   루샤의 머리는 천공이 되고, 양쪽 다리는 대지, 눈은 태양, 마음은 달,
   숨결은 바람이 된다. 그리고 프루샤를 분할했을 때 이에서는 바라문,
   양쪽 팔에서는 크샤트리아, 넓적다리에서는 바이샤, 양 발에서는 수드
   라가 생겨났다. (인도의 『리그베다』)

i. 서리의 거인 이미르를 오딘을 비롯한 신들이 사체를 해체하여 세계를 창
   조한다. 이미르의 피는 바다와 호수가 되고, 살은 대지, 뼈는 여러 산,
   두피는 천공이 되게 하고, 뇌수는 공중에 던져 구름을 만든다. (北歐의
   『에다』)19)

j. 창조신의 아들인 데스카틀리포카와 케찰코아틀이 창조행위를 완성하고
   자 거대한 뱀으로 변하여 지상에 살고 있던 거대한 괴물인 트랄테쿠틀
   리(Tlaltecuhtli)를 죽인다. 뱀으로 변한 두 신은 각기 괴물을 두 조각
   으로 찢어 반으로는 대지가 되게 하고 나머지 반으로는 하늘을 만들었
   다. 이에 다른 신들이 잔인하게 살해된 트랄테쿠틀리를 안타까워하며,

---

16) J. F. 비얼레인, 같은 책, 84~85면.
17) 하선미 편, 같은 책, 227면.
18) 大林太良, 같은 책, 84면.
19) 山室 靜, 『北歐の神話』, 筑摩書房, 1982. 9~19면.

> 그 털로는 나무와 꽃, 향료식물이 되게 하고, 가죽으로는 풀과 작은 꽃
> 이 되게 했고, 눈은 우물과 샘, 작은 동굴이 되게 했으며, 입은 큰 강과
> 큰 동굴이, 그리고 코는 산등성이와 계곡이 되게 했다. (멕시코 아즈
> 텍신화)[20]

거인의 사체로부터 이 세상이 창조되었다는 것은 아주 일반적인 관념이
었던 것으로 보인다. 인간이 사는 이 세상 자체가 어디서 생겨났는가도 근
원적인 의문이겠으나 해와 달, 산천초목 등은 과연 무엇으로부터 비롯되
었는가에 대한 의문이 적지 않았던 것으로 보인다. 원래 있었다라고 보기
보다는 무엇인가에서부터 생겨난 것으로 판단했고, 그래서 이 세상의 모
든 것의 기원을 포괄적으로 설명할 수 있는 거대한 거인 또는 동물의 설
정이 필요했던 것이 아닌가 생각된다. 하지만 창조신 개념이 도입되면서
우주 자체가 곧 거인이었다는 사고에서 탈피하여, 창조신이 거인을 죽여
서 그 사체로 세상을 창조하는 형태로 변모되어 간 것이 아닌가 생각된다.

다) 구체생성형 거인설화

구체생성형 거인설화란 창조신이 이 세상을 창조할 때 어떤 것을 공처
럼 만들어 굴려서 점점 커지게 하여 인간이 살게 된 지구의 형태를 만든
다는 것이다. 이것은 주로 아메리카 대륙에서 발견되는 것으로, 그 행위
의 주체가 거인의 모습으로 형상화되고 있지는 않지만 거대한 구체를 만
들어 세상을 형성하는 행위는 거인적 행위임이 분명하다.

> a. 원초시대에 마루부다는 형제인 크로크와 함께 신체에서 어떤 것을 끄
> 집어내어 공처럼 만들었다. 그리고는 담뱃대를 피워물어 지상만물의
> 위치를 잡게 한 후, 공을 향하여 담배연기를 뿜어 커다랗게 만들고는
> 손에서 떨어뜨린 것이 대지가 되었다. (중앙캘리포니아 모모인디안)[21]

> b. 神인 노쿠마가 두 손으로 세상을 굴려 공 모양으로 만들고 커다란 검은

---

20) Karl A. toube(이웅균 외 역), 『아즈텍과 마야신화』, 범우사, 1998. 80~82면.
21) 大林太良, 같은 책, 73면.

바위를 세상 속에 끼워 넣어 중심을 잡는다. (남부 캘리포니아의 플리야
노스)22)

c. 태초에는 어둠과 불뿐이었다. 창조주가 마법지팡이에 맺힌 나무진을
  떼어내어 발로 굴려 공모양을 만들고는 그것을 굴리면서 노래를 불러
  점점 커지게 하여 지금의 지구 크기로 만들었다. 그런 다음 바위를 깨
  뜨려 하늘로 던져 달과 별을 만들고, 물 그릇을 받아놓고 빛을 생각하
  여 해를 만들어서는 하늘로 튕겨 동에서 서로 움직이게 했다. (아메리
  카 피마족)23)

구체생성형은 일단 창조주가 설정된다는 점에서 여타의 거인설화보다
는 후대형으로 보인다. 그리고 구체를 굴려 세상을 만든다는 것을 지구가
둥글다는 과학적 사고와 맞닿아 있어 흥미롭다. 그렇다고 이것을 과학적
사고의 소산에서 생겨난 신화라고 볼 수는 없으며 신화적 사고와 과학적
사고가 만나는 것으로 파악하는 것이 바람직하다.

라) 대지생성형 거인설화

대지생성형 거인설화는 어떤 사람이나 동물이 물 속에서 흙을 가져오
고, 그 흙이 창조주의 명에 따라 점점 커지게 되어 이 세상이 형성된다는
설화이다. 이런 형태는 거인설화적 면모가 뚜렷하다고 보기는 어렵지만
이 세상의 땅덩어리가 처음 형성된다는 점과, 그렇게 대지를 형성할만한
흙을 가져오는 행위는 거인이라야 가능하다고 보기 때문이다.

이런 형태의 설화는 알타이지역을 비롯해 아메리카 대륙에 널리 분포
하고 있다.

a. 하늘의 신 네사루는 늑대인간과 행운아라는 두 형제를 만들었다. 그들
  은 물에서 헤엄치는 오리들에게 물 밑에서 땅을 가져오게 해, 이 땅으
  로 늑대인간은 대평원을 만들고, 행운아는 언덕과 산을 만든다. 두 형

---

22) J. F. 비얼레인, 같은 책, 104면.
23) 같은 책, 102면.

제는 땅 밑으로 내려가 거미에게 번식하는 것을 알려주어 온갖 종류의 동물과 식물이 생겨나게 하고, 인간과 거인족도 태어난다. 네사루가 홍수를 일으켜 사악한 거인족을 없앤다. (아메리카의 아리카라족)24)

b. 세상에는 광활한 바다만 있었다. 하늘에 살던 추장의 딸이 아파서 병을 고치기 위해 나무를 파던 중 나무와 함께 추장의 딸이 아래로 떨어진다. 그 처녀가 살아갈 섬을 만들기 위해 마법의 흙을 찾아오게 했으나 백조는 실패하고 늙은 두꺼비가 바다 밑바닥에서 진흙을 가져온다. 이 것이 넓은 땅덩어리로 변했다. 굴을 파는 동물에게 시켜 하늘에 구멍을 뚫게 하여 빛이 이 땅을 비추게 되었다. (아메리카 이로쿼이족)25)

c. 애초에는 물밖에 없었다. 코이오테노인이 오리에게 시켜 물 속에서 흙을 가져오게 했다. 코이오테 노인이 그 흙덩이에 입김을 불어넣자 그것이 팽창해서 대지가 된다. (아메리카 crow족)

d. 태초에는 세상이 모두 물이었는데, 물방개가 물 속에서 진흙을 가져온 것이 사방으로 번져나가 대지가 되었다. 그 뒤 말똥가리가 지상에 내려와 날개로 활개를 치며 다녔다. 그 말똥가리의 날개가 닿은 땅엔 계곡이 생겼고, 날개를 위로 활개를 치면 산이 하나씩 솟아났다. (아메리카 cherokee족)

e. 태초에는 이 세상에 물밖에 없었다. 조물주인 코코마트가 세상을 만들기 위해 손으로 물을 휘저어 거품 소용돌이를 만들었다. 소용돌이는 거품을 내뿜으며 부풀어 올랐다가 가라앉기를 반복했다. 잠시 후 거품이 가라앉으면서 땅이 생겨났다.(아메리카 yuma族)26)

f. 태초에 세상엔 혼돈뿐이었는데, 그 어둠 속에서 창조신 에헤 보르한이 떠올랐다. 에헤 보르한은 천지를 분리하기 위해 野鴨을 만들었다. 야압은 물 속에 들어가 입술에 진흙을 묻혀 왔고, 에헤 보르한은 이것으로 대지 우르겐을 창조하고 거기에 동물과 식물을 만들었다. (몽고)

---

24) J. F. 비얼레인, 같은 책, 94~95면.
25) 같은 책, 96~97면.
26) 같은 책, 69~70면.

g. 알타이의 달단족……Ⅳ장에서 소개한 바 있기에 생략한다.

h. 처음에 세상엔 물뿐이었다. 그 위를 도(Doh)라는 무당과 기러기, 오리 등이 날고 있었다. 내려앉아 쉴 곳이 없자 도가 오리에게 진흙을 가져오게 했다. 오리는 두 번의 실패 후 흙을 가지고 나왔고, 그 흙을 바다 위에 놓고 커지게 해 오늘날과 같은 땅덩어리가 만들어졌다. (알타이 Ostiak족)27)

i. 천신인 이린 아지 토존(Yryn Ajy Tojon)이 넓은 바다 위에 떠있던 바다 밑의 땅에 사는 귀신에게 흙을 가지고 오게 했다. 천신은 그 흙을 바다 위에 띄워 놓고 그 위에 앉았는데, 귀신이 천신을 빠지게 하고자 흙을 차고 밟았다. 그러자 천신이 흙을 점점 커지게 했다. 땅에 산과 골짜기가 있고 울퉁불퉁하게 된 것은 귀신이 차고 밟은 자리이기이기 때문이다. (시베리아 Yakut족)

이런 대지창조신화는 이 세상이 혼돈에서 비롯된 것이 아니라 물만 있고 땅덩어리는 없었다는 또다른 사고에서 비롯된 것임을 알 수 있다. 혼돈으로부터 비롯된 세상은 대홍수에 의해 정리되고 다시금 세상이 시작된다고 하는 경우가 많은데, 이런 사고와도 닿아있다고 본다. 즉 혼돈에서 창조된 세상 다음의 홍수로 인한 물에서의 새로운 창조의 모습이 이렇게 나타났을 수도 있다는 것이다. 한편 e의 형태는 일본의 이자나기 이자나미의 국토창생신화와도 흡사하다는 것을 지적할 수 있다.

마) 일월조정형 거인설화

일월조정형28) 거인설화란 일월이 복수로 출현하여 사람들이 못살게 되자 이것을 하나가 되도록 정리하는 형태의 설화를 이른다. 해와 달을 제거하는 인물이 비록 거인의 모습으로 형상화되고는 있지 않지만 활을

---

27) 박시인, 같은 책, 359면.
28) '일월조정'이란 용어는 김헌선이 "기존의 '사양신화'라는 용어가 태양을 활로 쏘는 화소를 중시한 것으로 그렇지 않은 사례가 많음을 볼 때 적절하지 않다"고 하면서 사용한 용어이다. (김헌선, "일월조정신화소의 전승과 변이", 같은 책, 176~177면.)

쏘아 또는 절구공이로 맞춰 비정상적인 천체를 정리하는 과정은 거인적 행위임을 보여주는 것이다. 이런 일월조정형 거인설화에 대해서는 현용준이 '射陽神話'라 하여 외국의 자료들을 살피고 있기에 그 자료들을 가져오기로 하겠다.29)

a. 堯임금 때에 해 열이 竝出하여 草木이 말라 죽어갔다. 堯임금이 羿에게 명하여 쏘게 하니, 해 아홉이 명중하여 해 속의 까마귀가 모두 죽어 떨어졌다. 그래서 해 하나만 남았다. (中國)

b. 垂仁天皇 때, 해 아홉 개가 나타났다. 天文博士는 이를 점쳐서 북쪽 끝의 해가 진짜이고, 남쪽에 벌려 있는 것은 까마귀가 둔갑한 것이라고 奏上했다. 射手 8人이 명을 받아 사다리를 걸쳐 올라가서 8개를 쏘아 떨어뜨리니, 모두 까마귀였다. (일본)

c. 射手 '엘헤 멜겐'은 해와 달을 쏘려고 했다. 어떤 사람이 七曜星 중의 하나를 쏘아 맞혀보라고 했다. 만일 실수하여 못 맞히면 해와 달을 쏘아 맞힐 수 없을 것이라고 했다. 射手는 잘 쏘아 맞혔지만, 그 사람은 그 순간 자기가 숨겨 두었던 것으로 재빨리 바꾸어 놓아 못 맞혔다고 했다. 射手는 매우 부끄러워하며 마르모트가 되어 버렸다. (蒙古族)

d. 옛날 하늘이 얕고 해가 두 개 떠 있어 사람들이 잠을 잘 수가 없었다. 어느 때, 도카니본家의 사람이 조를 찧고 있었는데, 절구공이가 하늘에 맞아 해 하나가 떨어졌다. 그래서 하늘도 높게 올라가고 잠도 잘 수 있게 되었다. (臺灣 바이완族)

e. 太古에 해와 달이 둘씩 있어 1년은 낮, 1년은 밤이 교대되고 몹시 더워 못살게 되었다. 한 청년과 소년이 원정에 나섰다. 도중 조와 朱欒을 심으며 갔는데 청년은 죽고 소년이 노인이 되어 해 하나, 달 하나를 쏘았다. 그래서 해와 달이 하나씩 되어 주야 분별이 생겼다. (臺灣 사젝族)

f. 옛날 하늘이 매우 얕아서 사람의 키만큼만 땅에서 떨어져 있었다. 그때

---

29) 현용준, "제주도 개벽신화의 계통", 『제주도연구』5집, 제주도연구회, 1988. 39면.

부부가 있었는데, 임신한 부인이 친정에 가는 길에 뜨거운 태양열을 받아 매우 불쾌했다. 남편이 태양을 쏘러 나섰다. 이 때는 7개 있었는데, 아침 태양이 떠오르기 시작하자 6개를 쏘고 하나를 남겼다. 그제야 얕았던 하늘이 높이 올라가서 태양열이 알맞게 되었다. (보르네오 두슨族)

　이런 일월조정형 거인설화는 이 세상의 만물이 창조된 후 제대로 정리되지 않은 천체현상을 거인이 맡아 조정하는 모습의 일단이라 하겠다. 특히 보르네오나 대만의 자료에서는 이런 일월조정이 천지분리와도 밀접한 관련이 있음을 보여주고 있어 거인의 창조행위의 일환으로 마련된 일월조정이었음을 알 수 있겠다.

6) 지형이동형 거인설화

　지형이동형 거인설화는 거인에 의해 산이나 섬이 옮겨지는 형태를 이른다. 이런 형태의 설화는 우리나라의 경우는 다양하게 찾아지지만 세계 여타지역의 자료에서는 쉽게 확인하기 어렵다. 다만 일본의 경우는 이런 모습을 『風土記』에서 적지 않게 찾아볼 수 있다.

a. 야츠가미즈오미쯔노노미고도(八束水臣津野命)신이 이즈모(出雲)國이 처음부터 너무 좁게 만들어졌음을 한탄하여 시라기(新羅), 三崎, 사기(佐伎)國 등 네 곳의 땅을 밧줄을 걸어서 끌어당겼다. 그 땅들은 신이 당기는대로 바다를 떠와서 出雲國에 붙어 땅이 넓어지게 되었다.[30]

b. 南多摩郡의 川口村에 있는 山入이라는 부락 인근의 산은 데라보찌가 업고 오다가 줄이 끊어져서 떨어져 생긴 것이다.[31]

c. 甲州 地方에 래이라 봇찌라는 힘이 센 중(坊主)이 있었는데, 긴 멜대(棒)로 두 산을 메고 옮기려다가 그 멜대가 부러져 생긴 것이 鹽山과 石森山이라고 한다.[32]

---

30) 吉野裕 譯, 『風土記』, 東洋文庫145, 平凡社(동경), 1996. 132~133면.
31) 柳田國男, 같은 글, 373면.
32) 柳田國男, 같은 글, 374면.

　　d. 下野의 鬼怒川 옆의 羽黑山은 딘딘보매라는 거인이 산을 업고 가다가
　　　 등나무끈이 끊어져 생긴 산이다.33)

　　e. 옛날 太大法師라는 거인이 있어 善積郡의 땅을 파서는 동쪽으로 세 걸
　　　 음 반을 걸어가서 그 흙을 버렸다. 그래서 호수가 생기고 不二山이 생
　　　 겼다. 江州에 있는 三上創野寺 등의 산들은 그 때 흙이 떨어져서 생긴
　　　 것이다.34)

　이처럼 일본에서는 거인에 의한 지형이동을 쉽게 찾아볼 수 있다. 이
런 형태의 거인설화가 세계 여타 지역에서도 동일하게 나타나는지는 확
인할 수 없지만 거인신격이 우주창조신적 성격에서 옮아가 특정 지방의
신격으로 섬겨지면서 나타나게 된 현상으로 보인다. 우리의 거인설화도
이런 지형이동의 성격이 강하지만 일본처럼 신성화되고 있지는 못하다.35)
　다만 일본의 이런 거인에 의한 지형이동은 우리의 거인설화와 흡사하
다는 점은 주목할 필요가 있다. 이런 지형이동형 거인설화가 8세기에 이
미 『風土記』에 기록되어 문헌에 정착되고 있음을 볼 때 우리의 지형이동
형 거인설화가 신성시된 형태이든 그렇지 않은 형태이든 간에 이미 오래
전부터 그 모습을 갖춘 채 전승되어 내려온 것임을 미루어 짐작케 한다.

2. 한국 거인설화의 특징과 의미

　한국에도 단편적이지만 적지 않은 거인설화가 존재하고 있음은 이미
확인한 바이다. 그 신화적 성격이 두드러지는 것은 아니지만 세계신화가
지닌 천지분리나 대지창조, 일월조정, 지형이동 등의 성격을 지닌 거인설
화가 부분적으로 남아있음도 알 수 있었다. 그러면 이런 세계의 거인설화

---

33) 柳田國男, 같은 글, 378면.
34) 柳田國男, 같은 글, 388면. 이외에도 이 책에는 이런 거인에 의한 지형이동설화를 다
　　수 수록하고 있다.
35) 신이 산을 만드는 것은 예전에는 보통 볼 수 있는 신앙이라고 柳田國男은 밝히고 있
　　다. (같은 책, 388면.)

와 비교해 우리 거인설화의 두드러진 특징은 무엇인가? 그 특징은 다음 몇 가지로 정리될 수 있다고 본다.

첫째, 외국의 거인설화에서는 우주형성과 지형창조가 일관되게 동일한 거인창조신격의 작업에 의해 이루어지지만 우리의 경우는 이런 창조작업이 엄격히 분리되고 지형창조를 위해서는 새로운 거인이 설정된다는 점이다. 예컨대 중국의 반고신화의 경우는 천지를 분리시키고 일월을 창조하는 반고는 그의 사체로부터 산이나 하천이 생겨난다고 하여 모든 창조작업이 반고에 의해 완결됨을 볼 수 있다. 여타의 신화도 천지분리까지 겸하지 않는다고 하더라도 혼돈의 상태에서 생겨난 거인의 사체에서 하늘과 땅, 그리고 만물이 생겨나는 모습을 확인할 수 있었다.

이 점은 일본신화의 경우도 예외는 아니다. 이자나기 이자나미는 천부교에서 이 세상의 혼돈을 먼저 정리한 다음 둘의 교합에 의해 일본의 중요 섬들을 창조해낸다. 비록 그들의 혼돈을 정리하는 행위가 천지창조인가는 의문이 있지만 하늘에서의 그들의 행위는 창조작업의 마무리일 수 있으며, 지형창조에 앞서서 행해진다는 점에서 이런 일관성이 유지된다.

반면 우리의 거인설화는 우주를 창조하던 거인은 그 작업 후 물러나고 지형창조를 위한 새로운 거인신격이 설정된다. 천지를 분리하거나 일월을 조정하는 미륵이나 대별왕은 우주형성 작업 후 저 세상을 다스리는 신격으로 물러난다. 지형창조는 설문대할망이나 장길손, 마고할미 등 새로운 거인신격의 몫일뿐 더 이상 우주를 형성시킨 창조신은 간섭하지 않는다. 이런 현상은 우리의 거인설화가 지닌 원초적인 면모였는지는 확인할 수 없지만 거인설화가 창조신화로서 신화적 성격을 일찍부터 잃어버려 분리된 채 우주형성의 성격은 무속의례에서 부분적이지만 무가로 전승되었고, 지형창조적 성격은 구체적 지형물과 결부되면서 전설화되는 경향으로 변모되어 나간 것이 아닌가 생각된다.

둘째, 외국의 거인설화는 체계화되고 그 짜임새가 견고하지만 우리의 경우는 단편적이고 편린화된 자료의 양상이 두드러진다는 점이다. 외국의 거인설화에서도 단편적으로 전해지는 자료가 없는 것은 아니지만 희랍의 신화나 북구의 신화, 중국, 인도, 일본 등의 신화는 일반적으로 체계화되고 견고한 짜임새로 구성되어 있음을 쉽게 찾아볼 수 있다. 태초의 혼돈의 상태에서 점차 우주가 창조되고 이 세상만물이 생겨나는 과정을 거인설화를 통해 체계적으로 밝히고 있음을 알 수 있다. 반면 우리의 거인설화는 여러 이야기가 단편적으로 부분부분 토막져 있다. 설문대할망설화가 처음 채록된 상황을 보더라도 이 점은 확인된다.

이렇게 차이가 나는 가장 큰 이유는 외국의 체계적으로 짜여진 양상을 보여주는 거인설화는 일찍 문헌에 정착되었고, 또한 정착되는 과정에서 기록자에 의해 의도적인 짜임새 부여가 있었던 반면 우리의 거인설화는 구전에만 의존하면서 전승과정상 많은 부분이 탈락되거나 편린화되어 나간데 그 까닭이 있다고 생각된다. 이 점은 구전상태 그대로가 아닌 다소의 각색된 형태로 오늘날 문헌에 수록되고 있는 거인설화를 살펴볼 때 분명히 확인된다.

셋째, 우리의 거인설화는 외국 거인설화와 달리 유독 희화화되거나 외설담화되어 나타나는 양상이 뚜렷하다는 점이다. 우리의 거인설화는 거근이나 배설을 중심으로 희화화되고 있음은 이미 언급한 바이다. 배설의 산천형성과 같은 창조적 본질이 잊혀지면서 흥미 위주의 우스갯소리로 전락되는 모습이 두드러지며, 거근도 본래 창조신의 생산적 성격을 보여주는 일면이었을 것이나 점차 거근이라는 신체적 비정상이라는 데에만 초점이 맞춰져 희화화되고 음담패설의 형태로 전개되어가는 경향이 강하게 나타난다.

이런 가장 큰 요인은 거인설화가 전승과정상 신화로서 신성성을 상실하면서 그 나름의 존재모색으로서 거인성을 이용해 흥미 위주의 이야기로 전개시켜 나가는 방향을 택했기 때문으로 보인다. 외국신화에서 이런 희화화가 나타나지 않는 것은 신화적 성격을 간직한 채 오랫동안 전승되었거나 문헌에 기록되면서 희화화될 수 있는 가능성이 일찍 차단된 반면 우리의 것은 그렇지 못하고 전승되면서 많은 변이를 겪었기 때문일 것이다. 한편 이러한 희화화 현상은 거인신격의 창조행위를 부정적으로 인식하는 면과도 닿아있다. 즉 거인이 산이나 지형을 제대로 만들지 못해 그 곳이 서울이 되지 못했다는 사고는 이런 희화화 양상의 또다른 측면으로 보인다.

넷째, 거인의 창조신적 성격이 특히 약화되고, 거인의 인간화된 면모가 두드러진다. 우리의 거인신격은 인간과 다르지 않다. 먹을 것과 입을 것을 갈망한다든가 지형 창조행위가 옷이 헤지거나 또는 멜빵 끈이 끊어져 제대로 이루어지지 못했다고 하는 등 인간과 동일한 행위를 한다고 여길 뿐 신으로서의 행위로 인식되는 것은 아니다. 거인은 인간이지만 단지 거대함과 엄청난 힘을 발휘하는 비정상적인 인간일 뿐이라고 의식되며, 신격으로서의 인식은 현저히 약화되어 있다.

외국신화의 경우는 비록 절구를 찧는 여인과 같이 일상적인 인간의 모습으로 형상화되어 나타나기도 하지만, 그럼에도 우리의 것보다는 창조행위를 하는 데에 중심을 두고 있다고 할 수 있다. 그리고 이런 인간화된 거인신격의 모습이 나타나는 현상이 문헌에 기록되어 전하는 중국이나 구라파에서보다는 아프리카나 아메리카 대륙 등 비교적 구비전승으로 창조신화가 전해졌을 지역에서 주로 나타난다는 점을 감안한다면 전승되면서 거인신의 형상에서부터 인간화된 채 행위만 남아있는 신의 모습으로 나아간 것이 아닌가 추정해 볼 수 있다.

세계의 거인설화와 비교해 우리의 거인설화는 신화적 성격이 강하게 남아있다고 보기 어렵다. 특히 우주창조적 성격의 신화가 크게 약화되어 있고 구체적인 지형과 결부되면서 전설화된 경향도 뚜렷하다. 그러면 세계의 거인설화에 비교해 우리의 거인설화가 이러한 특징을 지니게 된 가장 큰 요인은 무엇인가? 무엇보다 외국 거인설화가 일찍 문헌에 정착된 반면 우리의 것은 전혀 기록화 되지 못했고 신화로서 전승될 수 있었던 제의마저도 일찍 잃은 때문이라 볼 수 있다.

특히 일찍 제의를 잃은 채로 문헌에도 정착되지 못하고 계속 구비전승됨으로써 많은 마멸과 변모를 겪을 수밖에 없었고, 따라서 신화적 성격도 현저히 약화되어 있고 단편적으로 전승되며 희화화되어 나타나게 되었던 것으로 보인다. 이 점은 우리의 거인설화가 지닌 본래의 신화적 성격을 파악하는 것을 어렵게 하지만 제의적 기반을 잃은 상태에서 신화가 문헌에 정착되지 않고 전승될 경우 나타나는 현상의 세계적 전범이 될 수 있으리라고 본다.

제7장

결 론

거인설화는 이 세상이 창조되는 과정을 이야기하는 창조신화였다. 하지만 신성성과 제의를 상실하면서 그 신화적 본질을 잃은 채 전설·민담화되어 전승되고 있다. 때문에 이런 거인설화 자료를 그 성격에 따라 유형화시킬 필요가 있었고, 또 그것을 통시적 관점에서 검토할 필요가 있었다. 이렇게 함으로써 거인설화가 지닌 창조신화적 본질을 확인할 수 있었고, 또한 그것이 어떻게 변모되어 내려오는지를 살펴볼 수 있었다. 특히 거인설화가 소멸되는 과정에서 새로운 변이형의 설화를 창출해내고 있음도 밝힐 수 있었다.

거인설화는 자료는 그 성격에 따라 네 가지의 존재양상을 보인다. 첫째, 천지창조의 신화적 성격을 비교적 온전히 보여주는 자료, 둘째, 거근이나 배설 등 거인의 특징적인 면을 중심으로 희화화된 자료, 셋째, 거인설화가 쇠퇴하면서 나타나는 변이형 구전자료, 넷째, 문헌에 기록되면서 꿈이나 현실적인 거인의 모습으로 변모된 자료 등 네 가지이다. 이런 구분은 거인설화 자료를 통시적 관점에서 살필 수 있게 하고, 거인설화와 직접적인 관련성이 없는 변이형 자료로까지 그 범위를 확장시킬 수 있게 한다. 그러면 이런 자료존재 양상을 바탕으로 하여 본고에서 밝힐 수 있었던 바를 요약하면서 마무리하도록 하겠다.

Ⅱ장에서는 거인설화의 신화적 본질을 살폈다. 우선 창조신화적 성격이 강하게 남아있는 자료를 들어 우주형성형 거인설화와 지형창조형 거인설화로 나누어 그 양상과 의미를 파악하였다. 우주형성형 거인설화에서는 천지분리를 비롯해 일월조정, 지진, 해일, 밀물과 썰물, 일식과 월식 등 우주자연 현상이 거인설화에 기원하고 있음을 보아 거인에 의한 이 세상 창조라는 의식이 분명히 존재했음을 알 수 있었다. 특히 이런 우주형성형 자료는 신화적 성격이 어느 정도 남아있다고 하겠는데, 그것은 굿이라는 제의적 기반을 가진 채 전승되었기에 가능했던 것으로 보인다. 한편 지형창조형 거인설화에서는 자료의 특징에 따라 7가지 형태로 자료를 유형화시키고 그 특징으로 첫째, 이 세상의 지형이 처음 생성된다는 관념보다는 구체적이고 특정한 지형을 형성시키는 성격이 강하다는 점, 둘째, 지형형성이 창조주의 창조작업이라는 의식이 크게 약화되어 있다는 점, 셋째, 자료의 변이와 마모가 심하게 진행되어 있다는 점 등을 들었다.

그리고는 거인신격의 성격도 검토하였는데, 거인신격의 면모로는 대식, 대의, 거근, 많은 양의 배설, 거구, 거인흔적 남기기, 성 쌓기 위한 바위 옮기기 등의 화소가 중요하게 나타난다고 하였고, 거인신격의 기능으로는 창조신적 기능, 생산신적 기능, 시조신적 기능을 지니며 악신으로 형상화되어 나타나기도 한다고 지적하였다. 이외에 거인설화가 신성성이 남아있는 구전운문의 자료의 경우 굿의 첫머리에서 창세신화의 모습으로 구연됨을 보아 그 제의적 성격을 파악하고자 했다. 즉 거인신격에 의한 우주창생이 이 세상만물의 생성에 근본이 되기 때문임과 아울러 완전한 상태인 원초로의 회귀하는 의미를 지닌 채 의례에서 초두에 구송되었을 것으로 보았다.

Ⅲ장에서는 희화화된 거인설화를 거인신격에 대한 신성성이 사라지는 단계에 나타난 변모의 일단으로 파악하고, 거근형 거인설화와 배설형 거인설화로 나누어 살폈다. 거근형 거인설화는 본래 창조신의 생산신적 면모였던 것이 거인신격이 신성성을 상실하면서 그 본래적 성격을 잃고 흥

미위주로 외설담화시켜 나간 것으로 파악하였다. 그리고 배설형 거인설화는 원래 사체화생형과 유사한 체내로부터 지형이 생성된다는 관념의 창조신화 형태였을 것이나 그 본질이 잊혀지고 배설을 지저분하지만 흥미로운 화소로 보아 이 부분을 특히 희화화시킨 형태로 진행시켰을 것으로 보았다. 아울러 이런 성격의 거인설화가 비록 희화화되어 거인에 대해 부정적 인식으로 비춰지지만 신성성이 사라진 마당에서 흥미성을 부여해 거인설화를 존속시키기 위한 한 방향이었다고 보았다.

IV장에서는 거인설화가 약화 또는 소멸되면서 나타나게 된 변이유형들을 검토하였다. 거인설화는 신성성이 사라지면서 그것이 지닌 비현실성 때문에 새로운 형태로의 존재모색을 꾀했는데, 이러한 모색으로 생겨난 것이 이들 변이유형이다. 이런 거인설화의 변이유형은 구전과 문헌자료 모두에서 찾아진다.

구전되는 변이유형의 자료로는 본래 거인설화였으나 점차 다른 형태의 구전설화로 이행되는 모습이 찾아지는 산이동설화와 오누이힘내기설화, 장수흔적설화 등이 해당된다고 했다.

먼저 산이동설화에서는 그 구성이 산이동과 산멈춤, 산세다툼 등의 구성요소로 이루어져 있으며, 지형형성을 위한 거인의 산이동에서 산멈춤, 산세다툼이 결합되고 확장되면서, 거인설화적 성격이 약화되고 있음을 알 수 있었다. 그리고 산이동설화는 산이나 섬이 스스로 이동하는 모습을 취하지만 본래는 거인에 의한 이동이었으며, 이것이 후대로 내려오면서 거인의 설정 및 행위에 대한 비현실적 인식과 회의 때문에 스스로 이동한다거나 떠내려오는 모습으로 변모되었음을 알 수 있었다. 이러한 근거로는 첫째, 산이동이 거인에 의해 행해지는 작업으로 나타나는 자료들이 많다는 점, 둘째, 산이동설화의 자료 중에는 거인설화와 겹쳐지는 양상을 보이는 자료가 많다는 점, 셋째, 거인이 산을 이동시켰다는 형태에서 홍수에 의해 산이 떠오는 것으로 변이되었음이 분명히 확인되는 자료들이 있다는 점 등을 들었다. 한편 산이동설화에서는 산을 멈추게 하는 漂母型 인물이 설정되어 나타나는데, 이런 여성도 여성거인의 변모된 모습이며 창조주의 창조행위가 완성되었음을 알려 산을 멈추게 하는 전달자 성격이 복합되어 나타나는 모습임을 확인할 수 있었다.

다음으로 오누이힘내기설화에서는 누이의 행위가 여성거인의 행위와 일치한다는 점, 힘내기를 벌이는 거인설화가 오누이가 벌이는 힘내기의 원초적인 모습에 해당된다는 점, 쌓다 만 성이라는 증거물을 공유한다는 점 및 증거물의 명칭이 오누이힘내기임에도 불구하고 할미성이라고 명명된다는 점 등을 들어 여성거인설화가 오누이힘내기설화의 누이의 행위로 전이되어 갔음을 밝혔다. 아울러 오누이힘내기설화에서 목숨을 담보로 하는 오누이의 힘내기가 필연성이 결여되어 있는데 이 점을 문제삼아 오누이의 대결을 서로 공존할 수 없는 두 신격 간의 대결로 판단하고, 여성거인신격이 새로 도래한 신격에 의해 패퇴되는 과정을 비극적으로 형상화시킨 것이 오누이힘내기설화라 했다. 특히 토착세력과 이동세력의 대결 및 속임수에 의한 부당한 승리가 잘 드러나는 동명왕신화와 석탈해신화의 대비를 통해 이 점을 확인할 수 있었다.

그리고 장수흔적설화에서는 거인신격의 창조행위에 따른 포괄적인 증거물을 갖던 거인설화에서 그 신성성을 상실하면서 거인 존재에 대한 진실성을 보여주고자 구체적인 증거물이 결부되는 형태의 거인의 흔적 남기기로 변모되는데, 이런 거인흔적 남기기가 거인설화가 약화소멸되는 과정에서 그것이 지닌 비현실성에 진실성을 부여하고자 하는 모색으로 장수흔적설화로 변모되어 나타나고 있음을 알 수 있었다. 여성거인의 행위가 중심이 되었던 거인설화에서 남성인 장수의 흔적으로 변모되어 나갔고, 그 흔적 또한 인간의 현실적 사고와 크게 동떨어지지 않는 형태로 현실화되어 가는 경향을 살필 수 있었다.

이런 구전되는 변이양상 중 산이동설화와 장수흔적설화는 지형창조적 성격을 이어받는 변이형으로 판단했고, 오누이힘내기설화는 누이로 형상화된 거인신격이 새로운 신격에 의해 교체되는 모습을 민중의 입장에서 담아낸 설화로 파악하였다.

한편 문헌화된 변이유형으로는 상층에 의해 문헌에 수용되어 왕권설화화된 모습을 보이는 것으로 꿈의 형식을 빌어 거인성을 드러내는 '선류몽' 담과 현실에 크게 동떨어지지 않게 거인성을 표출하는 기타의 문헌자료 들을 살폈다.

먼저 '선류몽'담에서는 선류몽이 고려의 개국시조신화를 비롯해 진골로 서 최초로 왕위에 올랐던 신라의 김춘추, 부모의 부도덕한 행각에도 불구 하고 비정상적으로 왕위에 오른 고려의 현종 등에게서 나타난다는 점에 서 비정상적인 상황에서 왕위를 계승한다는 공통점을 지닌 것을 확인했 다. 그리고는 이런 비정상적 왕위계승을 합리화시키기 위해 거인설화의 변이형인 '선류몽'담을 차용했다고 파악했다. 곧 구전거인설화에서 개국 시조가 거인의 모습으로 나타난다는 점, 문헌에 수용된 거인설화 자료들 이 왕계의 시조적 성격을 띤다는 점, 거인신격이 민중들에게 숭배되던 신 격이었을 것이라는 점 등을 들어 많은 양의 배설이라는 거인설화적 속성 을 유지한 채 꿈의 외피를 빌린 형태인 선류몽을 의도적으로 결부시켰다 는 것이다. 그리고 이런 '선류몽'담이 고려초 왕조나 왕계의 교체와 관련 하여 집중되어 있음을 주목하고, 이 까닭을 거인신격으로 믿어지던 당시 의 성모신 숭배에서 찾고자 했다.

다음으로 거인설화가 문헌에 정착되면서 비현실적인 거인성을 현실에 가깝게 변모시켜 형상화시킨 자료들로는 『삼국유사』의 탈해왕, 진평왕, 태종 춘추공, 백제 멸망 시에 여성거인의 죽음이 보이는 문호왕 법민조, 경덕왕 등과 고려의 멸망이 거인의 죽음으로 나타나는 『청구야담』의 「問 異形洛江逢圖隱」을 살폈다. 이들 자료에 나타난 거인성의 특징은 첫째, 거인성이 행위보다는 외모에 치중되어 있다는 점, 둘째, 거인성이 지나치 게 비현실적으로 묘사되지 않으며 도량형의 단위로 설명된다는 점, 셋째, 거인성을 보이는 왕이 王系의 시조적 성격을 지니는 왕이며 아울러 거인 성이 국가의 흥망성쇠와 밀접하게 관련되고 있어 호국신적 기능을 하였 다고 믿어졌다는 점 등을 들었다. 아울러 이런 문헌자료는 '선류몽'담과는 상보적 관련성을 맺고 있다고 했다.

이런 문헌에 수용된 거인설화 자료의 의미는 거인성이 왕의 신성한 능력과 결부되거나 왕조의 시작 및 멸망과 관련되어 있음을 들어 거인설화의 창조신화적 성격을 변모시켜 왕권신화적 성격으로 수용하는 양상이며, 따라서 거인설화의 신화적 성격을 긍정적으로 모색한 형태라는 데 있다고 파악했다.

V장에서는 거인설화의 역사적 전개양상을 살폈다. 먼저 거인설화의 인식체계에 대한 변이양상에서는 거인설화의 인식체계가 가)신화로서의 신성성이 절대적으로 유지되던 단계, 나)주술적 신성성이 의심받던 단계, 다)신성성이 사라지면서 희화화되던 단계, 라)새로운 변이형으로 변모되거나 변이형을 형성시키는 단계 등 네 가지 단계로 변이를 겪어왔을 것으로 보았고, 이런 변이의 요인으로는 신이기보다는 인간의 관점에서 거인신격을 바라보게 되었다는 점, 거인신격에 대한 의례가 상실되었다는 점, 우주창조와 같은 원초적 관심사보다는 생활터전의 공간형성에 관심을 갖게 되었다는 점 등을 들었다. 다음으로 거인설화의 소멸과정에서는 거인설화와 거인설화가 아닌 형태가 겹쳐지는 자료가 특히 많은 산이동설화를 들어 구체적으로 어떤 과정을 거치며 소멸되어 갔는지를 그런 과정이 잘 드러나는 자료를 실례로 들어 검토하였다.

마지막으로 VI장에서는 거인설화가 세계 곳곳에서 보편적으로 나타나는 점에 주목해 세계 거인설화의 유형을 정리하고 우리 거인신화의 특징을 찾았다. 먼저 세계 거인설화의 유형을 천지분리형, 사체화생형, 구체형성형, 대지생성형, 일월조정형, 지형이동형 등으로 구분하여 자료들을 정리하였다. 다음으로 우리 거인설화의 특징으로는 우주형성과 지형창조가 창조신에 의한 일관된 작업이 아니라 분리된다는 점, 외국 거인설화는 체계화되고 짜임새가 견고한 반면 우리의 것은 단편화되고 편린화되어 존재한다는 점, 희화화나 외설담화되는 경향이 강하게 나타난다는 점, 거인의 창조신적 성격이 약하고 인간화된 면모가 두드러진다는 점 등을 들었다. 그리고 이런 특징을 지닌 데는 일찍 제의적 기반을 잃은 채 문헌에도 정착되지 못하고 계속 구비전승됨으로써 많은 변모를 겪었기 때문으로 파악했다.

우리가 살고 있는 이 세상이 어떻게 만들어졌는가 하는 문제는 인간의 가장 본원적인 관심사이다. 옛사람들은 이것을 과학적인 방법으로 증명할 수는 없었기에 신화적 상상력에 의존해 해결하려고 했다. 태초에 이 세상만큼이나 거대한 거인이 있어 납작하게 붙어있던 천지를 분리시키고 이 세상의 산천을 형성했다고 설명하는 것이다.

신화적 상상력은 항상 과학적 사고에 앞서 간다. 인간이 하늘을 날 수 없는가라든가 달에는 무엇이 살고 있는가 하는 의문은 오늘날 과학으로 해결됐지만 설화에서 흔히 이야기되는 것들이다. 이런 상상력을 토대로 오늘날 우리의 과학이 발전되고 있는 것임을 염두에 둘 일이다. 이 점이 오늘날 존재하는 설화가 우리에게 주는 큰 의미가 된다고 하겠다.

거인설화는 신화적 상상력의 발단이라 할 수 있다. 모든 삼라만상의 형성은 우주가 창조되고 산천이 생겨나면서 비로소 시작되기 때문이다. 따라서 거인에 의해 이 세상이 창조되었다고 하는 신화적 상상력은 옛사람들의 초창기 문학적 사고라 할 수 있다. 이렇게 인류 초기의 문학적 사고를 검토하고 그런 사고가 점차 어떻게 변모되어 나타나는지를 살피는 것은 분명 의미있는 작업이라 생각된다.

실상 지금까지의 신화연구에서 일반사람들의 입을 통해 구비전승되는 口傳神話에 대해서는 문헌신화나 무속신화에 비해 연구가 소홀히 진행되었다고 할 수 있다. 그 신화적 본질이 어떻든 신화적 성격을 상실한 자료로 여겼기 때문이다. 하지만 우리 신화의 경우 많은 부분이 구전신화를 통해 비로소 온전한 모습을 찾을 수 있다. 이 글에서 다루었던 우주가 처음 창조되고 이 세상 땅덩어리가 형성되는 창조신화를 비롯해서 홍수로 인해 멸해진 세상에서 새로이 인류가 시작되는 인류기원신화 등은 구전신화를 통해 확인할 수밖에 없다. 구전신화 자료가 전승상의 특성상 신화적 성격을 잃은 채 편린화되었거나 변이된 형태로 나타나는 경향이 강하지만 이런 자료들을 정리하고 체계적으로 검토할 때 비로소 우리 신화의 온전한 실상을 파악할 수 있을 것이다.

참 고 문 헌

◈ 자료편

김부식(이병도 역주), 『三國史記』, 을유문화사, 1983.

일연(이병도 역주), 『三國遺事』, 명문당, 1987.

박두포 역주, 『東明王篇·帝王韻記』, 을유문고160, 1974.

『譯註 高麗史』, 동아대학교 고전연구실, 1987.

『국역 東國李相國集』, 민족문화추진회, 1989.

『국역 東文選』, 민족문화추진회, 1968.

『세종장헌실록』, 세종대왕기념사업회, 1972.

이행 外(민족문화추진회 편), 『新增東國輿地勝覽』, 솔, 1996.

동국대 한국문학연구소 편, 『韓國文獻說話全集』, 태학사, 1981.

『구비문학대계』, 정신문화연구원, 1980-1988.

『민속종합자료보고서』(전남·북편), 문화재관리국, 1971.

『시흥의 전통문화』, 시흥군, 1983.

『옹진군지』, 옹진군지 편찬위원회, 1989.

『화성군사』, 화성군, 1990.

『금강산의 역사와 문화』, 사회과학원 역사연구소(평양), 1984.

『한국민족문화대백과사전』, 한국정신문화연구원, 1991.

김광순, 『한국구비전승의 문학』(자료편), 형설출판사, 1983.

김두원, 『제주무가집』, 필사본, 1963.

김영돈 외, 『제주설화집성』(1), 제주대 탐라문화연구소, 1985.

문창헌, 『풍속무음』, 필사본, 1929~1945.

박시인, 『알타이신화』, 청노루, 1994.

박연옥 편, 『중국의 소수민족설화』, 학민사, 1994.

박종섭, 『거창의 전설』, 문창사, 1991.

박춘식, 『서산의 전설』, 태안여상 향토문화연구소, 1987.

서대석 편저, 『조선조문헌설화집요』, 집문당, 1991.

손진태, 『朝鮮の民話』, 岩崎美術社(동경), 1959.

손진태, 『조선신가유편』, 향토문화사, 1930.

여영택, 『울릉도의 전설·민요』, 정음문고167, 1979.

유증선, 『영남의 전설』, 형설출판사, 1979.

이문현, 『한국민화1』, 일진서적출판사, 1992.

임동권, 『한국의 민담』, 서문당, 1972.

임석재, 임석재전집1~12, 『한국구전설화』, 평민사, 1988-1993.

임석재·장주근, 『관북지방무가』, 문화재관리국, 1965.

임석재·장주근, 『관서지방무가』, 문화재관리국, 1966.

장기근 외, 『세계의 신화』, 대종출판사, 1974.

장주근, 『韓國의 民間信仰』(자료편), 금화사(동경), 1973.

조동일 외, 『한국구비문학대계 별책부록(1)-한국설화유형분류집』,
      정신문화연구원, 1989.

진성기, 『남국의 민담』, 형설출판사, 1982.

진성기, 『제주도무가본풀이사전』, 민속원, 1991.

진성기, 『제주도전설』, 백록, 1992.

최남선, 『조선의 신화와 전설』, 홍성사, 1986

최상수, 『조선구비전설지』, 조선과학문화사, 1947.

최상수, 『한국민간전설집』, 통문관, 1984.

최정여·서대석, 『동해안무가』, 형설출판사, 1977.

최태웅, 『세계의 신화』, 아카데미, 1975.

최현 편, 『이집트신화』, 범우사, 1989.

하선미 편, 『세계의 신화전설』, 혜원출판사, 1994.

한상수, 『한국인의 신화』, 문음사, 1986.

현용준, 『제주도신화』, 서문당, 1976.

현용준, 『제주도전설』, 서문당, 1976.

현용준, 『제주도무속자료사전』, 신구문화사, 1980.

정재서 역주, 『山海經』, 민음사, 1993.

袁珂(전인초 外 역), 『중국신화전설』I, 민음사, 1992.

노성환 역, 『古事記』, 예전사. 1987.

성은구 역주, 『日本書紀』, 고려원, 1987.

赤松智城·秋葉 隆, 『朝鮮巫俗の研究』(上), 조선총독부, 1937.

吉野裕 譯, 『風土記』, 東洋文庫145, 平凡社(동경), 1996.

알폰소 오티즈 외 역음(백승진 역), 『무엇이 그들의 신화이고 전설인가』, 이가책, 1994.

J. F. 비얼레인(현준만 역), 『세계의 유사신화』, 세종서적, 1996.

Karl A. Toube(이응균·천경효 역), 『아즈텍과 마야신화』, 범우사, 1998.

Michael Jordan(松浦俊輔 외 역), 『世界의 神話』, 靑土社(동경), 1996.

◈ 연구편

강현모, "이몽학의 오뉘힘내기전설고", 『한양어문연구』6집, 한양대 국어국문학과, 1989.

강진옥, "구전설화 유형군의 존재양상과 의미층위", 이화여대 박사논문, 1986.

강진옥, "「마고할미」설화에 나타난 여성신 관념", 『한국민속학』25, 민속학회, 1993.

강진옥, "한국설화에 나타난 전승집단의 의식구조", 이화여대 석사논문, 1980.

권태효, "선류몽담의 거인설화적 성격", 『구비문학연구』2집, 한국구비문학회, 1995.

권태효, "산이동설화적 관점에서 본 거인설화의 성격과 변이", 『구비문학연구』4집, 한국구비문학회, 1997.

권태효, "표모형설화의 신화적 성격 연구", 『인문논총』, 경기대 인문대학, 1998.

김대숙, "여인발복설화의 연구", 『한국설화문학연구』, 집문당, 1994.

김문태, "浮來島전승의 원초적 의미와 습합양상", 『삼국유사의 시가와 서사 문맥 연구』, 태학사, 1995.

김상기, "국사상에 나타난 건국설화의 검토", 『동방사논총』, 서울대출판부, 1991.

김상기, 『고려시대사』, 서울대출판부, 1986.

김선풍, 『한국시가의 민속학적 연구』, 형설출판사, 1977.

김열규, 『한국의 신화』, 일조각, 1983.

김열규, 『한국민속과 문학연구』, 일조각, 1985.
김영경, "거인형 설화의 연구", 이화여대 석사논문, 1990.
김의숙, "강원도 부래설화의 구조와 의미", 『강원도 민속문화론』, 집문당, 1995.
김의숙, "구비설화의 역사의식 연구", 『강원민속학』12집, 강원도 민속학회, 1996.
김학성, "설화의 파생태와 그 의미", 『국문학의 탐구』, 성균관대출판부, 1987.
김헌선, 『한국의 창세신화』, 길벗, 1994.
김현룡, 『한국고설화론』, 새문사, 1984.
서대석, "구렁덩덩신선비의 신화적 성격", 『고전문학연구』3집, 고전문학연구회, 1986.
서대석, "창세시조 신화의 의미와 변이", 『구비문학』4집, 정문연, 1980.
오강원, "浮來山유형 설화에 대한 역사고고학적인 접근", 『강원민속학』12집, 강원도 민속학회, 1996.
이능화(김상기 역), 『조선여속고』, 동문선, 1990.
이태문, "오누이이야기의 양상과 의미에 관한 연구", 연세대 석사논문, 1990.
임동권, "방뇨몽고", 『한국민속논고』, 집문당, 1984.
임동권, "선문대할망설화고", 『한국민속논고』, 집문당, 1984.
임석재, "제주도에서 새로 얻은 몇 가지", 『제주도』17호, 1974.
임재해, "고대신화에 나타난 한국인의 진화론적 자연관", 『울진사람들의 삶과 문화』, 민속원, 1998.
임재해, "한국신화의 서사구조와 세계관", 『설화문학연구(상)』, 단대출판부, 1998.
장덕순, "꿈전설", 『한국설화문학연구』, 서울대출판부, 1987.
장덕순, "우주론·세계상", 『한국사상대계1』, 성대 대동문화연구원, 1973.
장덕순, "중원문화권과 구비전승", 『한국문학의 연원과 현장』, 집문당, 1986.
장덕순 외, 『구비문학개설』, 일조각, 1971.
장주근, 『한국의 신화』, 성문각, 1961.

장주근, "제주도 천지창조설화의 문화영역성", 『제주도』17, 1969.

장주근, "천지창조의 거신신화", 『풀어쓴 한국의 신화』, 집문당, 1998.

장주근, "한국구비문학사(上)", 『한국문화사대계』5, 고려대출판부, 1978.

장주근 외, 『한국민속학개설』, 학연사, 1983.

정상박, "성기숭배사상", 『한국의 민속사상』, 집문당, 1976.

조동일, "신화의 유산과 그 변모과정", 『우리 문학과의 만남』, 홍성사, 1978.

조동일, 『한국문학통사 1』 제3판, 지식산업사, 1994.

조동일 외, "「한국설화의 변이양상」에 대한 종합토론", 『한국학연구의 성과와 그 성찰』, 정문연, 1982.

조석래, "떠내려 온 섬 전설연구", 『한국이야기문학연구』, 학문사, 1993.

조수학, "「文虎王法敏」條의 巨屍兆 硏究", 『삼국유사연구』(상), 영남대출판부, 1983.

조희웅, 『설화학강요』, 새문사, 1989.

천혜숙, "여성신화연구(1)-대모신 상징과 그 변용", 『민속연구』1집, 안동대 민속학연구소, 1991.

천혜숙, "전설의 신화적 성격에 관한 연구", 계명대 박사논문, 1987.

최래옥, "산이동 설화의 연구", 『관악어문연구』3집, 서울대 국어국문학과, 1978.

최래옥, "한국설화의 변이양상", 『구비문학』2, 정문연, 1979.

최래옥, "한국설화의 변이양상", 『한국학연구의 성과와 그 성찰』, 정문연, 1982.

최래옥, 『한국구비전설의 연구』, 일조각, 1981.

현길언, "제주도의 오뉘장사전설", 『탐라문화』 창간호, 1982.

현길언, "힘내기형 설화의 구조와 그 의미", 『연암현평효박사 회갑기념논총』, 1980.

현길언, 『제주도의 장수설화』, 홍성사, 1981.

현용준, "제주도 개벽신화의 계통", 『제주도연구』 5집, 제주도연구회, 1988.

현용준, "한·일 신화의 비교", 『무속신화와 문헌신화』, 집문당, 1992.

현용준, 『제주도 무속연구』, 집문당, 1987.

大林太良, "巨根の論理", 『東アジアの王權神話』, 弘文堂, 1984.

大林太良(兒玉仁夫·권태효 譯), 『신화학입문』, 새문사, 1995.

熊谷 治, "東アジアの 流わ島 傳說に ついて"(성기열 외 편, 『한국·일본
    의 설화연구』, 인하대출판부, 1987.

柳田國男, "ダイダラ坊の足跡", 『一目小僧その他』, 小山書店(동경), 1941.

山室 靜 , 『北歐の神話』, 筑摩書房, 1982.

M. Eliade(이은봉 역), 『신화와 현실』, 성균관대출판부, 1985.

M. Eliade(이은봉 역), 『종교형태론』, 형설출판사, 1985.

M. Eliade(정진홍 역), 『우주와 역사』, 현대사상사, 1989.

D. A. Leeming, 『The world of myth』, Oxford University Press,
    1990.

찾아보기

ㅎ

■ 저자소개

●권태효

• 1965년 경북 상주 출생
• 경기대학교 국어국문학과 졸업
• 경기대학교 대학원 박사과정 수료(문학박사)
• 경기대, 한성대 등에서 강의
• 현재 국립민속박물관 학예연구사 재직 중

【주요 논저】
•『한국구전신화의 세계』
•『신화학입문』(2인 공역)
• "거인설화의 전승양상과 변이유형 연구"
• "제주도 무속서사시의 생성과정에 대한 일고찰" 외 다수

■ 한국의 거인설화

인 쇄 2002년 04월 30일   발 행 2002년 05월 06일
지은이 권 태 효   펴낸이 이 대 현
편 집 이은희, 안영하   영 업 전성호
펴낸곳 도서출판 역락
        서울특별시 성동구 성수 2가 3동 277-17
        성수아카데미타워 422호 (우133-213)
Tel 대표·영업 3409-2058   편집부 3409-2060
전자우편 yk3888@kornet.net / youkrack@hanmail.net
등 록 1999년 4월 19일 제2-2803호
ISBN 89-88906-68-3-93810
정 가 12,000
*잘못된 책은 교환해 드립니다.